好父母要懂
孩子的心理

父母必备

廖康强 著

图书在版编目（CIP）数据

好父母要懂孩子的心理：36个心理学原理在家庭教育中的应用／
廖康强著．—太原：山西人民出版社，2009.9（2012.3重印）
ISBN 978－7－203－06580－7

Ⅰ.好… Ⅱ.廖… Ⅲ.家庭教育－教育心理学 Ⅳ.G 78

中国版本图书馆 CIP 数据核字（2009）第 170338 号

好父母要懂孩子的心理：36个心理学原理在家庭教育中的应用

著　　者：廖康强
责任编辑：傅晓红
装帧设计：清晨阳光（谢成）工作室

出 版 者：山西出版传媒集团·山西人民出版社
地　　址：太原市建设南路21号
邮　　编：030012
发行营销：0351－4922220　4955996　4956039
　　　　　0351－4922127（传真）　　4956038（邮购）
E－mail：sxskcb@163.com　发行部
　　　　　sxskcb@126.com　总编室
网　　址：www.sxskcb.com

经 销 者：山西出版传媒集团·山西人民出版社
承 印 者：山西出版传媒集团·山西新华印业有限公司

开　　本：787mm×960mm　　1/16
印　　张：15
字　　数：240千字
印　　数：29 501－34 500 册
版　　次：2009 年 9 月第 1 版
印　　次：2012 年 3 月第 6 次印刷
书　　号：ISBN 978－7－203－06580－7
定　　价：28.00 元

如有印装质量问题请与本社联系调换

目 录

Contents

前　言

看着自己的孩子一天天成长，既是一件充满乐趣的事情，同时也可能是充满挑战和苦恼的事情。

很多时候，尽管我们对孩子付出了百分之百的爱，可是，我们的表现却不能让孩子感到满意，甚至连自己都会感到相当的不满意。例如，当孩子提出在大人看来多么幼稚和奇怪的问题时，很多人经常犯的错误是置之不理，或敷衍了事，他们没有看到孩子眼神里的失望；当父母对孩子谆谆教导时，很可能忽视了去倾听孩子的声音，结果一番苦心却招来孩子的拒绝……

很多为人父母者都有过以上类似的经历，都曾在教育孩子的过程中遭受过沮丧、失望的心理考验，而且同样的错误经常以不同的形式一遍遍地重复发生，这就是为什么有那么多人在家庭教育问题上产生苦恼的原因。

这些问题普遍存在，为什么得不到有效的解决呢？原因就在于我们忽视了一个很重要的问题。那就是，人类的行为是受心理支配的，我们家庭教育的重要目的就是对孩子心灵进行引导的过程。

本书阐释了家庭教育的36个心理学原理，给出了家庭教育的实际指导方法。例如，自然惩罚法则认为，要想让孩子改正错误，最

1

好的方法是让孩子自己承担错误直接造成的后果,给孩子以心理惩罚,使孩子能够正确认识到自己的错误。这种方法比父母的指责有用得多。

本书不是一本心理学的专业书籍,而是一本指导我们如何更好地进行家庭教育的心理学指导和实战读物。简单地说,期望这本书能帮助您通过改善自身的心理状态,学会更多家庭教育的有效的心理技巧,充分激发孩子的潜能,把孩子培养成一个健康、快乐、积极向上的优秀人才。同时,本书要让你品味到,家庭教育是一件快乐的事情,而不再会有苦恼。

第一章　发掘孩子的内在潜能

世界上没有才能的人是没有的。问题在于教育者要去发现每一位学生的禀赋、兴趣、爱好和特长，为他们的表现和发展提供充分的条件和正确引导。

——[前苏联]霍姆林斯基

1、罗森塔尔效应：期望能产生奇迹

1

我们在生活中可以发现这样的现象：当一个人没有得到应有的注意和期望，而是被埋没在人群中，那么他很可能就这样一直平庸下去；而当他被周围人寄予厚望并频频鼓励时，他却能宛若新生，仿佛突然间充了电一样，做出一番令人不可思议的"壮举"。

这就是神奇的"期待效应"，心理学上叫做"罗森塔尔效应"。

认识"罗森塔尔效应"

罗森塔尔是20世纪美国著名的心理学家。1966年，他做了一个实验：

他把一群小老鼠一分为二，把其中的一部分（A群）交给一个实验员，说"这一群老鼠是属于特别聪明的一类，请你来训练"；把另一部分（B群）交

给另外一名实验员，告诉他这是智力普通的老鼠。两个实验员分别对这两群老鼠进行训练。一段时间后，罗森塔尔对这两群老鼠进行测试，测试的方法是让老鼠穿越迷宫，结果发现，A群老鼠比B群老鼠聪明得多，都跑出去了。

其实，罗森塔尔对这两群老鼠的分组是随机的，他自己也根本不知道哪只老鼠更聪明。当实验员认为这群老鼠特别聪明时，他就用对待聪明老鼠的方法进行训练，结果这些老鼠真的成了聪明的老鼠；反之，另外那个实验员用对待普通老鼠的方法训练，也就把老鼠训练成了普通的老鼠。

罗森塔尔立刻把这个实验扩展到人的身上。1968年，他和助手们来到一所小学进行一项实验：

他们从小学一年级到六年级共选了18个班，对班里的学生进行了"未来发展趋势测验"。之后，罗森塔尔以赞赏的口吻将一份占总人数20%的"最有发展前途者"的名单交给了校长和任课老师，并叮嘱他们一定要保密，否则会影响实验的正确性。

8个月后，他们再次来到这所小学，对那18个班的学生进行复试。结果奇迹出现了：凡是上了名单的学生，个个成绩都有了较大的进步，而且活泼开朗，自信心强，求知欲旺盛，更乐于和别人打交道。

其实，当初那份名单只是罗森塔尔随机挑选出来的，不过这个谎言对老师产生了心理暗示。在这8个月里，谎言左右了老师对名单上的学生的能力评价，老师又将这一心理活动通过情感、语言和行为传染给了学生，使学生强烈地感受到来自老师的热爱和期望，从而使各方面得到了异乎寻常的进步。

这个实验结果深刻地表明了一点：教师对学生的期望影响着学生的学习成绩。这一结果当时在美国教育界引起轰动。

此后，布罗菲等人又作了一个实验，把教师的期望与学生的学习成绩做了相关分析，结果表明：教学成功的个人期望与学生学业成绩是相辅相成的。克雷纳等人于1978年对4300名儿童进行了4年的纵向研究，并进行了一系列相关分析，结果表明教师期望明显地引起了学生成绩的变化。

现在，人们就把这种由他人的期望和热爱，而使人们的行为发生与期望趋于一致的变化的情况，称之为"罗森塔尔效应"或"期待效应"。

小故事

这是一则古希腊神话故事。

塞浦路斯的国王皮格马利翁是一位有名的雕塑家。他精心地用象牙雕刻了一位美丽可爱的少女，给她起名叫盖拉蒂。皮格马利翁深深地爱上了盖拉蒂，他给她穿上美丽的长袍，每天守着她、亲吻她、拥抱她。虽然盖拉蒂依然是一尊雕塑，但皮格马利翁仍然真诚地期望自己的爱能被"少女"接受。

皮格马利翁的执著爱情和真切期望感动了爱神阿弗罗狄忒，女神给了雕塑生命，使她活了起来。

皮格马利翁的幻想变成了现实，盖拉蒂真的成了他的妻子。

这个神话故事告诉我们：期望能产生奇迹！

积极期望产生积极结果

不止一次听到过周围成功人士这么解读他们成功的动力："小时候爷爷就说我聪明，将来一定能读大学，我就真的读了大学。""有一次上课，老师夸我作文写得好，将来一定能成作家，我就这样成了作家。"

表面看来，是如此简单的一个积极暗示，造就了以后顺理成章的成功。究其背后，却掩藏着深刻的道理与隐喻。

很多事实都证明，人的能力、性格等的形成，相当一部分取决于周围环境和他人的期待以及他对自己的期待。由于孩子的心智尚未成熟，心理能量较弱，受暗示性较强，容易被大人的期待所左右。孩子很容易相信和接受别人的判断，外来的期待就内化成为自己对自己的预期和判断。而当一个人相信了自己是怎样的人，就很可能成为这样的人。这可以叫做"自我实现的预言"。

例如，孩子们凑在一起的时候，常常会议论：某科老师喜欢我，某科老师讨厌我……在这些孩子身上，很可能出现偏科的现象。通常，老师对学生寄予较高的期望，会使学生加倍努力，克服困难，以取得好成绩，反之亦然；由于学生学习成绩好，因而老师对学生的期望也高，反之亦然。

父母对孩子的期望价值同样会影响孩子，如果父母认为孩子是"天才"，为了不辜负父母的期待，孩子愿意全力以赴地去改变自己。相反，如果父母天天挑剔孩子，总把缺点拿出来说，很容易在孩子心中产生一种感觉：我不是好孩子，爸爸妈妈不喜欢我，我好不了了……

即便当孩子长大以后，仍未完全走出以往他人的期待所内化而成的对自己的期待，即使那并无多少事实依据。于是，曾被期许为前途远大的孩子，有较多机会真的成为发展良好的成年人，并且也对自己周围的人有较多正向的期许；而曾被视为不上进也不可能上进的孩子，则容易在他人的失望中学会对自己的放弃，在他人"我早就知道他不行"的摇头鄙夷中，较可能郁郁不得志，并且会用同样挑剔、不满、沮丧的眼光看待后来人。

在这样周而复始的循环往复中，便有了"说你行，你就行；说你不行，你就不行"的无力和牢骚，有了振翅欲飞却难以相信自己会飞的迷茫，因为早期听到过太多的"这不可能"一类的预见。寻找到被负向期待、被否定的经历来源，也并不一定能解决今日的不甘和困惑，因为那负面期待早已融入自己对自己的态度，因为相信已久，而难以去除。

小故事

2008 年 5 月 12 日 14 时 28 分，汶川大地震突然发生，四川绵竹东汽中学学生王丽所在的高三（1）班正在上历史课。整栋楼坍塌后，王丽被预制板和乱石压住。

埋在废墟中的王丽渐渐支撑不住，昏睡过去。晚上，她隐约听见挖土机在外面轰轰作响和其他一些声音，她大声地呼救，随即听到了外面的回应："&儿，我是你爸爸，你一定要坚持，武警 10 分钟后到。"

等待救援的时间不知有多长，王丽一直听着爸爸不断的安慰声。来自亲人的话语使她充满了信心，她坚持到天亮被救出后，这才发现：爸爸根本没在现场，是几名素不相识的好心叔叔冒充她的父亲！

从心理学上讲，这是一次典型的"罗森塔尔效应"。那几个假扮王丽父亲的好心人也许不懂什么是"罗森塔尔效应"，但他们懂得父母的话会给孩子巨大的鼓舞作用，一声声"&儿"的鼓励，使王丽在废墟中有信心坚持下去。

🔑 运用"罗森塔尔效应"

父母对孩子的期待有一种潜移默化的影响。父母以积极的态度期望孩子，孩子就可能朝着积极的方向改进，相反，如果对孩子存在着偏见，孩子就会缺乏自知和自控的能力。

没有一个家长会不期望自己的孩子学业有成、人格健康，可是，应该警觉的是，很多父母没有意识到，自己对孩子的期待，会无形中引领孩子的走向。很多父母在抱怨孩子的种种"不行"时，却没有想到，这种抱怨在无意中放大和加速了孩子的"不行"！

孩子由于年龄和认知上的局限性，往往无法认识到自己的真正价值。父母应积极运用"罗森塔尔效应"，使孩子有一种良好的期待心理，从而树立"我能够成功"的信念，这一点对于孩子的未来非常重要。

因此，无论孩子曾经是多么的"愚笨"，父母都应该永远对孩子抱有热切的期望，并且让孩子感受到这种期望。父母对孩子越抱有期望，孩子越感受到这种热切的期望，他就越相信自己能做到，也会越努力地使自己的行为契合这种期望。父母要通过自己的言谈举止让孩子感受到这种期望。实际上，如果父母给予孩子更多的鼓励与期望，并把这种效应用于孩子身上，将会看到孩子身上所起的明显变化。

要提醒父母们的是，期待要掌握分寸，避免"过犹不及"。过度的期望可能会让孩子感觉喘不过气来，甚至产生逆反心理，这就不好了。因此，对孩子的期望要适度，要让孩子觉得不是做"白日梦"，而是他确实可以通过自己的努力而达到目标，这样他才会有奔头，才会愿意去努力。

🚶 家教故事

爱因斯坦长到3岁多了还不会说话，人们都认为他是一个"傻子"。上小学时，爱因斯坦功课很差，表现得仍然很平庸。训导主任曾向爱因斯坦的父亲断言："你的儿子将一事无成。"

面对人们的讥笑和议论，尤其是面对训导主任给儿子下的结论，父亲并没有对孩子失去信心，他相信爱因斯坦一定能成才，并且期望他能做出伟大的事业。父亲对爱因斯坦说："你将会成为一个了不起的人物，不久你就会明白的。"

为了培养孩子的自信心，父亲为爱因斯坦买了积木，让他搭房子，搭好一层，便表扬和鼓励一次，结果，爱因斯坦情绪高涨地一直搭到了14层。

父亲的期望，点燃了爱因斯坦心头的希望之火，让爱因斯坦振作起来，使他以一种不断进取的心态，努力奋进，最终成为举世瞩目的伟大的物理学家。

2、天赋递减法则：教育孩子越早越好

100多年前，进化论的创始人达尔文的家中来了一位客人，她是专门来请教达尔文先生什么时候开始培养孩子最好。达尔文问客人："您的孩子多大了？"客人答道："才两岁半。"达尔文不无惋惜地说："夫人，您已经迟了，迟了两年半。"

在孩子的一生中，早期的教育很重要！

 天赋递减法则

大量的科学研究表明：儿童的潜能培养遵循着一种奇特的规律——天赋递减规律，即儿童的天赋随着年龄的增大而递减，教育得越晚，儿童与生俱来的潜能就发挥得越少。

每个人生来都具有潜在能力，而人在来到这个世界的前几年是一个人智力发展最快和最佳的时期，因此，早期教育是开发儿童潜能的必要方式之一。著名的早期教育专家蒙台梭利在《吸收性的心智》一书中明确指出，生命中最重要的时期，并非大学念书的阶段，而是人生最早期，它是智力形成的最重要时期。而且，不仅是智力，还有其他的心智潜能……

假如把儿童生来就具有的潜能以100分来作为标准，如果从孩子一生下来就进行科学的教育，那么很有可能孩子长大后就会具有100分的能力；

如果从孩子5岁开始教育，我们假定仍旧进行十分科学的教育，那么长大以后，只能具有80分的能力；如果从10岁开始教育，就是教育得再科学，长大后也只能达到60分；如果到15岁以后才开始教育，成人后连40分都难以达到了。

很多人认为，人的能力会随着年龄的增长而增强，并不需要进行特别的教育。事实上，这种观念是错误的。人的大脑在刚开始发育时是大脑感应度最强的时期，随着年龄的慢慢增长，感应度开始逐步减退，就和绷紧了的弦一样慢慢松弛下来。如果将人的婴儿期看成一个起点，那么随着年龄的增加，这种适应环境的灵敏度反而会逐步减退，适应的速度也会越来越慢。随着人年龄的逐渐增长，如果不能通过受教育获得新的能力，他的内在能力会迅速消失。

这就如一棵橡树，假如它能够充分地生长，可以长到30米，那么这棵橡树就具有长到30米高的潜能。但事实上，能够长到30米的橡树很少，如果放任其自生自灭，一般只能长到12~15米，生长环境不好的甚至只能长到6~9米；如果肥料充足，再加上精心培育，则可以长到18~21米，甚至是24~26米。

用音乐开启"天才教育"的大门而轰动全世界的铃木镇一老师在教学的过程中，发现了一个发人深省的现象：在学习某种技巧的时候，十几岁的孩子不管怎样努力都达不到要求，但是才几岁大的孩子却很容易就达到了，越是幼小的孩子，学习的效果就越好。

在我国国民教育普及的今天，杰出的手工艺人反而少了，这也是天赋递减法则的一个体现。据有经验的老渔夫说，如今没有像过去那样善于游泳、摇橹、撒网的人了，这是因为孩子们在十一二岁期间都在上学，而水上功夫必须从十岁左右开始练起。

孩子的外语学习也是如此。如果不从10岁以前开始学习使用外语，就很难掌握地道的外国口音，腔调总会有点"怪"。甚至不少专家认为，钢琴如果不从5岁开始练，小提琴如果不从3岁开始练，就不可能达到很高的境界。也就是说，儿童的能力，如果不在发展期内进行培养，就会出现儿童潜能递减的现象，这就是早期教育能够造就天才的根本原因。

英国曾发生过这样一个故事。

诗人司各特伯爵和夫人携带新生儿出海旅行，在非洲海岸遇到风暴而致船翻。幸好司各特一家三口逃到一个荒岛。但是，几天后，司各特夫妇便在热带丛林中病死了，儿子被一群猩猩收养了。

20年后，一艘英国商船在这里停泊，发现了司各特的儿子，他已经长成了一位健壮的小伙子。然而，他不会说话，甚至和猩猩一样，经常用四肢行走。

人们把他带回英国，科学家把他像婴儿一样培养、教育，用了整整10年的时间，小司各特只学会了自己穿衣服和双腿走路。但是，仍然说不出连贯的句子，如果要表达自己的意思，更多的是像大猩猩一样吼叫。

小司各特生下来的智商就不高吗？

不是的，这是因为失去了教育的最佳时期！

教育孩子越早越好

自出生之日起，孩子就会通过嘴、舌头及其他感官来探索外界事物。也就是说，一个人从生命的开始，就有了感知的欲望。许多父母认为孩子太小，教育他们应从适当的年龄开始。事实上，生命本身就赋予了孩子们求知的渴望。日本古代驯养名莺的方法就很好地说明了早期教育的重要性。

据说，野生幼莺在很小的时候，驯莺人就把它从巢穴里捉来进行周密训练。在这些野莺的身旁，通常放着一只名莺，名莺的鸣叫异常优美。驯莺人这样做的目的就是让幼莺每天都能听到名莺的叫声，使野莺也能叫出美丽的声音。

当优美的声音传进幼莺的耳畔，幼莺的生理机能在潜移默化的过程中改变了，不断跟随名莺的"教育"发生变化。在幼莺向名莺的学习过程中，驯莺人还要进行其他训练。驯莺人认为，如果没有第一步训练作为基础，就没有必要进行后面的训练了。也就是说在整个训练过程中，挑选一只能起示范作用的名莺是最重要的步骤，这样便于幼莺模仿名莺的叫法。

其实，不管是幼儿还是幼莺，如果在幼年时期就对他们施以良好的教育，他们就会深深地记住这些内容，一辈子都不会忘记。

教育学家一直提倡儿童应尽早地进行教育。在一般情况下，2岁的幼儿就应该开始接受教育，主要培养幼儿的语言表达能力、身体运动能力及对周围环境的认知能力；三四岁的儿童要进行系统的知识训练。

曾有一位著名的心理学家指出："在刚满2岁时，每个儿童都是语言天才，但是如果这种能力得不到加强，在五六岁的时候就会迅速地消退。"越是接近零岁，这种潜能就越发充足，内在能力也就越高。因此，进行早期教育的时间越早、越及时，孩子异乎寻常的能力就越能被挖掘出来。事实上，很多成功人士的成长过程也已经证明，天才不是天生的，任何一个孩子，只要教育得法，都是可以有所作为的。

4岁的莫扎特就能登上音乐厅的舞台演奏乐曲了，这么出色的音乐素质源于什么呢？毫无疑问，是他的家庭环境所具有的良好音乐气氛。

莫扎特的父亲是当时著名的宫廷演奏家和优秀的作曲家。当莫扎特还是婴儿的时候，他的父亲为了培养他的乐感，每天都让儿子听5支不同旋律的钢琴曲，经过这样的教育，莫扎特在4岁时就已经能登台演出了。很难想象，如果不是父亲的精心培养，莫扎特的潜在能力还能不能如此迅速地被发掘出来？

很多人认为，从事某些行业或者成为优秀的人，都需要有特殊的才能，但是婴儿不会说话，我们怎么知道他有没有这方面的才能呢？因此，只要从婴儿时期就开始进行强化训练，就能把孩子的内在能力开发训练出来，使之成为优秀的人。如果想培养孩子们超常的能力，万万不可错失孩子的婴幼儿时期，只要及时地对孩子施行合理有效的教育，就会在他们身上看到出乎意料的效果。

家教故事

1800 年，52 岁的德国人卡尔·威特喜得一子。可令人沮丧的是，这个婴儿反应迟钝，显得极为痴呆。卡尔·威特曾悲伤地叹息："我究竟有何罪孽，上帝给了我这样一个傻孩子？"妻子也很泄气："这样的孩子教育他也不会有什么出息，只是白费力气。"就是邻居也为此感到担忧，纷纷劝慰他们要"想开点"。

然而，卡尔·威特并没有绝望。他相信，只要从婴儿时期开始教育，一般的孩子都能成为不平凡的人。他制定了周密而严格的教育方案，并且踏踏实实地按照自己的计划去实行。结果这个被人嫌弃的傻孩子很快就让邻居们刮目相看了。小威特在八九岁时已能够自如地运用德、法、意、拉丁、英和希腊等6国语言，通晓动物学、植物学、物理学、化学和数学。9岁考入莱比锡大学，10岁进入哥廷哈根大学，12岁发表论文，14岁不到就被授予哲学博士学位，两年之后又获法学博士学位，被柏林大学聘为法学教授。

卡尔·威特对小威特进行早期教育的原则和方法都写在一本名为《卡尔·威特的教育》的书中，这也许是世界上早期教育的最早文献。

早期教育不得"揠苗助长"

一些家长望子成龙心切，在学龄前就对孩子进行了大量的"智力投资"，进行早期智力开发，这本来是一种好现象。但有些父母却过于性急，结果收不到预想的效果。

我们来看一个寓言：中国春秋时候宋国有一个人，嫌他田里的禾苗长得太慢，就到地里一棵一棵地往上拔一点。回到家里还夸口说："今天我帮助苗长了许多。"他的儿子听说后，到地里一看，苗都枯死了。这就是大家熟悉的揠苗助长的故事。如果家长们忽视孩子的心理和生理特点以及教育的规律，急于求成，结果也会如这个宋国人一样，只会是弄巧成拙。

据报道，有一位母亲给她5岁的孩子每天都布置许多学习任务，不是写生字，就是算简单的加减法。孩子没有玩的时间，也失去了和小朋友交往的机会，变得呆呆的。母亲全不理会，认为只要学习好就行了。结果上学以后孩子的学习成绩并不好，母亲根本就不相信：我的孩子在幼儿期就认识七八百字，会10以上的加减法，怎么上学后反而不如别的孩子？

其实这没有什么奇怪的，呆孩子不善于机变，例题都是活的，他怎么会应对？

教育是一门科学，有它自己的规律。如果父母只凭良好的主观愿望，忽略了科学的方法，这样后果往往适得其反。例如，有的父母想要孩子识字，但又不讲教育方法，仅仅在纸上写几个字，让孩子照葫芦画瓢，进行模仿。这样的教育，孩子毫无兴趣，自然也学不好。父母便认为孩子是在偷懒，往往采取惩罚的手段。这样的教育方法，只会让父母累，孩子苦，但收效甚微。这种教育方法还会造成孩子的逆反心理，在将来上了学后，也会对学习发憷，甚至出现逃学的行为。

婴幼儿的思维以具体形象和直观的行动思维为主，他们在理解事物时，是借助具体事物和直观行动进行的。因此，过早地让他们背唐诗、学习加减法等，往往只能是死记硬背或是囫囵吞枣。说他们会吧，又不会；说他们懂吧，也似懂非懂，就像煮了一锅"夹生饭"。俗话说，"回笼的馒头不好熟"，等上了小学，老师对这锅"夹生饭"也不好处理。

因此，早期教育应该注意科学的方法，唤起孩子学习的兴趣。当孩子有了兴趣时，学习才会收效。例如，"寓教于玩"便是早期教育的好方法。因为孩子大多喜欢五颜六色的图画，父母可以在孩子卧室墙壁上贴上图片，让孩子照实物识字，或者用卡片以打扑克的形式教孩子识字。

"寓教于玩"也是教育幼儿的好方法。古时候有这样一个故事，一个财主家的孩子长到6岁，父母请私塾老师教孩子识字，可是老师怎么也没有办法让孩子识一个字，这个孩子就是喜欢玩。父母认为是教师无能，连换了几个教师，还是无法让孩子识一个字。最后父母出高价悬赏，请天下有本事的老师。

有一位老师揭了悬赏榜，做了这个孩子的老师。这个老师善于观察，他发现孩子最喜欢玩捏泥人，捏好便把泥人放在太阳底下晒。于是老师别出心裁，给泥人带上不同样式的帽子，帽子上写有"赵钱孙李"一些字，因为过去启蒙教育往往是从"百家姓"开始。

孩子很喜欢这个老师，很听老师的话。建立良好的师生关系以后，老师便叫他把室外的泥人搬回室内上彩："把戴斗笠的'孙'搬回来！"上完彩以后又说："把戴斗笠的'孙'搬出去！"

就这样，孩子慢慢地学会了识字。父母称这位老师是天下第一奇才。

掌握了科学的教育方法，就会收到事半功倍的效果；不根据孩子的年龄特点和性格特征，急于求成，只能是"事倍功半"。

名人故事

由韦伯斯特编纂的《美国英语词典》是世界上最具有权威性的英语辞典之一。而韦伯斯特的成功很大程度上归功于家庭成员对他的早期教育。

1785年，韦伯斯特出生在美国康涅狄格州的首府哈特福德市。韦伯斯特的父亲为刚降生的孩子制定了一个大胆的、富有想象力的教育计划，这项计划得到了家庭其他成员的支持与合作，并始终不渝地贯彻。根据老韦伯斯特的计划，在家中，父亲只说英语，母亲只讲法语，而祖父只用德语说话，其他语种绝对禁止使用。家里还特意雇佣了一名北欧人作保姆，规定她也只能用本国语言说话。从小开始，父亲、母亲、祖父和保姆就用四种不同的语言与小韦伯斯特交流，他居然毫不费力地掌握了这四国语言。等到小韦伯斯特长大了，开始接触左邻右舍，对每个人都只用英语说话大惑不解。因为他一直以为，世界上每个人都是运用不同的语言在说话的。老韦伯斯特的教育计划终于在儿子身上开花结果了。韦伯斯特从耶鲁大学毕业后，十分顺利地从事了教师、记者、法律学家和语言家的工作。25岁时，编撰出版了由缀字、语法和课文三部分组成的本国教科书，1828年终于完成了《美国英语词典》的编纂。

3、鱼缸法则：给孩子更大的空间

在父母教育孩子方面，如果父母使用命令的方式，强制性地要求孩子什么可以做，什么不可以做，会让孩子陷入无奈的境地，导致他们更多的反抗。相反，如果父母在自己的要求中带有尊重，维护孩子的自主性，给孩子一定的自由，孩子对父母的反抗就会少一些。

 认识"鱼缸法则" ·············

某公司办公室门口摆着的一个漂亮的鱼缸，鱼缸里有十几条热带鱼，它们长约三寸，脊背一片红色，头尤其大，长得非常漂亮。

小鱼们一直在鱼缸中开心地嬉戏着，它们时而游玩，时而小憩。每个来公司的人都会因为这些美丽的鱼而驻足停留。两年过去了，小鱼们的"个头"似乎没有什么变化，依旧三寸长，在小小的鱼缸里游刃有余地游来游去。

这一天，公司总裁的顽皮儿子来找父亲，看到这些长相奇特的小鱼，很好奇，于是非常兴奋地试图去抓出一只来。慌乱中，鱼缸被他推倒在地，碎了，鱼缸里的水四处横流，十几条热带鱼可怜巴巴地趴在地上苟延残喘。

办公室的人急忙把它们拣起来，但是鱼缸碎了，把它们安置在哪呢？人们四处张望，发现只有院子中的喷泉可以做它们暂时的容身之所。于是，那十几条鱼被放了进去。

两个月后，一个新的鱼缸被抬了回来。人们到喷泉边捞那些漂亮的小鱼。十几条鱼都被捞起来了，但令他们惊讶的是，仅仅两个月的时间，那些鱼竟然都由三寸疯长到了一尺。

对于鱼的突然长大，人们七嘴八舌，众说纷纭。有的说可能是因为喷泉的水是活水，更有利于鱼的生长；有的说喷泉里可能含有某种矿物质，是它促进了鱼的生长；也有的说是那些鱼可能是吃了什么特殊的食物。但无论如何，都有共同的前提，那就是喷泉要比鱼缸大得多。

养在鱼缸中的热带鱼，三寸长，不管养多长时间，始终不见生长。然而将这种鱼放到水池中，两个月的时间，原本三寸的鱼可以长到一尺。后来人们把这种由于给鱼更大的空间而带来更快成长的现象称为"鱼缸法则"。

对孩子的教育也是一样，孩子的成长需要自由的空间。而父母的保护就像鱼缸一样，孩子在父母的"鱼缸"中永远难以长成大鱼。要想孩子健康强壮地成长，一定要给孩子自由活动的空间，而不让他们拘泥于一个小小的"鱼缸"。

随着孩子的成长，父母应该给孩子越来越多的自由来控制自己的生活。父母必须有意识地要求自己，甚至是克制自己，不要有那种什么事都为孩子做的想法和冲动，给孩子充分的空间，让孩子早日走出"鱼缸"，回归大海，学会自己的生存方式。

作为父母，应该除掉多余的担心，尽可能让孩子接触到各类东西，让孩子自己去体验各种各样的经历。每个孩子都有自己的选择方式，都有自己的想法，都有自己的定位，每个孩子的世界都是一个相对独立的世界。对生活的环境，孩子们已经逐渐形成自身的一套处事方式，家长不要过于强求孩子不愿做的事情。强制性的教育方式带来的只有孩子的逆反心理。

重要的是，父母要让自己成为孩子的引导者，而不是强制者。给孩子一定的自由，表明我们信任和尊重孩子。得到信任和尊重的孩子会因此更加尊重我们，爱我们。

家教故事

华人首富李嘉诚非常注重对孩子独立人格的培养。

在两个儿子长到八九岁时，李嘉诚就让他们参加董事会，不仅让孩子列席旁听，孩子们还能自由地发表自己的意见。如果他们的意见有价值，李嘉诚很乐意接受，即使孩子的意见幼稚甚至可笑，他也会给予鼓励，而不是呵斥。

后来，两个儿子都以优异的成绩毕业于美国斯坦福大学。他们想在父亲的公司里施展自己的才华，干一番事业，但李嘉诚果断地拒绝了："我的公司不需要你们，还是你们自己去打江山，让实践来证明你们是否合格到我公司来任职。"李嘉诚就像老鹰教子一样把孩子"赶出了巢穴"。于是,兄弟俩开始单飞了。后来,他们在各自的领域都成为领军人物。

　　李嘉诚的"冷酷无情",把孩子逼上自立、自强之路,培养了他们独立自主、不依不靠的人格和品性,这远比给孩子安逸和享受要重要得多。

给孩子自由

　　每个孩子天生都拥有最彻底的好奇心和最真实的逆反心理。如果父母执意按照自己的意愿去要求孩子,结果很可能是"哪里有压迫,哪里就会出现反抗"。例如,咖啡是苦的,辣椒是辣的,肥皂是涩的,泥巴是腥的……这已经是我们每个人都知道的生活常识,孩子对这些是没有概念的,因为他们并没有亲自试过,所以他们总是会想办法去尝试。"实践是检验真理的唯一标准",这句话同样适用于孩子。

　　即使在大人看来,孩子所做的事情有多么的错误与愚蠢,父母也不应粗暴地禁止,而应想办法给予引导,将自己的要求隐藏在得体的语言引导上,让孩子看清楚事情的真实面貌,进而做出正确的选择。

　　美国数学家哈里·科勒的老师是个博学多才的人,他精通数学,通晓物理、天文,还是一位出色的教育家。在谈到如何才能教好学生的问题时,哈里·科勒说:"教育学生就如同牧童放牛,我们不能像那些无知的牧童,只凭性子硬牵着牛的鼻子走路,我们要学习那些有经验的农民,他们牵牛时,只到拐弯的地方才抖动一下缰绳。"

　　哈里·科勒就是用这种方法教育学生的。他会借书给学生看,先让其自学,不懂可以问,解答时他也只是稍微提示一下。"我从来不像有的人喂孩子一样,一灌一个饱,也不将食物嚼烂了喂给孩子吃,我只是引起他吃东西的兴趣。让他自己摸索着走,就像牵牛一样,到拐弯处才给他指引一下。"

　　父母在教育孩子的过程中,担当的应该是指导的角色,让孩子自己去做决定。孩子的人生是他自己的,路要靠他自己一步一个脚印地走,父母不可能背着他走一辈子,也不能替他铲除一路上所有的荆棘。

15

事实上，父母给孩子自由，对自身也是一种解放。很多父母都有望子成龙、望女成凤的愿望，因此对孩子将来的规划越来越多，甚至日常生活都要严加管理，时时刻刻地看管、监视和提防，这使得父母自己耗尽时间、心机和精力。然而，结果却与愿望不相符。笼子里的鸟儿——孩子感叹：好没自由！父母这只鸟笼也慨叹：活着真累啊！

父母在"囚禁"孩子的同时，自己也失去了自由。

台湾诗人非马在一首诗中这样写道："打开笼门，让鸟儿飞走，把自由还给鸟笼。"打开笼门，飞走的鸟儿获得了自由，然而全诗的点睛之处在于，鸟儿获得自由的同时，鸟笼也获得了自由。

所以，父母最应该做的是：打开笼门，把自由还给"鸟儿"和"鸟笼"。也许当你打开笼门，鸟儿反倒愿意回来了。因为敞开的鸟笼已不再是牢房，而成了一个温暖的窝。

家教故事

台湾著名的漫画家蔡志忠从小就爱画画。有一天，父亲一时心血来潮，把正玩耍的蔡志忠与侄儿永宽、永台叫到身边，亲切地问他们："你们长大后要做什么呢？"永宽不假思索地昂着头说："我长大以后要当大总统！"永台又着腰，也不甘示弱："我想做警察，因为警察最神气！"轮到志忠，答得也干脆："我啊，我最想画招牌。"蔡志忠之所以有"画招牌"的想法，是因为他有一天偶尔路过"绘制电影海报"的师傅家，看到师傅用坐标放大的方法描绘电影人物，觉得又神气又好玩。

这时，父亲并没有因为蔡志忠志向渺小而不悦，更没有责备他胸无大志。

大约四五岁时，蔡志忠真的画出了"第一幅漫画"。那天父亲不在，蔡志忠溜进书房，看到桌上的瓶瓶罐罐，玩心大起，就顺手用毛笔沾满红墨汁在家中的白墙上画了一个小人。看着自己抢眼的"第一幅"作品，蔡志忠挺乐的。但父亲回来后发现墙壁变了样，火冒三丈，追着儿子就要大打出手，但调皮的蔡志忠一溜烟地跑开了。

事后，父亲冷静下来，开始从另一个角度思考这次"涂鸦"事件。过了不久，父亲居然主动买了一块小黑板送给蔡志忠。这块小黑板和现今常见的木质黑板不同，是由一片磨平的灰色石板，四周再镶上木头边做成的。画笔也是一截石头，写在石板上的颜色是白色，可以用布抹掉。

从这一时刻起，一个多彩世界的帷幕拉开了。透过那支不起眼的笔，脑中构思的图案线条，便成了"画"。从此小黑板成了蔡志忠抒发情感的"田野"，成为促使他走上漫画之路的原动力。

父亲送小黑板之举，真可谓意义深远。父亲以宽容而客观的态度对待儿子不太"规矩"的行为。这样做，正是给了"嫩芽"出土见"阳光"的机会，而没有将它扼杀于"萌芽"状态。

有保护的放养

给孩子自由，并不意味着父母放手不管。

孩子由于社会经验不足、年龄太小等原因，往往不能很好地处理自己的事情，父母如果撒手不管，效果也不会很好。这时就需要进行"有保护地放养"，既给予他们充分的自由，又进行必要的保护，而不是放任自流。

"有保护的放养"就是父母要不断地观察和了解孩子的心态，在关键时刻及时伸出援手，向孩子们提供解决问题的原则和思路，同时把最后的决定权交给孩子，让孩子自己承担结果。

有些父母认为"树大自然直"，对孩子采取宽容甚至纵容的态度，即使在孩子犯了错误以后也不闻不问。这些父母的理由是孩子小，理解能力较差，一些错误行为可以谅解，长大了就好了。

这种认识是不正确的。孩子小，缺乏正确的是非标准，有时难免多犯些错误。父母应及时帮助孩子改正这些错误。

给孩子自由，最重要的就是让孩子从小就得培养一定的独立自主的能力及一个为自己生存负责的观念。要让孩子知道：他要靠自己努力，才能达到他的目标。每个人的能力有大小，但人都要为自己负责，应该尽力发挥自己的聪明才智，努力达到自己的目标。

例如，在教孩子系鞋带、铺床叠被的时候，父母要传导给孩子这样一个观念：这是你的事，你要学会自己做自己的事。你必须做好你自己能力范围内的事，如果你做不好，你就得自己负责任。

给孩子的自由也应该在遵守社会规则的范围内，不能放任孩子随心所欲做任何事。事实上要想在现代社会生存，每个人都有必要遵守一些基本规则。如果孩子从小能将某些规则内化成习惯，他就不会觉得那些规则是难以忍受的束缚，才能最大限度地享受自由。而那些没有任何规则意识的孩子长大以后，在一个秩序化的社会将会感受到更多的压抑，甚至无法融入社会。

此外，社会通用的基本规则也能够帮助孩子适当地克制他们的任性，有计划地、有条理地去完成他们要做的事，而不用父母事事督促，时时检查。例如，在给孩子自由安排自己生活的同时，也要让孩子知道他们应该按时睡觉和起床，否则第二天上学将会受到影响。这样的规则延伸到学习上，孩子就会知道什么时候该做作业，什么时候该玩，用不着父母去催促。

如果孩子没写完作业就去玩，对他来说，就是顶着压力去玩，玩不痛快，只有做完了，他才能轻轻松松去做其他事情。而为了有更多的时间去玩，他学习的时候就会专心致志，尽力提高速度。这一好习惯如果养成了，不但孩子能够获得尊重和自由，家长也获得了很多自由，不用再为这类事情操心。

家教故事

克里斯托弗·哥伦布是西班牙著名航海家、地理大发现的先驱。他在1492~1502年间四次横渡大西洋，发现了美洲大陆，因此名垂青史。

哥伦布从小就喜欢大海，只要一有时间，他就带着弟妹们去海边玩耍，或在海里游泳，或在海滩上做游戏，或拣美丽的贝壳。有时，他站在海边眺望远方，想象着外部世界的样子。后来，他读了《马可·波罗游记》，开始向往印度和中国，立志要做一名航海家。

正因为这个原因，他同水手交上了朋友，经常帮水手做些力所能及的事。因此，水手们都很喜欢他，愿意把外部世界的情况告诉这个好奇的孩子。慢慢地，小哥伦布开始渴望自己长大了也能成为一名周游世界的水手。

小哥伦布的父亲是一名纺织工人，他理解儿子的志向，总想着能为他做些什么。

一天，父亲突然高兴地对他说："儿子，你想不想乘船远航啊？"

"想啊，爸爸。可是，我没有机会出去。"小哥伦布沮丧地说。

"你放心，眼下就有一个机会。过几天，我要运一批纺织品去市场交易，本来想请一名水手去，但考虑到你从小就喜欢远航，我决定把这个机会给你。准备给我当助手吧。"

小哥伦布一听，高兴坏了：我终于能够像别的水手一样游走于世界各地了。

此后，哥伦布作为父亲的助手，曾经多次押送一条载满纺织品的小船去较远的地方进行实物交易，又从那里把奶酪和葡萄酒运回来。

正是父亲给他提供的实习机会，让小哥伦布走出了自己原来的生活范围，有幸到别的地方去看看；同时他也结识了更多的水手，从他们那里得到了更多的关于世界和航海的知识。

19

4、马太效应：公正地对待孩子

父母在家庭教育中要将心态放平，公正地对待孩子的每一个行为，无论他们表现好或是表现差，都应该尊重他们。正如教育学家苏霍姆林斯基所说："让每一个孩子都抬起头来走路。"

 来自《圣经》中的金科玉律

《圣经》中"马太福音"一章里有这样一个故事：

一位主人要到国外去，临走之前，将他的三个仆人叫来，给了第一个仆人5个塔伦特（注：古罗马货币单位），第二个仆人2个塔伦特，第三个仆人

1个塔伦特。

主人走后，第一个仆人用5个塔伦特做买卖，又赚了5个塔伦特；第二个仆人用2个塔伦特做生意，也赚到了2个塔伦特；第三个仆人则把1个塔伦特埋到了地下。

过了一段时间，主人回来了。拿到5个塔伦特的仆人带着另外5个塔伦特来见主人，他对自己的主人说："主人，你交给我5个塔伦特，请看，我又赚了5个。"

"做得好！你是一个对很多事情充满自信的人。我会让你掌管更多的土地。现在就去享受你的土地吧。"

同样，拿到2个塔伦特的仆人带着他另外2个塔伦特来了，他对主人说："主人，你交给我2个塔伦特，请看，我又赚了2个。"

主人说："做得好！你是一个对一些事情充满自信的人。我会让你掌管很多土地。现在就去享受你的土地吧。"

最后，拿到1个塔伦特的仆人来了，他说："主人，我知道你想成为一个强人，收获没有播种的土地。我很害怕，于是就把钱埋在了地下。看那里，埋着你的钱。"

主人斥责他说："又懒又缺德的家伙，你既然知道我想收获没有播种的土地，那么你就应该把钱存在银行，等我回来后连本带利还给我。"说着转身对其他仆人说："夺下他的1个塔伦特，交给那个赚了5个塔伦特的人。"

"可是他已经拥有10个塔伦特了。"

"凡是有的，还要给他，使他富足；但凡没有的，连他所有的，也要夺去。"

故事的寓意很简单，就是让富有者更加富有，让贫穷者更加贫穷。

开始人们并不知道这其中的道理，甚至还感到有些莫名其妙，"贫者越贫，富者越富"，简直就是强盗逻辑。直到20世纪60年代，著名的社会学家罗伯特·莫顿首次将这种现象归纳为"马太效应"。人们才惊醒：原来任何个体、群体或地区，一旦在某一方面(如金钱、名誉、地位等)获得成功和进步，就会产生一种积累优势，就有更多的机会取得更大的成功和进步。

"马太效应"存在于社会生活的各个角落，例如，名声在外的人，更容易出名；大企业可以尽情地推广自己的产品，而小企业却只能在夹缝中生存；容貌漂亮的人，更容易引人注意，还会赢得更多的机会；朋友多的人，更有可能结交更多的人……

有一幅题为"成名以后"的漫画就讽刺了这种现象：一位编辑指着著名作家身边的装满废纸的纸篓说："这些我们全都发表。"这说明，一个人如果出了名，他的研究成果，包括并不成熟的"退稿"，甚至粗制滥造的"废稿"，也会变为"名篇杰作"，甚至他的一言一行也可能被奉为圭臬。正如爱因斯坦所说："我每每小声嘀咕一下，也变成了喇叭的独奏。"

人生也存在残酷的"马太效应"。从学习成绩看，成绩好的学生能考上好高中，接受更好的教育，更容易考上好大学，毕业求职也更加容易；成绩不好的学生只能上普通高中，考上好大学的概率要低一些，毕业求职也会受到影响。再从性格看，有自信的人和没自信的人结果也不一样，前者敢争天下先，不但获得的机会比别人多，还会不断获得新的成功，处境也越来越好；后者处处退缩，不但得不到什么好处，反而处处受限，慢慢地性格也会变得更加自卑、自闭，甚至自暴自弃，处境也就越来越差。

小故事

担任过联合国秘书长的安南先生曾向记者讲述了让他受益终身的一堂课：

在非洲加纳的库马西寄宿学校，一位老师走进了教室。他拿出一张画有一个黑点的白纸，问他的学生："孩子们，你们看到了什么？"

学生们盯住黑点，拖着长音异口同声地喊道："一个黑点！"

老师非常沮丧，严肃地教训学生们说："难道你们谁也没有看到这张白纸吗？眼光集中在黑点上，黑点会越来越大。生活中你们可不要这样啊！"

教室里鸦雀无声。老师又拿出一张黑纸，中间有一个白点。他问学生："孩子们，你们又看到了什么？"

学生们齐声回答："一个白点。"

老师高兴地笑了："孩子们，太好了。无限的未来在等待着你们。"

在家庭教育中，"马太效应"的消极作用是显而易见的。例如，当一个家庭有几个孩子时，那些被父母赏识、受青睐的孩子容易滋生自负自傲、孤芳自赏的不良情绪，从而脱离群体，有可能成为群体中的"孤独儿"；而那些不被赏识的孩子容易产生怨艾自卑的情绪，甚至自暴自弃，从而丧失自我发展的最佳心理环境，并造成父母与子女之间的情绪对立。此外，有的父母有严重的重男轻女思想，也容易使男孩产生盲目的优越感，女孩产生自卑感，从而得不到良好的自我发展。为了避免"马太效应"对孩子的消极作用，父母应采取公正客观的态度，以避免这种不公正现象的产生。

在学校教育中也存在"马太效应"的消极作用。例如，某个学生一旦被认为是好学生，那么很多的荣誉就会接踵而来；而一旦被认为是调皮捣蛋学习又差的学生，老师则另眼看待，好事沾不上边，一有缺点就被严厉批评。结果就会出现这样一种不公平现象：对表现好的学生，老师更加重视，结果学生表现得更好；而对表现不好的学生老师比较忽视，结果使学生表现得更差。

如果自己的孩子是前一种情况，家长就会很得意，并为此深感骄傲；如果是后一种情况，家长常常会感到很懊恼，觉得既气愤又丢面子。其实，得意和懊恼都大可不必，父母对于学校里的这种"马太效应"现象，应该有一个客观、冷静的认识。

老师重视孩子，父母也不要为此得意。虽然孩子得到更多的机会和赞赏会对孩子的发展有一定好处，但是在学校总受重视的孩子，心理承受能力往往会比较差。老师的"偏爱"就像一个温暖舒适的"温室"，很可能会磨损孩子奋力竞争的勇气和信心。而且，很难保证孩子能受到所有老师的喜欢，有可能在换了老师或学校后，孩子就得不到重视了。这时，孩子心里很容易产生一种不平和失落感，觉得不如以前的老师好，因此不再好好学习，甚至步入歧途。

自己的孩子不受老师重视，父母也不必为此懊恼。老师不重视孩子，也并不一定就很糟糕。平时不太受重视的孩子可能比总是受到瞩目的孩子心态更加平和，承受挫折的能力也更强，即使受到点小打击，也不会太当回事。

此外，父母要明白的是，你可以和老师沟通，但是你没法完全左右老师的态度。而且，任何父母都有责任也有能力教育好自己的孩子，而不能把教育孩子的责任完全放在老师的身上，否则你一定会失望。

父母要有思想准备：不可能所有的老师都喜欢自己的孩子。所以，在学校里，老师是否重视孩子，不一定特别重要，只要不歧视孩子，家长就不必太担心。

更重要的是，家长应该和孩子沟通，要开导孩子不要完全被老师的态度左右，因为学习归根到底是孩子自己的事，既不是给家长学的，也不是给老师学的。要让孩子明白，任何时候都要好好学习，而不能因为老师对自己的态度而影响到自己的表现。

家教故事

从小学到初中，李刚一直是老师眼里的好学生，经常能得到老师的表扬。可是初中毕业后，李刚升入了市里的一所重点高中，进入一个崭新的学习环境，老师"青睐"的目光却很少再投向李刚……李刚心里感到不平，总觉得老师不重视他，没有原来的老师好，因此学习成绩一落千丈。为此，李刚的爷爷奶奶想要出面找关系给老师打"招呼"，以得到老师的"优待"。

但是李刚的妈妈想了想，感到不妥。她认为，用这种打"招呼"方式得来老师的"优待"，很容易增长孩子的依赖心理和不劳而获的思想。因此，她与孩子促膝长谈，向孩子说明他在小学和初中取得的成绩只能代表过去，升入高中后，各方面要求越来越高，靠找关系得到老师的"偏爱"既不现实，也不踏实，只有靠自己的刻苦学习，一步一个脚印实实在在地学好每一门功课，才可以得到老师的赏识和同学的尊重。

李刚终于明白，自己从来就是个"普通孩子"，要想"出类拔萃"，只有靠自己勤奋用功，因而不再对老师不"偏爱"自己而耿耿于怀，学会了坦然面对。一年以后，李刚的成绩有了很大提高。

马太效应告诉我们：你不是个胜利者，就是个失败者，而胜利者将享有更多的资源，金钱、荣誉以及更多的成功。

因此，我们要尽可能多的拥有各种资源，只要你比别人在某一方面强，也就是说，要不断强化你的优势，那么你就会成为"马太效应"的受益者。

美国的盖洛普公司是世界著名的调查公司。它通过研究成千上万的成功案例发现，成功者有个共同特点，就是懂得扬长避短。

盖洛普借用近年脑科学的研究成果，发现一个人在3岁至15岁时，大脑的基本特征已经形成，也就是智力上的优势、弱势基本已经定型，很难改变。正所谓"江山易改，本性难移"。例如，你可能是个交往型的人，或者是取悦型的人，或者是个统帅型的人，或者是个和谐型的人，这些是与生俱来的。如果一种类型的人去做另一种类型的工作，往往不会成功，因为他没有发挥自己的优势。

他们得出的结论是：一个人只有知道自己的优势，才能知道自己会在哪里能够成功。

做父母的大都望子成龙或望女成凤，希望把孩子培养成才。父母平时应多观察，多分析，想方设法找到发挥孩子潜能的最佳点，然后进行培养引导。特别在孩子学习成绩不理想时，冷静地分析原因，观察孩子的兴趣爱好，从中找到适合孩子发展的优势方向，并创造一定的学习条件，就可能点燃孩子的智慧火花。

如果父母不了解孩子，根据主观的愿望和片面印象，硬要孩子向某方面发展，那么孩子不仅不能"扬长"发展，甚至会表现得相当"笨拙"。如果父母由此而认为孩子没有出息并失去信心，就可能淹没孩子尚未被发现的潜能，还会使孩子产生"我无能"的"认命"心理，降低他的自尊和自信。

要发现孩子的潜能，就需要父母有一双会观察的眼睛，细心观察孩子的一举一动。孩子的一些才能，有可能就在一举一动的细节中。父母要让孩子接触各种各样的知识，鼓励孩子参与广泛的活动，积极地表现自己的才能。当孩子的才能火花闪现时，父母要善于发现它，认可它。具体方法如下：

（1）了解孩子的兴趣。孩子的兴趣所在往往就是其天赋的"闪光点"，贝多芬4岁时喜欢在琴键上来回按动，其祖父有意识地去培养他的音乐才能，结果他8岁就能登台表演，最终成为享誉世界的音乐家。父母平时要仔细观察，看孩子是否对某一方面的问题特别感兴趣，或经常阅读某一方面的书籍，或特别珍惜某些物品等。此外，多与学校的老师联系，并与孩子一起玩耍、散步、旅游，以便发现孩子的爱好与兴趣。

（2）观察孩子的行为。哈佛大学心理学教授霍尔德·加德纳经过研究后发现，人有七种智慧：语言、数理逻辑、音乐、身体动觉、空间关系理解能力、人际交往的智力和自知之明。每个人的七种智力发展并不平衡，往往是某些方面较为突出。父母要了解孩子的优势所在，就要留心观察孩子在日常活动中的表现：一般来说，语言智能强的孩子，口语表达能力强，对语言的理解快；数理逻辑智能强的孩子，计算能力好，喜欢推理分析；空间智能好的孩子，喜欢搭积木、建房子和画画；肢体运动智能强的孩子，动作协调性好，模仿动作惟妙惟肖；人际智能强的孩子，可能是天生的领导者，善于和人打交道；音乐智能强的孩子，对节奏敏感，喜欢唱歌跳舞；内省智能好的孩子，做事有计划，充满自信；自然观察智能强的孩子，喜欢动物植物，观察力过人。只要细心留意孩子的表现，你就会发现孩子的独特之处，了解到他的优势智能。

（3）了解孩子的性格。据德国科学家研究，孩子的个性也是其天赋的"显示屏"。20年前，密歇根大学的专家对125名3~10岁孩子的母亲进行问卷调查，依据孩子在同别人发生意见分歧时的态度予以性格分类，并与现在的情况进行对照研究。他们发现那些自己的意见一旦被否决就哭的孩子，感情脆弱、敏感，日后大多数成为有艺术特长的人。专家的解释是：这类孩子不尝试解决冲突，因此长大后内心世界比较丰富。而那些显得自信的孩子，长大后许多人成了法官、新闻记者或律师。至于那些不经过深思熟虑就脱口而出、为证明自己正确态度咄咄逼人的孩子，日后容易成为部门的领导或管理者。

一旦发现孩子的潜能，就要珍惜他的潜能，并加以科学的引导和培养，让孩子的潜能得以发挥。而对于无能为力的领域，就不必耗费过多的心力。因为在这些领域，孩子往往缺乏天分，就连做到"马马虎虎"都不容易，更别说做到"卓越"了。

 家教故事

德国著名化学家奥托·瓦拉赫是诺贝尔奖获得者，他的成才过程极富传奇色彩。

瓦拉赫在读中学时，父母为他选择的是一条文学之路，不料一个学期下来，教师为他写下了这样的评语："瓦拉赫很用功，但过分拘泥。这样的人即使有着完美的品德，也绝不可能在文字上发挥出来。"

此后，父母只好根据瓦拉赫自己的意见，让他改学油画。可是瓦拉赫既不善于构图，也不会润色，不久又得了个全班倒数第一的成绩，老师给的评语是："你是绘画艺术方面的不可造就之才。"

面对如此"笨拙"的学生，绝大多数老师认为他已成才无望，只有化学老师认为他做事一丝不苟，具备做好化学实验应有的品格，建议他试学化学，父母接受了化学老师的建议。结果，化学触发了瓦拉赫的潜能，点燃了他智慧的火花，这个文学、绘画方面的"差生"，一下子变成了公认的化学方面"前程远大的高材生"。

5、目标效应：有梦想就有动力

对于孩子来说，目标是学习的动力。教育孩子确立自己的奋斗目标，是培养孩子上进心的重要手段，是帮助孩子成才的必经之路。

父母为子女所设的目标，既不能太低，也不能太高。如果太容易达到，就不容易形成动力；如果太难达到，就会让人望而却步。只有合适的目标才对孩子有吸引力。

跟着目标走就不会迷路

在西撒哈拉沙漠中，有一颗璀璨的明珠——比赛尔。每年都有数以万计的旅游者来到这儿。可是在很早以前，这里只是一个封闭而落后的地方，这儿的人没有一个走出过大漠，这并不是说他们不愿意离开这块贫瘠的土地，而是尝试过很多次都没有走出去。

直到有一天，一个名叫肯·莱文的人来到这里。肯·莱文用手语向这儿的人问他们为什么不走出大漠。结果所有人的回答都一样：从这儿无论向哪个方向走，最后都还是转回出发的地方。

肯·莱文并不相信这种说法。他做了一次试验，按照指南针的指示，从比塞尔村一直向北走，结果三天半就走了出来。

可为什么比塞尔人不能走出大漠呢？肯·莱文非常纳闷，最后他只得雇一个比塞尔人，这名叫阿古特尔的青年也从来没走出过大漠。肯·莱文收起指南针等现代设备，让阿古特尔带路，看看到底会发生什么？他们带了半个月的水，牵了两峰骆驼出发了。

十天过去了，他们走了大约八百英里的路程，第十一天的早晨，他们果然又回到了比塞尔。这一次肯·莱文终于明白了，比塞尔人之所以走不出大漠，是因为他们没有在大漠中找准方向。

一望无际的沙漠里，一个人如果凭着感觉往前走，他会走出许多大小不一的圆圈，最后的足迹十有八九是一把卷尺的形状。比塞尔村处在浩瀚的沙漠中间，方圆上千公里没有一点参照物，若不认识北斗星又没有指南针，想走出沙漠，确实是不可能的。

肯·莱文在离开比塞尔时，他告诉阿古特尔，如何通过北斗星来找到正确的方向。肯·莱文对阿古特尔说，只要你白天休息，夜晚朝着北面那颗星走，就能走出沙漠。阿古特尔照着去做，三天之后果然来到了大漠的边缘。也因为此，阿古特尔成为比塞尔的开拓者，他的铜像被竖在小城的中央。铜像的底座上刻着一行字：跟着目标走就不会迷路。

目标使我们产生积极性。一个人有了需要不断完成的目标后，就有了奋斗的动力。目标给了我们一个看得见的射击靶，使我们能够一箭命中，而不浪费时间。

许多年以前，一位穷苦的牧羊人带着两个年幼的儿子，靠为别人放羊来维持生活。一天，他们赶着羊来到一个山坡。这时，他们看见了一群大雁，鸣叫着从他们头顶飞过，并很快从自己的视野中消失了。

"大雁要往哪里飞？"牧羊人的小儿子问他的父亲。

牧羊人回答说："为了度过寒冷的冬天，它们要去一个温暖的地方安家。"

"要是我们也能像大雁一样飞起来就好了，那我就要比大雁飞得还要高，去天堂看妈妈。"他的大儿子眨着眼睛羡慕地说。

"做个会飞的大雁多好啊！可以飞到自己想去的地方，那样就不用放羊了。"小儿子也对父亲说。

牧羊人沉默了一下，然后对儿子们说："如果你们想，你们也会飞起来。"两个儿子试了试，并没有飞起来。他们用疑惑的眼神看着父亲。

牧羊人说，看看我是怎么飞的吧。于是他飞了两下，也没飞起来。牧羊人肯定地说："可能是因为我的年纪大了才飞不起来，你们还小，只要不断努力，就一定能飞起来，去你们想去的地方。"

儿子们牢记着父亲的教导，并一直不断地努力。等他们长大以后终于飞起来了，他们就是美国的莱特兄弟，他们发明了飞机。

引导孩子的梦想

人类最可贵的本能就是对未来充满幻想。一个真爱孩子的父母应当精心保护孩子的梦想，让梦想的种子长成参天大树。如果父母能及时正确地引导，梦想就是孩子未来的目标，就是孩子不懈奋斗的动力。

黎巴嫩著名诗人纪伯伦曾说："我宁可做人类中有梦想和完成梦想愿望的、最渺小的人，而不愿做一个最伟大的无梦想、无愿望的人。"

孩子天生都有梦想。当孩子有梦想时，父母应为此感到高兴，并且及时给予肯定，鼓励，因为这正说明了他们对客观世界已经产生了强烈的兴趣和旺盛的求知欲，说明他们将来可能会成为一个有出息的人。一个人心中拥有了梦想，就会在希望中生活，投入他们全部的努力，并不断地创造生命的奇迹。

许多看似不切实际的梦想其实都可以实现，这是因为梦想会使人心中产生激情，作为一种可贵的心灵动力，这种激情可以令一个人产生"虽九死而不悔"的生活向往，它会最大限度地激发人的潜能，从而实现自己的梦想。

当然，对于孩子来说，并不是所有的梦想都能实现，我们也不能奢望所有的梦想都能变为现实，梦想只是前进的动力和方向。因此，当听到孩子讲出自己的梦想时，父母不必轻率的嘲笑，不要去说那是不切实际的"好高骛远"。常常听到一些父母带着不屑的表情说"就你那水平，那智力，还想未来当科学家呀？"这样的父母粉碎了孩子的憧憬，也粉碎了孩子的未来，是不合格的父母。

梦想就像人体成长所需要的微量元素与氨基酸，缺少它，大脑的营养就跟不上，思维就会迟钝，没有想象力、创造力。父母要学会给孩子以梦想，让孩子在无数个梦想中，充分发挥想象力与创造力。

梦想是孩子前进的指路明灯，是鼓舞孩子奋斗的风帆，是孩子取得成功的基石。当孩子心中有了梦想，他会为了梦想的实现而积极主动地学习，矢志不渝地奋斗不息。

父母从小就要引导孩子的梦想，送给孩子美丽的憧憬，送给孩子一个个热爱生活的梦想。只有这样，才能促使孩子积极地调动全身的潜能，主动地求知探索。对于孩子来说，一旦有了梦想，就会有了勤奋学习的动力，而且这种动力是持久的。而如果没有梦想，就不知道自己学习有什么用。在这种情况下，只要稍微有点阻力和困难，他们便会产生放弃心理，更不用说百折不挠地克服困难。

梦想还是改变孩子后进的一个很好的方法。绝大部分后进孩子落后的原因，不是智力低下，而是缺少自我约束的能力，没有稳定的方向。引导孩子的梦想，就是帮助孩子确定一个方向，使他自己管理自己，自己约束自己，自己成就自己。

当孩子有了梦想后，父母要及时帮助将孩子的梦想化为现实的目标，引导孩子设定一个适当的目标。目标不能过高，亦不能过低，要切合孩子的学习。有些家长由于望子成龙心切，往往忽视了孩子的学习实际，为孩子设定过高的目标。这只能是家长的一厢情愿，因为一旦孩子达不到这个目标，或者认为这个目标根本无法达到，便会泄气。这与家长替孩子制定目标的初衷可以说是背道而驰。

父母应想方设法引导孩子将远大理想和奋斗精神结合起来，使孩子懂得"千里之行，始于足下"。只有经过拼搏奋斗，梦想才不会化成泡影。

家教故事

涂霞客幼年时就有一个梦想，期望长大后能遍游祖国的山川，领略秀美风光，了解民族的历史。

成年后，涂霞客决定放弃科举，绝于仕途，准备去实现自己的梦想。

恰在这时，涂霞客的父亲去世了，身边只有年迈的母亲，他实现宏愿的决心有些踌躇。母亲了解到儿子的心意，便鼓励他身为男子汉，应该志在四方，不能为了家庭的缘故而放弃自己的梦想。为了激励儿子，母亲还亲手为儿子赶做了一顶"远游帽"，让他戴着踏上了征途。

开始，涂霞客出游大都是在比较近的地方，行期也有一段间隔。每次游罢归来，涂霞客总要把异地的风光见闻一五一十地讲给母亲听。涂母总是为儿子的学识不断长进而感到高兴；后来涂母发现，既然远游，为何频频归来？当她知道涂霞客仍是为了照顾她时，便叫上儿子陪她去游览一次，而且一路走在儿子的前面，毫不示弱。

得到母亲的鼓励，涂霞客激动不已。他开始了对祖国万里河山的游历。50多年不避寒暑，不畏艰险，涂霞客靠两条腿考察了华东、华北、东南沿海、西南云贵等17个省区，对大半个中国的地理、水文、地质、动植物，特别是石灰岩地貌作了数百万字的游记记录，成为我国历史上一位杰出的地理学家和旅行家。

鼓励孩子"异想天开"

人类社会的进步过程，从一定意义上说就是不断"异想天开"的过程。美国莱特兄弟小时候"异想天开"要上天，1903年，他们制成飞机实现了人类的首次机械飞行，真的上了天。人在几千年前就幻想过"顺风耳"和"千里眼"。1844年，美国人莫尔斯发出了世界上第一份电报，1922年英国贝尔德发明了机械式扫描电视，人真的能听到千里之外的声音，看到千里之外的形象了。

成人在考虑问题时，常要受到许多潜在的因素的限制，但孩子却不同，他们可以让思维插上翅膀尽情驰骋，常常会想出出乎人意料的答案，这是很可贵的。一位心理学家做了这样一个实验：在一张白纸上用黑墨水滴了一个黑点，问成年人这是什么？答案几乎是一样的：一个黑点。问幼儿园的小朋友，有的说这是一只断了尾巴的蝌蚪，有的说是一只压扁的臭虫，有的说是一顶帽子，有的说是一粒黑芝麻，答案有很多。

有时孩子会向父母提出一些天真的问题，父母不能一笑置之，更不能随意地加以嘲笑，而应正面鼓励并积极引导孩子大胆地想！在条件可能的情况下，还应设法促使孩子动手参与活动，让他们在活动中去寻求答案，以发展其求新求异的思维能力。

在学习、生活中，家长要有意识地训练孩子的想象能力。下面这些方法也许对父母有所帮助：

（1）一个问题给出多种答案。在遇到问题时，家长要告诉孩子不要满足于标准答案，要提倡有多种答案，不能简单地肯定或否定。鼓励孩子多想，在解决各种问题时要试验多种方法，比较出哪种是最优的方法。

（2）玩游戏玩出新花样。支持孩子在没有危险的情况下进行各种游戏的尝试，玩玩具和做游戏时，不一定非要孩子照一成不变的模式去做，不妨出点新花样。如孩子玩积木、拼图、玩沙等游戏，由于没有规则的约束，孩子可以依据自己的愿望和想象去构思、去创造，可以不断地玩出花样。

（3）通过绘画发展孩子的想象力。在绘画活动中，家长要给孩子尽可能的自由，让孩子能更多创造性地表现自我。有两种形式：一是可以给孩子规定一个主题。让孩子围绕这个主题，通过对知识经验的回忆来加工与绘画。

比如，要求孩子画小猫，孩子可能画小猫钓鱼、小猫捉老鼠、小猫的一家、小孩抱着小猫、加菲猫等。二是让孩子自由绘画，充分表达孩子的思维活动过程。如孩子画出汽车飞驰在天空中，表达了他想办法避开交通堵塞的愿望。

（4）音乐。让孩子在充分感受音乐时可以要求他为歌曲配上动作；鼓励孩子表达内心的情感；为歌曲写新词。

（5）让孩子编故事。许多家长平时都给孩子讲故事，不妨在讲到一半时戛然而止，让孩子根据前面的情节续接故事，也可以鼓励孩子直接编故事。孩子平时都爱听故事，听到一定数量后，可让孩子自己来编故事。

（6）在日常生活中引导。父母要经常引导孩子多角度看待事物和分析事物，逐渐养成换一条思路想想的好习惯。例如，父母可问孩子：茶杯除了喝茶的用途外，你还能说出别的用途吗？圆圆的月亮像什么？水可以做什么用？让孩子有机会动脑筋，最大限度地激发孩子的想象力。

小故事

有一位幼儿教育专家到国外看到一个幼儿用蓝色笔画了一个"大苹果"，老师走过来说："嗯，画得好！"而且爱抚地摸了摸孩子的头，孩子高兴极了。

这时中国专家问教师："他用蓝色画苹果，你怎么不纠正？"

那个教师说："我为什么要纠正呢？我认为他画得很好，也许他以后真的能培育出蓝色的苹果呢。"

第二章　塑造孩子良好的品性

> 道德普遍地被认为是人类的最高目的，因此也是教育的最高目的。
>
> ——[德国]赫尔巴特

1、延迟满足：克制是成功的前提

心理学上有一个"延迟满足"的概念。它是指一种为更有价值的长远结果，而甘愿放弃即时满足的抉择取向，以及在等待中展示出来的自制能力。

"延迟满足"是一种心理成熟的表现，用我们平常的话说就是"忍耐力"：为了追求更大的目标，克制自己的欲望，放弃眼前的诱惑。

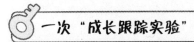

为了研究控制欲望与成功的关系，美国心理学家沃尔特·米切尔和他的实验人员曾做过一个经典的"成长跟踪实验"。

沃尔特·米切尔选择了一所幼儿园，并在幼儿园选出十几个4岁儿童，将他们带到了一间空房里。沃尔特给每个孩子都发了一粒包装精美的糖果，并告诉他们："糖果属于你，你可以随时吃掉；但如果能坚持到我回来再吃，就会得到两粒同样的糖果。"说完，他就离开了。

有的孩子抵制不住糖果的诱惑，剥掉糖纸，吃掉了糖果。接着又有几个孩子吃掉了自己的糖果。到最后，有一半以上的孩子克制着自己。40分钟后，沃尔特回到房间，给那些能克制自己的孩子分发了奖励。

沃尔特和他的实验人员把这个实验一直继续下去，他们对接受实验的孩子进行了跟踪调查，结果发现，那些能够"延迟满足"的孩子，数学、语文的成绩要比那些没有延迟满足的学生平均高出20分；参加工作后，他们也很少在困难面前低头，总能走出困境并获得成功。他们能够更好地应付挫折和压力，具有责任心和自信心，也更容易赢得他人的信任。

那些急不可耐、经不起诱惑的孩子，在成年后更容易有固执、优柔寡断和压抑等个性表现。他们在遇到挫折时容易心烦意乱，往往把自己想得很差劲或一文不值；遇到压力往往退缩不前，逃避挑战。

这个实验很好地表明：控制冲动、延迟满足是一个人取得成功的重要因素，它甚至比智商更重要。我们可以看到，在生活中，那些事业有成的人，总是能够把一个个小的欲望累积起来，成为不断激励自己前进的动力；再看看那些一时冲动犯罪的人，常常是由于不能克制自己一时的欲望，而做出了害人害己的行为。

家教故事

有一个男孩有着很坏的脾气，于是他的父亲就给了他一袋钉子，并且告诉他，每当他发脾气的时候就在后院的围篱上钉一颗钉子。

第一天，这个男孩钉下了37颗钉子。慢慢地，每天钉下钉子的数量减少了。他发现控制自己的脾气要比钉下那些钉子来得容易些。

终于有一天，这个男孩再也不会失去耐性乱发脾气，他告诉父亲这件事。父亲告诉他，从现在开始，每当他能控制自己脾气的时候，就拔出一颗钉子。

一天天地过去了，最后男孩告诉他的父亲，他终于把所有钉子都拔出来了。

父亲握着他的手来到后院说：你做得很好，我的好孩子。但是看看那些围篱上的洞，这些围篱将永远不能回复成从前。你生气的时候说的话将像这些钉子一样留下疤痕。如果你拿刀子捅别人一刀，不管你说了多少次对不起，那个伤口将永远存在。话语的伤痛就像真实的伤痛一样令人无法承受。

这位父亲给孩子上了一堂生动的"自我克制课"。

父母的错误

现代家庭教育中存在的一个普遍问题是：父母对孩子过度宠爱。许多父母对孩子有求必应，无论吃的喝的、玩的看的，孩子只要一要求，父母马上就设法予以满足。在这种家庭环境中成长的孩子往往表现出欲求过分。欲求过分有两层含义：一是欲求的对象过分。例如，刚买过一个书包，还想再买一个；刚买过一个玩具，马上就要另一个。二是欲求的时间过分，不管什么需求，一旦产生必须马上满足。例如，看见商店橱窗里有趣的玩具，立即要买，即使爸爸、妈妈答应回家拿钱来买，都会哭闹不已。

当孩子出现欲求过分的问题时，很多父母不能理性地看待，常常在有意无意中纵容和培养了孩子的这种心态和习惯。例如，有孩子要求马上喝水，父母便立即把热水从保温壶倒进大碗，又从大碗倒进小碗，最后还不断地用嘴吹，试图让水尽快凉下来。为了立刻满足孩子的喝水要求，父母动用了5~6个容器，无暇顾及其他事情，孩子还在旁边急得直跺脚，大人则在忙乱中不断地安抚着，"就好了，就好了，快了，快了。"

父母这种被动满足孩子每一个要求的做法，只会让父母成为孩子的奴隶，虽然忙得四脚朝天，但仍然不会让孩子得到满足。而且，父母对孩子"有求必应"的这种教育方法，只会使孩子变得越来越任性，越来越贪心。而一旦离开家庭走入社会，那种任性、暴躁、急功近利的性格，一定会令他们饱受挫折和打击。到了社会上他们会发现，许多东西并不是唾手可得的，也没有人为他们去获得，而自己却没有养成必要的努力与忍耐的性格。

我们常见到父母责怪孩子过于任性，可令父母们想不到的是，正是父母的行为滋长了孩子的这种习惯和心态。法国教育家卢梭在《爱弥儿》中曾说："知道用什么办法能使你的孩子得到痛苦吗？这个方法就是：百依百顺。"这话很值得家长们反思！

父母应该设法让孩子懂得：诱惑无处不在，欲望随时会产生，但是，世界不是以他为中心，因此，必须学会等待，学会控制自己的情绪和行为。

 家教故事

一天，妈妈正在厨房蒸鸡蛋羹，英子闻见香味跑了进来。

"妈妈，我要吃蛋羹。"

"蛋羹还没有蒸好，再等5分钟吧。"

"我不要等，我现在就要吃。"3岁的女儿不答应

"英子，蛋羹没有蒸好怎么能吃呢？你如果饿了，就先去吃块面包吧。"

"不，不，我就要吃蛋羹。"

妈妈了解女儿的心理，知道她自控能力差，难以抵制外在的诱惑和内在的欲望。为了让她明白什么是等待，妈妈把她带出了厨房，不再理她了。

过了5分钟，女儿又跑了过来，焦急地对妈妈说："5分钟到了，我要吃蛋羹。"

这时蛋羹的确已经蒸好了，但为了使女儿有耐心，妈妈并没有立刻给她，而是让她再安静地等一会儿。

"再等一等，蛋羹虽然蒸好了，但它现在很烫，你吃不了。"

"不，我不怕烫，我现在就要吃。"英子哭闹起来。

"英子，你要学会'等一等'，如果再这样纠缠，我就不给你吃了。"

女儿生气了，一下子冲出厨房，跑到自己房间里哭了起来。

过了一会儿，妈妈把蒸好的蛋羹放在了餐桌上，对女儿说："哇，蛋羹好香呀，现在可以吃了。"

看见女儿没有反应，妈妈知道她还在生气，也并不理会，继续做其他的事。就在此时，英子悄悄地从房间里走了出来，到餐桌前吃起了蛋羹。

英子的妈妈利用"等一等"的方法，有意识地训练孩子的自控能力。

培养孩子的耐性

生命中总是不时会有这样那样的麻烦，让我们想转身逃跑，变得不耐烦。对自己脾气注意收敛的人，和对自己脾气放任不管的人，他们得到的幸福是有很大区别的。

一个被自己坏脾气控制的人，总是因之而烦恼，也不会受人欢迎。培养孩子的自我克制能力，培养他的理性思考和判断能力，是孩子今后能够取得成功的必要前提。父母要在平时的教育中，让孩子学会容忍和克制，让脾气服从于理性的判断，避免养成尖酸刻薄、好挖苦人的习惯。

为了培养孩子的耐性，父母在教育孩子的过程中，有必要对孩子的要求"延迟"一下"满足"。孩子很小的时候，他们完全要靠父母的帮助，饿了、渴了，他们往往急不可待地表达需求，这是可以理解的，比如婴儿用大声啼哭表达吃奶的要求，就很正常，因为此时孩子的表现是真实需要的反应。但是半岁之后，父母就应该可以跟孩子解释：牛奶还在微波炉里，等1分钟就好。不要以为他们听不懂，听多了，他们会理解的。孩子哭，就让他在那里多哭几分钟，不用过于担心。

当孩子渐渐长大后，尤其是当他们学会利用语言表达自己的要求后，父母就更应该有意识地制造一些机会，训练孩子具有耐心，懂得等待，利用等待培养抵制诱惑和欲望的能力。例如：外出游玩时教孩子遵守秩序，学会排队等待；平时有意识地让孩子装配和修理一些日常用具；学做一些不太简单的菜；动脑筋玩一些比较复杂的智力游戏。这些都可以让孩子明白，许多事是急不来的，功夫到了才能"自然成"。可以说，等待是人生中的重要一课。

父母在教育孩子的过程中，只教会他某些知识和技能是远远不够的，还必须对孩子进行情感教育方面的训练。例如，在孩子被他人讥笑时，父母除了要告诉他怎么做以外，还应该教会孩子控制自己的情绪。

孩子生气时，会脸色通红，身体发紧，高度紧张，在动作、面部表情和体态上都有表现。父母首先要让孩子认识这些标志，然后通过深呼吸、分散注意力等办法，使自己的身体平静下来。每次训练时可以把全过程记录下来，让孩子看看自己当时的表现，这样更有利于强化他的情感控制能力。

劳伦斯·沙皮罗在《EQ之门：如何培养高情商的孩子》中介绍的"取棍子"游戏，是一种指导孩子进行自我控制的传统训练方法：

在游戏中，一个叫迈克的孩子全神贯注，要把绿棍子下的红棍子取出来。因为太专心，手有些发抖了。他只有在不过半数到绿棍的前提下，移动红棍，才可以把红棍取出来。这时另一个孩子对着迈克做鬼脸，对着他的耳朵吹气，还说他是塌鼻子，试图分散他的注意力。

迈克全然不为所动，慢慢呼吸，放松肌肉，眼睛紧盯着目标。他知道要想赢得这场游戏，必须排除他人恶作剧的干扰，集中注意力。他在内心克制着自己，终于，他成功地把红棍子取出来了。

这项游戏内容很简单，但需要参加者能集中注意力，具备很好的动作协调能力，目的是教会孩子情感控制技能。

2. 破窗效应：环境对孩子的影响

有一句俗语是"近朱者赤，近墨者黑"，人在成长中难免会相互影响，这种影响在低龄儿童中表现得尤为明显。后天良好环境的影响能够弥补孩子的先天不足，诱发内在的潜能，引导孩子向良好的方向发展。

认识"破窗效应"

美国心理学家詹巴斗进行过一项有趣的试验：他把两辆一模一样的汽车分别停放在帕罗阿尔托的中产阶级社区和相对杂乱的布朗克斯街区。停在中产阶级社区的那一辆，停了一个星期也完好无损；而另一辆，他摘掉车牌，打开顶棚，结果不到一天就被人偷走了。后来，他把那辆完好无损的汽车敲碎了一块玻璃，结果，仅过了几个小时车就不见了。

以这项试验为基础，美国政治学家威尔逊和犯罪学家凯林提出了一个

"破窗理论"，他们认为：如果有人打坏一栋建筑物上的一块玻璃，又没有及时修复，别人就可能受到某些暗示性的纵容，去打碎更多的玻璃。久而久之，这些窗户就会给人造成一种无序的感觉。结果，在这种麻木不仁的氛围中，犯罪就会滋生、蔓延。

在我们的日常生活和工作中也可以发现类似的情况：

当第一个人摘取花坛里的鲜花后，其他人纷纷效仿，会将鲜花一摘而净；

在十字路口中等红灯结束时，如果有一个人稍微向前走了一步，其他的人都会迫不及待地冲过红灯路口；

在一个公司，有员工随意浪费办公室的复印纸，有关领导不以为然，于是浪费行为有增无减；

……

"破窗效应"揭示了一个道理：环境具有强烈的暗示性和诱导性。任何一种不良现象的存在，都在传递一种信息，这个信息必然会导致这种不良现象的无限扩展。因此，当出现"第一扇被打碎的窗户玻璃"时，必须及时修好它。

"破窗理论"的提出更多的是从犯罪心理去思考问题，但对于家庭教育来说同样重要，孩子的成长必须依赖环境，就像植物离开阳光雨露就不能生长一样，是永恒的法则。因此，教育最重要的因素之一就是创造一个尽可能好的环境。

小故事

1920年，在印度的东北部发现了两个女狼童，一个8岁，一个2岁。因为从小与狼一同生活，她们的生活习性完全与狼一样：口不会吸吮，两手不会抓东西，甚至连声带也发生了变化；夜晚常常不睡觉，只是不断地吼叫；不会站着走路，只会爬行；耳朵亦如狼耳，常常会动(人的耳朵一般不会动)。一切的生活方式均显示出不能适应人类生活。

经过几年人类文明的教导，年纪较小的妹妹比姐姐显示出更强的适应能力。9年后，已经17岁的狼童姐姐去世了。经过9年的文明教导，她仍旧无法成为正常的"人"。

在本质上，两个狼童都是人类，但因为从小没有在人类环境中长大，因而也就发展不出人类的特性。而且即使将她们带回"人"的世界后，也无法适应人类的生活方式，生命亦是非常的短暂。

塑造良好的家庭氛围

意大利教育家蒙台梭利将"环境"比拟于人的头部，借以强调环境对小孩的重要性。在她看来，人类的一切成长都与头部有关，因为头部是发号施令者，控制着生理与心理上的发展成熟度。

人一生下来，就有适应环境的本能，这种本能帮助他生存，甚至驱使他去发展未来生存必备的生理或心理机能。也就是说，人类的各种智能与体能都是因为适应环境而增长的。假如能给儿童一个非常丰富、能提供学习刺激的"环境"，儿童在这种环境中也能勤勉、多方面地去"适应"！例如，一个生长在英国的孩子，即使他的父母对英语一窍不通，但他也能说一口很流利的英语，实际上成人谁也没有教他，完全是自己从环境中自然学得的。

孩子的很多能力都是在特定的环境中逐步培养出来的。每个孩子都无法脱离家庭单独成长。因此，培养孩子能力最重要的条件就是创造良好的家庭环境。孩子每天都生活在家庭中，家庭中所发生的一切都会潜移默化地传输给他们，从婴儿呱呱坠地之日起，在家长创造的环境里，孩子的能力教育就开始了。例如，如果一个孩子的父母都从事音乐，那么，就算家里并没有特意让他从小学习音乐，但是和别的孩子比起来，他在音乐上也有着更强的悟性，因为从幼儿期开始，父母乃至周围环境带来的所有关于音乐的信息都被孩子接收了，在这种内在能力上，孩子比我们想象的要强得多。

要塑造一个良好的家庭气氛，要求父母至少做到以下几点：

（1）给孩子提供必要的物质环境。家庭的物质环境依每个家庭的富有程度的不同而不同，每个父母都应该尽最大努力来满足孩子在学习和生活上的物质需要。例如，为了给孩子提供一个良好的学习环境，要给孩子提供一个学习的天地，不需要奢华，但要求整洁、安静，避免无休止的噪音和杂乱无章，引起孩子情绪烦躁，进而妨碍学习。

（2）给孩子提供良好的心理环境。孩子在成长中最需要的是安定、安心、安全的环境与父母完整的爱。要做到这一点，既要求父母相亲相爱，也要求家长与子女关系融洽，这样才能营造和睦快乐的家庭气氛，有益于孩子的身心健康。

（3）重视家庭中的智力气氛。如果父母本身对知识就有巨大的兴趣和追求，就会给孩子的健康成长产生巨大的无形力量。智力气氛差的家庭，可利用邻居、亲戚、朋友及请家教等外部环境的智力气氛来改变家庭智力气氛。

在良好的家庭氛围的影响下，你的孩子一定可以健康、茁壮地成长。

家教故事

安徒生小时候是在丹麦一个叫奥塞登的小镇上度过的。他家境贫寒，父亲只是个修鞋匠，母亲是个洗衣妇，祖母有时还要去讨饭来补贴生活。他们的周围住着很多地主和贵族，因为富有，这些人便觉得自己高人一等，他们讨厌穷人，不允许自己的孩子与安徒生一块儿玩耍。安徒生的童年孤独而寂寞。

父亲担心这样的环境会对安徒生的成长不利，但是他从来没有在孩子面前流露出自己的这种焦虑，反而轻松地跟安徒生说："孩子，爸爸来陪你玩吧！"父亲陪儿子做各种游戏，闲暇时还讲《一千零一夜》等古代阿拉伯故事给他听。

虽然童年没有玩伴，但有了父亲的陪伴，安徒生的内心世界也充满了阳光和快乐。

重视周围环境对孩子的影响

除了受到家庭环境会对孩子产生潜移默化的影响以外，孩子的成长还会受到周围环境的影响，因此父母要留意孩子身边是什么人。古代"孟母三迁"的故事讲述了孟子的母亲三次搬家，正是为了给孟子选择一个良好的周围环境。起初，孟子家住在一片墓地旁，常常看到埋死人，于是就学着做埋死人的游戏；搬到集市旁边后，孟子每天看到的是小商小贩的经商活动，于是又学做买卖的游戏；最后搬到一个学校旁边，每天看到文质彬彬的学生，孟子开始变得守秩序，懂礼貌，喜欢读书了。

有人专门做过这样的一个实验研究，他把一对双胞胎的女孩子，从小分开，一个留在大城市的家庭里，一个被送往边远的森林里随亲戚生活。两个孩子的遗传素质大体相同，由于生活的环境不同，这两个孩子的个性发展完全不同。留在城市的孩子喜欢读书，智力发展较好较快，也比较文静；而在森林附近的亲戚家长大的孩子，则不想读书，身体很好，会爬树，也很灵巧，性格很开朗。这都是环境影响的结果。

为了给孩子营造一个良好的周围环境，父母要注意以下几方面：

（1）选择一个好的社区环境。不同的社会区域，其社会成员的成分不同，所从事的职业不同，生活习惯、社会风气也就不同。家庭生活和社会生活息息相关，当地的社会生活习惯、社会风气，总是要渗透到家庭生活中去的，从而影响家庭生活方式、生活习惯，进一步影响到孩子的成长和发展。

孩子的自制力不强，模仿力却很强，很容易受到周围环境的影响。因此，家长要尽量选择一个良好的社区环境，以发挥环境对孩子正面的积极的影响作用。

如果家庭搬迁，往往会对孩子心理产生很大影响。因此，父母在搬迁前要告知迁居的好处，帮助孩子妥善告别伙伴朋友和熟悉的环境；迁居后指导孩子适应新的环境，注意帮助孩子克服焦虑的情绪。

（2）和睦邻里关系。如果与邻居"老死不相往来"，这会给生活带来很多不便，家庭虽在闹市，孩子却仿佛居于"孤岛"，不利于孩子的成长。甚至有些家长因为一点小事情就与邻居成为冤家对头，或因为自身缺乏修养，如乱倒污水垃圾，装修房间随意破墙钻洞，造成邻里关系不睦，这样会加剧孩子的孤独，妨碍孩子的心理健康。

社会心理学家告诉我们：邻里关系对孩子的心理健康有特殊意义，增加与邻里的友好交往，是治疗独生子女"孤独症"的一剂良方。现在的孩子大多是独生子女，一个家庭如果和邻里相处融洽，两家的孩子常在一起玩，经常来往，对孩子的个性成长是很有利的。

（3）留意孩子在学校交往的朋友。一般来说，孩子交友是他自己的事，父母应该尊重他们的选择。如果孩子和一些不三不四的同学交上朋友，很有可能会学坏。因此，父母不能忽视孩子所交往的朋友对孩子的影响，一旦发现孩子交友不慎，一定要及时纠正。父母要让孩子自己产生警戒，远离"损友"，如果情况很严重，父母可以和老师沟通，想办法解决。

家教故事

古代有"孟母三迁"的故事，近代也有一位为教子而多次迁居的母亲，她就是著名的文学翻译家傅雷先生的母亲。

傅雷生于上海市南汇县周浦镇渔潭乡。4岁时父亲病故。傅雷的母亲是一位普通的乡下女人，出嫁前一直在家做农活。出嫁后依然住在很闭塞的山村里，整天围着灶台转。

傅雷的父亲去世后，养育傅雷的任务全落在了母亲一个人的身上。村里人都很可怜这苦命的女人，认为她只有改嫁才能把儿子拉扯大，而后再给儿子娶一房亲事，使他能像村里大多数小伙子那样过一辈子，自己能靠儿子养老送终，也就不错了。可傅雷的母亲不是这样想的，她一直不肯再嫁人，下决心要把孩子培养成才。

等傅雷到了识字的年龄，母亲为了让他有好的学习环境，便带着他从小山村搬到小镇上，还请了一位先生教他读书。

傅雷聪明好学，长进很快，表现出一定的天分。母亲十分高兴，她觉得儿子应该到正规学校接受教育。于是她又带着儿子历经磨难搬到繁华的大上海，省吃俭用，供儿子在一所条件不错的中学读书。

19岁时，傅雷有了自己的抱负，想去法国留学。母亲虽然舍不得让傅雷离开自己，但为了让儿子能接受到更好的教育，她又想方设法四处筹钱支持儿子远渡重洋。

多少年后，人们在谈论傅雷时，都认为他的成功与其母亲为其迁居是分不开的。人们普遍认为，傅雷母亲的眼光和远见，对傅雷事业上所取得的成就起到了不可估量的作用。

3、标签效应：给孩子贴上正面标签

孩子的情感态度都是直接的，你给他贴上什么标签，他就会做出与标签一样的事情来。比如，你说他是个乖孩子，他就是个乖孩子，他就会表现出乖的举动来；你说他是个不听话的孩子，他就会打人、骂人，做出一些让人生气的事情来。

父母应该及时给孩子贴上正面标签，哪怕是一个让人伤透脑筋的孩子，也不要放弃，找准一个闪光点，把这个亮点放大，贴在他身上，他就会向着你期望的目标一步一步靠近。

认识"标签效应"

当一个人被一种词语名称贴上标签时，他就会做出自我印象管理，使自己的行为与所贴的标签内容相一致。这种现象是由于贴上标签后引起的，故称为"标签效应"。

心理学认为，之所以会出现"标签效应"，主要是因为"标签"具有定性导向的作用，无论是"好"是"坏"，它对一个人的"个性意识的自我认同"都有强烈的影响作用。给一个人"贴标签"的结果，往往是使其向"标签"所喻示的方向发展。

在心理学上，对这种效应的显然性作了科学的实验研究。心理学家克劳特在1973年就作了如下的实验：他要求人们为慈善事业作出捐献，然后根据他们是否有捐献，标上"慈善的"或"不慈善的"；另一些被试者则没有用标签法。后来再次要求他们做捐献时，标签就有了使他们以第一次的行为方式去行动的作用，即那些第一次捐了钱并被标签为"慈善的"人，比那些没有标签过的人捐得要多，而那些第一次没有捐钱被标签为"不慈善的"人比没有标签的贡献更少。

但是，如果贴的标签不是正面的、积极的，那么被贴标签的人就可能朝与所贴标签内容相反的方向行动。心理学家斯弟尔在1976年对此作了一项研究。他给人们打电话，说他们参加了（或没有参加）某个团体，或者讲一些对那个团体不太体面的话。然后要求这些人帮助那个团体建立一个饮食合作社。结果表明，消极的标签比积极的标签起了更大的效应，其原因大概是他们认为这种标签是太不公正的。因此，他们想主持公道，并乐于帮助这个团体。

从上述的一个事实和两项研究中可见，标签效应是很显然的，它影响着人们的印象管理。在家庭教育中，父母应以此为戒，不可轻易地对孩子作出评定，不要给孩子乱贴标签，否则会影响师生的交往和印象的管理。

小故事

　　在第二次世界大战期间，美国由于兵力不足，而战争又的确需要一批军人。于是，美国政府就决定组织关在监狱里的犯人上前线战斗。这些人纪律散漫，不听指挥，于是美国政府特派了几个心理学专家对犯人进行了战前的训练和动员，并随他们一起到前线作战。

　　心理学专家和他们谈话后，要求他们每周给自己最亲的人写一封信。当然，他们很高兴。信的内容由心理学家统一拟定，要他们照抄一遍就行了。信的内容大体是告诉他们的亲人，他们在前线如何勇敢，如何听指挥和创立了多少的战功。

　　这样坚持了半年后，奇迹发生了：这些士兵竟一个个变了样，在战场上的表现比起正规军来毫不逊色，真的像他们信中所说的那样服从指挥，那样勇敢拼搏。

45

别给孩子乱贴标签

一个人被别人下某种结论，就像商品被贴上了某种标签。当被贴上标签时，就会使自己的行为与所贴的标签内容相一致。

有的父母对孩子要求过高，当孩子无法达到时，父母就很失望，认为孩子"脑子笨"，经常批评他"大笨蛋"、"不是读书的料"，这等于在无形之中给孩子贴上了"我不行"的标签。这种不良的标签会使孩子产生"我确实不行"的感受，并且对自己的能力产生怀疑，进而对自己失去信心，就会不自觉地放弃追求成功的努力。长此以往，坏标签的预言便会成真。

曾有人以"你长大想当什么？为什么？"为题，对小学五年级学生进行一个问卷调查。有些学生是这样回答的："我学习成绩不好，老师说我是笨蛋，我也不知道长大能当什么。"从中可以看出大人给孩子的负面标签，给孩子造成了多大的危害！

孩子的很多行为，例如顽皮、好动甚至做出"出格"的举动，这些表现多为孩子天性使然，无所谓好、坏，即使有一些不良行为，往往也是一种无意识行为或对成人的简单模仿。所以，切忌动不动就对孩子的行为贴上"好"、"坏"的"标签"，人为地划分"好孩子"、"坏孩子"，那样，很容易使孩子自觉不自觉地趋同于划定的类别，限制了他们的心理自然地成长。

也许有的家长会说，给孩子贴上不好的标签，只是"激将法"，是想他变得好一点而已。这是一种错误的观点。激将法对成人或许有用，但对孩子却很难奏效。因为，孩子年龄尚小，其独立性有限，对家长的说法易于认同，也很难产生"你说我不成，我就做得更好给你看"的想法。家长不可轻易对孩子下结论，不要给孩子乱贴标签。因为这样轻则会毒化亲子关系，严重的还可能促使孩子向消极方面发展。例如，日常生活中，有的孩子起床后不叠被子，家长往往不耐烦地说："你真是条大懒虫。"有的孩子接受知识慢，老师有时也会忍不住批评说："你怎么这么笨。"这些看似随意的一句话，实际上对孩子自尊、自信的伤害往往很深。

而且，在社交活动中往往物以类聚、人以群分，如果你给孩子贴上坏的标签，他就会把自己归到表现不好的学生那一类，经常和那些孩子待在一起，这又会加重孩子的不良倾向。

所以父母对有缺点、坏习惯、坏行为的孩子，千万不能动辄贴上坏的标签。相反，要从各方面去观察，用放大镜尽力找出孩子的闪光点，时刻看到他们的进步，用好标签去鼓励他们发扬优点。那么，"笨孩子"就有可能悄悄地变成"聪明孩子"，收到意想不到的教育效果。

家教故事

著名的成功学大师戴尔·卡耐基曾讲过这样一个故事：

他的一位朋友恩尼斯特·杰安特，住在纽约史卡斯达尔，她因一群男孩踏过她的草地，损毁了她的草地而烦恼。她尝试过斥责、哄骗，但两者都没用。于是她试着给那群孩子中最坏的一个起名号，给他一个权威感。她命他做她的"探长"，由他负责驱逐所有入侵草地者，这就解决了她的问题。她的"探长"在后院燃起了一堆火，烧了一块烙铁，并威胁其他的孩子，别踏进草地，否则他就要给他烙上一记。

积极的自我暗示

社会学家默顿曾于1948年提出预言自动实现原则，认为人们具有一种自动促使预言实现的倾向，这其实就是自我暗示心理起了很大的作用。例如，当我们心烦失眠时，如果总在想"真烦人，又失眠了，明天肯定没精神"，就会更加心烦意乱，越急越睡不着，第二天精神一定不好。如果我们对自己说："平静些，一定能睡好。"很快会身心放松、酣然入睡。

在生活中，每个人都有可能遭遇失败和挫折，这些经历对个人的自信心会有不同程度的影响。几次失败后，有的人就给自己贴上了消极的标签，认为自己就是这个样子，失败是理所当然的事。这种消极的自我暗示会使人心绪不安，懊恼抑郁，甚至影响正常心理功能而致病。

我们该如何利用"标签效应"来提高自信心呢？一个有效的方法是，实施积极的自我暗示训练，给自己贴上积极的标签，用积极的思想、语言不断提示自己，克服悲观、沮丧和恐惧心情，让自己精神振奋。

积极的自我暗示可以成为自我教育、自我激励的重要力量。例如，有个孩子临考试时总是紧张焦虑。这一次，在父母的指导下，她在考场上反复对自己说："我已经做了充分准备，我一定能考出水平。"在遇到难题时，她就想："我的准备是充分的。我感到这个题目难，别人也会感到难。"结果她真的克服了紧张情绪，发挥了正常的水平，考出了好成绩。

积极的自我暗示对人的心理作用很大,有时甚至会创造奇迹。有一个学校曾经做过这样一个实验:把水平相似的队员分成三个小组,告诉第一个小组停止练习自由投篮一个月;第二个小组在一个月中,每天下午在体育馆练习一小时;第三个小组在一个月中每天在自己的想象中练习一个小时投篮。结果:第一组投篮水平下降2%,第二组投篮水平上升2%,第三组投篮水平上升4%。

在这个实验中,想象中的练习甚至比真正练习的命中率还高!这就是积极自我暗示的奇妙之处。

孩子在实施自我暗示前,必须根据自己的情况设置积极的暗示语言。这些暗示语言是一些给自己打气的话,如"我一定行""我能做得更好"等,但要注意根据自己的具体情况来制定。如果有几门学科比较薄弱,就要按照先易后难来,例如,语文和数学相比,如果数学更难攻克,你可以先从语文下手,暗示自己"我一定能提高作文水平"等;如果刚开始学习进行自我暗示训练,可以给自己的目标定低些,如"我很高兴,我今天能记住8个英语单词"。以后逐渐提高,自信心也会水涨船高。经过一段时间的暗示训练,当你发现自信心有所提高,每天很充实、快乐时,你就该考虑重新设置自我暗示语了。这个阶段的暗示语不必那么具体,但一定要根据你现阶段的状况提出较高要求。

当暗示语设置好之后,就要着手准备实施。每天早上起床后,默念几遍自我暗示语,也可以精神饱满地站在镜子前,大声说出事先想好的鼓励自己的话语,声音要高,底气要足。这样说几遍后,你会感觉内心的自信和力量更充满一些。每天可以连续说3~5次。

刚开始训练时,父母需要提醒和督促孩子。一旦养成行为习惯,孩子就会每天自然而然地这样去做。孩子每天的信心也会自然而然保持得很充足,逐渐地培养成为一个自信、向上的人。

小故事

有一位妈妈,在儿子上幼儿园时,第一次参加家长会。幼儿园老师说:"你的儿子有多动症,在板凳上连三分钟都坐不了,你最好带他去医院看一看。"

回家的路上,儿子问她老师都说了些什么?她鼻子一酸,差点流下泪来。因为全班30名小朋友,唯有他表现最差;唯有对他,老师表现出不屑。然而，她还是告诉儿子："老师表扬了你，说宝宝原来在板凳上坐不了一分钟，现在能坐三分钟了。其他的妈妈都非常羡慕妈妈，因为全班只有宝宝进步了。"

那天晚上，她儿子破天荒地吃了两碗米饭，并且没有让她喂。

儿子上小学了。家长会上，老师说："全班50名同学，这次数学考试，你儿子排49名。我们怀疑他智力有些障碍，您最好能带他去医院查一查。"

回家的路上，她流下了泪。然而，当她回到家里，却对坐在桌前的儿子说："老师对你充满信心。他说了，你并不是个笨孩子，只要能细心些，会超过你的同桌的，这次你的同桌排在第21名。"

说这话时，她发现，儿子暗淡的眼神一下子充满了亮光，沮丧的脸也一下子舒展开来。她甚至发现，儿子温顺得让她吃惊，好像长大了许多。第二天上学时，去得比平时都要早。

儿子上了初中，又一次家长会。她坐在儿子的座位上，等着老师点她儿子的名字，因为每次家长会，她儿子的名字在差生的行列总是被点到。然而，这次却出乎她的预料，直到结束，都没有听到。她有些不习惯，临走时去问老师，老师告诉她："按你儿子现在的成绩，考重点高中有点危险。"

她怀着喜悦的心情走出校门，此时发现儿子在等她。路上她扶着儿子的肩膀，心里有一种说不出的甜蜜。她告诉儿子："班主任对你非常满意，他说了，只要你努力，很有希望考上重点高中。"

后来，儿子从高中毕业了。第一批大学录取通知书下达时，学校打电话让她儿子到学校去一趟。她有一种预感，她儿子被清华录取了，因为在报考时，她给儿子说过，她相信他能考取这所学校。

她儿子从学校回来，把一封印有清华大学招生办公室的特快专递交到她的手里，突然转身跑到自己房间里大哭起来。边哭边说："妈妈，我一直都知道我不是个聪明的孩子，可是，这个世界上只有你能欣赏我。"

这时，她悲喜交加，再也按捺不住十几年来凝聚在心中的泪水，任它滴在手中的信封上。

49

4、互惠效应：助人为快乐之本

人与人之间的关系，就如坐跷跷板一样，不能永远固定某一端高，另一端低，就是要高低交错，如此整个过程才好玩，才会快乐。俗语说：助人为快乐之本。一个永远不吃亏的人，即使占了很大便宜，也不会快乐。因为自私的人如同坐在一个静止的跷跷板的顶端，虽然维持了高高在上的优势位置，但整个人际互动却失去了应有的乐趣，对自己或对方都是一种遗憾。

来而不往非礼也

曾经有一位国外的大学教授做了一个实验：给随机抽样挑选出来的一群素不相识的人寄去了圣诞卡片。虽然他估计会有一些回音，但随后发生的情况大大出乎他的意料——绝大多数收到他卡片的人，根本没打听一下他是谁，就自动给他回寄了一张。

这个实验体现了心理学中的"互惠效应"，就是我们总觉得应该尽量以相同的方式，回报别人为我们所做的一切。

在生活中，我们正是不知不觉地按照"互惠效应"去做事的。例如：如果一位同事送给我们一件生日礼物，我们也会记住他的生日，届时也会给他买一件礼物；如果一对夫妇邀请我们参加了一个聚会，下次我们组织聚会时，一定也会邀请他们参加；一个人帮了我们一次忙，我们也会帮他一次……这样的例子不胜枚举。

由于互惠原则的影响力，当我们收到恩惠、礼物和邀请后，我们感到自己有义务将来予以回报。因为对恩惠的接收往往与偿还的义务紧紧联系在一起，有道是，滴水之恩，涌泉相报。

俗话说，"欲取必予"，不无道理。因为相信并且服从互惠原理，是我们生活中一项重要的行为准则。违背这个准则的人可能会遭到无情的唾弃，被戴上乞讨赖账、忘恩负义等帽子。一个人在和他人的交往中，如果只知索取，却不懂得为别人付出，那么就不会有人愿意和他继续交往，他将陷于"孤家寡人"的境地。

即使在动物界，也存在这种"互惠效应"。在非洲，有一种蝙蝠以吸食其他动物的血液为生，如果连续两昼夜吃不到血就会饿死。科学家发现，蝙蝠在饱餐一顿后，往往会把自己吸食的血液吐出一些来反哺那些濒临死亡的同伴，尽管它们之间没有任何亲属关系。有趣的是，蝙蝠们优先回报那些曾经向它馈赠过血液的个体，而不会继续向那些知恩不报的个体馈赠血液。

在一些咨询调查公司，工作人员也发现，如果在寄给人们调查问卷时也附带寄去一些礼物，而不是承诺在回答问卷以后再寄去同样的礼物，可以明显提高问卷的回收率。有研究表明，在问卷调查之后寄去50元钱作为答谢，不如在寄问卷时附上5元钱作为礼物，因为后者的效率是前者的两倍。

在生活中，我们大多数有过这样的经验，即使是我们不喜欢的人，例如那些不请自来的推销员，或是令人讨厌的点头之交，只要他们在提出要求之前送给我们一个小小的人情，我们对他们的要求就失去了抵抗力。

互惠效应是人们在参与社会交往中必须遵循的行为准则。正是由于互惠效应，人们间的交往才有取有予，有来有往，交际才能顺利进行下去，人与人之间才能有融洽和谐的关系。

51

🧒 小故事

贝利从小就爱踢足球。10岁那年，他和小伙伴组成了一支"九七"球队。可一帮穷孩子，连球都买不起。母亲给他出主意，让他带领"队员"，到市中心捡拾香烟头，取出烟丝，卷成香烟，一根一根地叫卖；顺带沿路收集些废铜烂铁、空瓶烂罐，卖给废品站。终于，攒够了买球的钱。

在一次比赛中，贝利的"九七"足球队获得了市少年足球组冠军。因为他是队长，进球又最多，他很幸运地得到了一些奖金。他把钱拿回家，兴冲冲地交给母亲。但母亲却严肃地说："没有全体队员的共同努力，你能独立赢得比赛吗？你怎么能独占这些钱呢？"贝利愣住了。是啊，在球场上，如果队友们不齐心协力，相互助攻、拦截、传递，就算自己是一个天才，也未必能将球踢进对方的球门呀。贝利的脸发烫了，他把钱分给了小伙伴们。

后来，贝利被推荐给巴西国家队。作为神射手，他在赛场上经常遇到对方的侵犯和严密防守。他一边刻苦训练，用更高的球技带球过人，躲避对方的抢铲。他更加注重和队友的默契配合，他顾全大局，从不吃独食。教练放心，队友也放心，每次比赛他都是场上的核心。

有一年巴西队在第三次夺得世界杯的比赛中，贝利接到队友一记妙传，在后卫队友的"掩护"下，带球强突过对方两名后卫，起脚劲射，球在空中划过一道漂亮的弧线，擦柱入网……那一刻，全场沸腾了，世界为之沸腾了。因为这是贝利足球生涯中踢进的第 1000 个球。他创造了足球史上的神话，被誉为世界上最伟大的天才球员。

接受媒体采访时，贝利拥着他的队友们说："我不是天才。天才一个人创造不出美丽的神话。一个人的成功，离不开团队合作的力量——这是我母亲从小就教给我的道理。"

培养孩子的同情心

同情心是人类最美好的品德之一。儿童心理学家研究表明：同情是孩子的天性。婴儿一岁前就对周围人的情感有相应的反应，如果旁边有人哭，他也会跟着哭；稍大一点时，孩子看到别人哭，会拿自己喜欢的东西去安慰。这些都是孩子人性中善良与爱心的自然流露。

但是，如果在孩子的成长过程中没有得到很好的培养，那么他的同情心就会逐步消失。我们在生活中经常可以看到一些孩子以自我为中心，不替别人考虑。例如在吃饭时，总是独占最好的菜；看电视时把遥控器操纵在手里；甚至不容许妈妈把食物送给客人分享。之所以出现这种现象，一个很重要的原因是父母忽略了对孩子进行同情心教育。

当今的孩子大多是独生子女，被人捧着护着，家中没有兄弟姐妹，缺乏与兄弟姐妹共同生活的经验，也就缺少互爱互让的品质。属于他的东西从不需要分给别人，不属于他的东西长辈会千方百计为他弄来。此外，有些父母本身的道德品质就不高尚，喜欢与人斤斤计较，爱占小便宜，为人吝啬、刻薄，没有爱心和同情心，父母的这些不好的品质也会影响孩子，使孩子在成长的过程中逐渐失去同情心，而变得冷漠、自私。因此，父母一方面要教育孩子从小就要学会对别人付出，同时父母也应该以身作则，要对他人有同情心。

生活中，父母要教育孩子对逆境中的人表示自己的关心，并给予必要的帮助。父母要让孩子明白，帮助他人其实是帮助自己，因为一个人在他人遭遇困难时袖手旁观，或是避而远之，就不会赢得人们的喜爱，更为重要的是，在自己遇到难处时，也不一定会有人帮助，因为没有人喜欢和一个冷漠的人打交道。

作家法狄曼说："如果世界上只有我一个人独处，便不能保全自己的生命，也不能发现自己的真正价值……我们只能用极抽象的方法去爱整个人类，但是我们至少可以不漠视他人。我们可以培养对他人的关心，常常用各种方法和他人产生联系。文明究竟是什么？当然是指人们努力要脱离原来冷淡、漠不关心的孤立状态。"

父母要提醒孩子，"勿以善小而不为"，因为再微不足道的善事，都能给他人带来好处和帮助。一个人付出什么，就会收获什么。那些受到我们恩惠的人，会对我们心存感激，这样，在我们有困难时，也会得到他人的帮助。

53

小故事

毛泽东的母亲文七妹虽未念过书，但心地善良，对贫苦人富有同情心，经常瞒着丈夫给贫苦的乡亲接济粮食。在饥荒时，穷人乞讨，她更是多加布施。

毛泽东有个堂叔，家道中落，生活日渐困难，甚至吃饭断顿，愁闷不行。父亲毛顺生想乘机将他的水田低价买下。但是，文七妹坚决反对，她说："水田是一家人生存的根本，没了水田，他以后生活更难。"此后，文七妹经常带着毛泽东偷偷去接济这位穷本家，使他家慢慢度过了难关。母亲的这种美德对年幼的毛泽东影响极深，使他从小就对弱者表现出极大的同情心，并像母亲那样经常帮助别人。

毛泽东六七岁时开始在私塾读书。一天，他向母亲提出要带午饭到学校里去吃。文七妹以为儿子可能是为了节省注返的时间和精力，利用这段时间多读点书，于是很高兴，同意了儿子的要求。

可是，在这以后的连续几天内，文七妹发现儿子带的午餐一次比一次量多，而晚上放学回家后依旧显得很饥饿的样子，晚饭食量还很大。她以为儿子得了什么怪病，便对儿子盘问起来："伢子，告诉妈，你哪儿不舒服？"

"妈，我好好的呀。"

"不对。你每天中午带那么多饭还不够吃，是怎么回事？"

毛泽东这才老老实实地告诉母亲："妈，我们私塾新近来了一个叫黑皮伢子的同学，他家里很穷，每天都没有午餐吃。我见他总是挨饿，就想自己带午饭去，好和黑皮伢子两个人匀着吃。"

文七妹听了儿子的这番话，不但没有责备儿子，反而感到非常欣慰。她对儿子说："你这样做是对的，我非常高兴。但是你应该早一点告诉我，我知道了，会替你想办法的。以后，你要带够两个人的午饭，免得两个人都半饥半饱的。"

此后，文七妹总是给儿子准备两个人的午饭，饭菜也越来越丰盛。

一直到毛泽东成为伟人之后，他仍旧继承和发扬母亲的这种乐于助人的美德。新中国成立后，毛泽东经常给父老乡亲和师友，尤其是生活困难者寄钱；还邀请他们到北京叙旧，设宴款待，赠送礼物。而他自己则节衣缩食，生活相当俭朴。

让孩子懂得感恩

中国有句老话："滴水之恩，涌泉相报。"也就是说，做人要懂得感恩。可是，我们在生活中看到，很多孩子集"万千宠爱于一身"，却不知感恩为何物。例如，有的孩子把父母对自己的付出认为是理所当然的事，因此他们一味向父母索取，从不体谅父母，甚至为了满足自己的欲望，做出种种令人伤心的事。有媒体就曾报道：

　　某地一位父亲为了挣钱供儿子上学，弹着土琵琶挨门挨户卖唱。儿子在大街上遇见后，竟然绕道而行。当父亲去学校给他送钱时，他对同学说，父亲是自己的老乡……

　　一位男生为了与女网友约会，竟然把一向疼爱自己的奶奶准备拿去看病的钱偷走，很快便挥霍一空。患了眼疾、行动不便的奶奶只好终日在家叹息……

　　学会感恩，并懂得关爱和回报，有助于孩子健康成长和良好人格的形成。一个不懂得感恩的人，长大后有可能变得自私，甚至会失去人性中的一切美德。一个人只有学会了做人，才能更好地做事。一个自私、不懂得回报的人，很难与人和谐相处，也不会受人尊重，在事业上自然难以获得成功，甚至会走上犯罪的道路。

　　因此，父母从小就要教育孩子懂得感恩，要让孩子明白"忘恩负义"对成长的负面影响，使孩子认识到对自己拥有和享受的一切抱有感激之情的重要性。在培养孩子的感恩之心时，父母可以从以下几方面入手：

　　（1）对家人心怀感恩。在家庭中，父母为孩子付出的最多，但是很多孩子却不曾对父母表示过感谢，有些人认为父母抚养自己是理所当然的事情，有些人是对父母心存感激，却因为太过熟悉不曾表示出来。其实每个人都需要被感恩，即使是父母、兄弟姐妹也不例外。

　　（2）对老师心怀感恩。孩子在成长的过程中，除了来自家庭的教育外，更多的来自于学校。因此，教育孩子对老师心怀感恩与教育他学好专业知识同等重要。居里夫人曾说："不管一个人取得多么骄傲的成绩，都应该饮水思源，应该记住自己的老师为他们的成长播下了最初的种子。"在镭研究所的落成典礼上，居里夫人就曾寄去机票，邀请她的小学老师欧班老师来参加，并且亲自把老师请到主席台。

　　（3）对身边的人心存感激。我们每个人都生活在社会中，孩子的成长除了家庭、学校的教育和支持外，还有很大一部分来源于周围的人。因此，教育孩子对他人要心存感激，也是孩子必修的一门功课。

　　（4）感激竞争对手。在孩子的成长过程中，会有很多的竞争对手，用什么样的心态来面对竞争对手，对孩子的成长有着极其重要的影响。明智的父母要教育孩子感激对手，因为对手不仅能激发孩子的斗志，还能促使孩子的心胸更宽阔，而这些都是做人、做事成功的关键因素。

小故事

有一个年轻人大学毕业后去应聘一家大公司。面试结束后，公司经理突然看着他的脸问到："你为父母洗过脚吗？"

"从来没有过。"青年很老实的回答。

"那好吧，明天这个时候，请你再来一次。不过有个条件，刚才你说从来没有为父母洗过脚，明天来这里之前，希望你一定要为父母洗一次。能做到吗？"

青年听了，虽然心里觉得这要求有点奇怪，不过还是答应了。

青年出身贫寒，刚出生不久父亲便去世，靠母亲为人打工挣钱养家。他也很用功学习，从小学到中学成绩都很优秀，如愿考进北京一所名牌大学。一直以来，母亲毫无怨言，辛苦打工供他上学。

青年到家时母亲还没有回来。母亲出门在外，脚一定很脏，他决定为母亲洗脚。

母亲回来后，见儿子要为自己洗脚，感到很奇怪。于是青年将自己必须为母亲洗脚的原委一说，母亲很理解，便按儿子的要求坐下，等儿子端来水盆，把脚伸进水盆里。青年右手拿着毛巾，左手去握母亲的脚，他这才发现母亲的双脚已经像木棍一样僵硬，他不由得搂着母亲的脚潸然泪下。在读书时，他心安理得地花着母亲如期送来的学费和零花钱，现在他才知道，那些钱是母亲的血汗钱。

第二天，青年如约去那家公司，对经理说："现在我才知道母亲为我受了很大的苦，你使我明白了在学校里没有学过的道理，谢谢经理。如果不是你，我还从来没有握过母亲的脚，我只有母亲一个亲人，我要照顾好母亲，再不让她受苦了。"

经理点了点头，说："你明天到公司上班吧。"

5、棘轮效应：让孩子体验生活的艰辛

中国有句古训：成由俭，败由奢。成功由勤劳节俭开始，失败因奢侈浪费所致，在任何时候，这个朴素的真理都不会过时。

 由奢入俭难

古典经济学家凯恩斯曾提出一种经济观点，认为消费是可逆的，即绝对收入水平变动必然立即引起消费水平的变化。

针对这一观点，美国经济学家杜森贝认为这实际上是不可能的，因为消费决策不可能是一种理想的计划，它还取决于消费习惯。这种消费习惯受许多因素影响，如生理和社会需要、个人的经历等，特别是个人在收入最高期所达到的消费标准。由于后者的影响，人的消费习惯形成之后有不可逆性，即易于向上调整，而难于向下调整。尤其在短期内消费是不可逆的，其习惯效应较大。

这个理论叫做"棘轮效应"，又称为"制轮作用"。这一理论认为，对于消费者来说，增加消费容易，减少消费则难。因为一向过着高生活水平的人，即使实际收入降低，多半不会因此马上降低消费水准，而会继续保持相当高的消费水准。即消费"指标"一旦上去了，便很难再降下来，就像"棘轮"一样，只能前进，不能后退。

实际上棘轮效应可以用宋代政治家和文学家司马光一句著名的话来概括：由俭入奢易，由奢入俭难。这句话出自他写给儿子司马康的一封家书《训俭示康》中，他还说："俭，德之共也；侈，恶之大也。"司马光秉承清白家风，不喜奢侈浪费，倡导俭朴为美，他写此家书的目的在于告诫儿子不可沾染纨绔之气，保持俭朴清廉的家庭传统。

"棘轮效应"是出于人的一种本性，人生而有欲，而一旦有了欲望就会千方百计地寻求满足。

对于欲望，我们没有办法禁止，但一定不能放纵，对于过度的及至贪得无厌的奢求，必须加以节制。如果对自己的欲望不加限制的话，过度地放纵奢侈，没能培养俭朴的生活习惯，必然会使自古"富不过三代"之说成了必然，就必然出现"君子多欲，则贪慕富贵，枉道速祸；小人多欲，则多求妄用，败家丧身。是以居官必贿，居乡必盗"的情况。

在西方国家，很多成功企业家虽然家境富裕，但依然对子女要求极严，从不给孩子很多的零花钱，甚至寒暑假还让孩子四处打工。

这些企业家并不是苛求子女能为自己多赚一点钱，而是希望子女懂得每一分钱的来之不易，懂得俭朴和自立。这是一种很可贵的家庭教育观念，让孩子从小养成勤俭节约的好习惯，有利于孩子未来的成长和发展。

小故事

　　婷婷上小学三年级了，花钱大手大脚。

　　一天，父母带着婷婷去逛街。在一个繁华的路口，有一位老爷爷正在卖《北京晚报》。父亲从口袋里掏出10元钱交给婷婷，让她去买10份晚报。婷婷买回晚报后，父母跟她商量，让她按原价把晚报卖出去，看看要花多少时间才能卖完这10份报纸。

　　在父母的帮助下，婷婷费了好几个小时才把10份晚报卖出去。然后，父母又让婷婷去问卖报的老爷爷，卖出一份报纸能赚多少钱。

　　老爷爷告诉婷婷，卖一份报纸只能赚几分钱。婷婷算了一笔账，花了这么长时间才挣了几角钱，而且口干舌燥，非常吃力。婷婷领悟了父母的良苦用心，她主动对父母说："爸爸、妈妈，我以后再也不会随便花钱了，挣钱太不容易了！"

　　父母肯定了婷婷的想法，并及时表扬了她。

再富也不能富孩子

　　"再穷不能穷教育，再苦不能苦孩子。"这一公益广告语如今已深入人心。需要注意的是，这句话的本意是要尽力优化教育环境，改善教学条件。可事实上，现在一些家庭越来越富裕，想方设法满足孩子物质上的各种要求，让孩子过着要什么有什么的小皇帝生活。即使是一些经济条件不怎么宽裕的家庭，宁愿自己省吃俭用，也要让孩子生活得安逸舒适。

只要孩子说一声"要"，父母就能给他们买到，这并不是一件好事。父母没有想到，对孩子过分娇宠，将不利于孩子的健康成长，会使孩子逐渐养成大手大脚、不懂珍惜的习惯。他们挥霍金钱，贪图享受，拒绝"吃苦"。曾有媒体报道，有城里孩子听说农村的孩子饭都吃不饱，竟诧异地问："饿了为什么不吃面包？"这不禁让我们想起历史上的皇帝晋惠帝，天下饥荒，百姓饿死，他便对大臣们说："何不食肉糜？"

"棘轮效应"提醒我们，由俭入奢易，由奢入俭难。在人的一生中，不可能一帆风顺。如果一个人只会享福，不会吃苦，那么在遇到逆境的时候，就容易一蹶不振，不容易东山再起。古话说："艰难困苦，玉汝于成。"孩子要成才，只有经历"艰难困苦"，才能"玉汝于成"。那种只想依靠父母，不愿意通过努力奋斗去获取成功的人，在未来的社会中是很难有立足之地的。

古语说"豪门出败子"。为了避免金钱给孩子带来的负面影响，世界首富比尔·盖茨宁肯将钱捐献给社会，也不肯多给孩子一分钱让其去挥霍。沃尔玛的创始人山姆·沃尔顿也曾这样警告他的后代："子孙当中要是有谁胆敢玩弄纨绔子弟的那类奢侈品，我到地狱里也要起诉他。"日本有这样一句教育名言："除了阳光和空气是大自然的赐予，其他一切都要通过劳动获取。"让孩子从小就知道衣服和粮食来之不易，懂得挣钱的艰辛，比金钱更让孩子受用不尽。

为了避免出现"富不过三代"的情况，父母有必要让小孩从小"吃点苦"，养成勤俭节约的好习惯，这才有利于孩子的成长与发展。父母应该让孩子懂得"由俭入奢易，由奢入俭难"的道理，把精力集中到学业和能力的培养上，而不应在物质上追求过高的目标。孩子将来要取得事业的成功，靠的不仅是知识，还需要意志和品质。过早地让孩子享受富裕，而回避穷苦，这是一种溺爱，看似爱之，实则害之。

当然，我们所提倡的"穷"，并不是让孩子"衣不蔽体，食不果腹"，而是在温饱无忧的前提下，让孩子在必要的"穷"和"苦"中得到锻炼，懂得以艰苦奋斗为荣，以骄奢淫逸为耻。

那么，父母应该怎样做呢？

（1）父母要以身作则。宋朝开国皇帝赵匡胤生活俭朴，反对奢侈。一次他见到女儿穿了一件用翠羽装饰的短袄，就命令她脱去，以后不许再穿。在他的影响下，一时节俭风气举国盛行。封建时代尚且如此，更何况现在呢？因此，父母要给孩子做出榜样，即使再有钱，也不能在孩子面前奢侈浪费。

（2）要让孩子懂得赚钱不易。现在的孩子多喜欢贪图享受，因此，父母要有意让孩子用劳动去换取报酬。例如，有些家庭尽管很富裕，也让孩子去送报、送牛奶或去商场促销，赚取零花钱。这些父母的目的并不在于让孩子赚到多少钱，而是让孩子明白赚钱的不容易。孩子也会为自己能通过劳动获得报酬而感到骄傲。

（3）让孩子懂得"量入为出"。父母要让孩子明白，花钱必须有经济来源，要看支付能力如何。例如，当孩子向父母索要一款价格昂贵的玩具时，妈妈可以告诉他家里的经济状况，然后建议他选一款更便宜的玩具。同时，让孩子学会废物利用也是一个很好的教育方法，既可以培养孩子节约的习惯，还能锻炼孩子的创新和动手能力。

（4）教孩子学会积累。孩子手中的零花钱、压岁钱，应该计划使用，适当积累，父母要教孩子把钱保管好，防止丢失、被窃。父母还可以让孩子适当地用零花钱进行投资，既可以培养节俭品质，又可以学习理财知识。

家教故事

约翰·洛克菲勒是全世界第一个拥有10亿美元资产的大富翁，尽管他家庭财力雄厚，但从不在金钱上放任孩子。他对儿女们的日常零用钱十分"吝啬"，因为他认为富裕家庭的子女比普通人家的子女更容易受物质的诱惑。

洛克菲勒根据孩子的年龄来给零用钱：七八岁时每周30美分，十一二岁时每周1美元，12岁以上者每周2美元，每星期发放一次。同时，他还给每个孩子发个记账本，要他们把每笔支出都详细地记录下来，到领钱时交他审查。钱账清楚、用途正当的，下周还可递增5美分，反之则递减。同时，孩子们做家务事还可得到报酬，补贴各自的零用钱，从而让他们认识到，只有劳动，才会有收获。例如，捉到100只苍蝇能得10美分，逮住一只耗子得5美分，背柴、垛菜、拔草，又能得到若干奖励。二儿子纳尔逊(后来担任美国副总统)和三儿子劳伦斯(后来兴办新兴工业)，还主动要求合伙替全家人擦鞋，长简靴每双10美分，皮鞋每双5美分。他们在十一二岁时，兄弟俩还合伙养兔子并卖给医学研究所以赚取零用钱。

即便后来儿女们离家上大学时期，洛克菲勒仍规定他们的零用钱与一般人家的孩子的日常开销相仿，如有额外用途必须另行申请。

学坏容易学好难

做父母的常有这样的体会：想要帮助孩子建立一种好习惯，可能一次又一次地监督强制，但还是很难养成；而一种坏的行为习惯却不用教，孩子一下子就会了，而且会时常自发表现。父母不由地感叹：真是学坏容易学好难。为什么会是这样呢？

这也许要从人性中的本能、欲望的低级需求中寻找答案。

人性首先是动物性的。攻击、破坏、放纵是动物的本能，弱肉强食，争夺支配权的厮杀是动物界生存力的表现，最强悍、放纵的动物总是能得到环境生存、培育后代的权利；而顺从、软弱的动物都一批批地被淘汰。

由动物阶梯进化而来的人类，仍没有完全摆脱这种动物本能的潜在影响，仍在人性中起着它不可忽视的潜在影响作用，从而影响和左右着人的行为。从这个意义上说，守纪律、讲信用、爱劳动、爱清洁、勤奋好学等优良的行为属于人的社会行为，需要长期培养方可形成。这些行为需要对本能加以克制和约束，通过训练才能形成。而松散、贪心、懒惰、自私自利等坏的行为，能满足人的低级需要，受人的生存驱动力的影响，这些行为是对欲望的放纵行为，没有意志力的克制，也会自发地表现出来。

例如，大人要求孩子玩耍后玩具要放回原处，这种行为与本能相违，需要意志力和自控力，还需要长期而严格的相应训练，才能养成这一良好的行为习惯。相反的，玩具玩完了一扔了事，既方便，又无需约束，当然不用学也做得到。

这种"学坏容易学好难"有点类似于"下坡容易上坡难"。我们都明白，爬上坡要比走下坡费劲得多。如果把上坡比作"学好"，把下坡比作"学坏"，人生的"上坡"和"下坡"也有类似的规律。就像人们说的"学好千日不足，学坏一日有余"。或者说，自由散漫一学就会，严守纪律、约束自己则要困难得多。

既然学好比学坏需要付出更多的努力和克制，那么，怎样才能做到让孩子学好而不学坏呢？

（1）父母要"懒惰"一些。很多父母觉得自己太累，是因为无论孩子的大事小事，父母全部大包大揽，总以为自己的孩子小，恨不得替孩子承担一切。这种做法导致的直接结果是，父母勤快了，孩子就懒惰了。例如，父母替孩子把房间收拾得井井有条，孩子自然就不会搞自己的卫生；父母包揽了所有的家务，孩子想做简单的家务都没有机会了。

因此，父母不要对孩子照顾得过于周到，应该让孩子做一些力所能及的事，例如洗衣服、洗碗等家务。这样，既能培养孩子的独立性和自立能力，也能培养孩子勇于承担责任的品质。

（2）有意给孩子制造"困难"。父母可以有意让孩子做一些有一定困难、经过努力又可以做到的事，以提升他们的能力。同时父母要用自己坚强、勇敢和镇定的行为来影响孩子，给孩子做出好的表率。

（3）制定家庭规范来约束孩子。跟大人相比，孩子的自控能力比较弱，有的已经改正的坏习惯还可能再犯，甚至有些已经养成的好习惯也有可能坚持不下去。为此，父母可以制定一些家庭规范来约束孩子。

例如，孩子不能按时刷牙，浪费粮食，不按时洗澡等坏习惯，都可以通过制定"家规"给予限制和约束，促其改正。当然"家规"的制定要发扬民主，由全家人共同制定，还要注意符合实际情况。

（4）适当的让孩子吃点苦。吃过苦的孩子更懂得珍惜现在和体谅他人。即使家境优裕，也要让孩子适当的吃点苦。例如，让孩子参加野营、拉练等活动，或让孩子去体验农村生活，培养吃苦的能力，锻炼孩子的意志力。

家教故事

欧阳修是宋朝著名的文学家、历史学家，"唐宋八大家"之一。

欧阳修很小的时候，父亲就去世了，母亲带着他艰难度日。好在母亲是一位有志气有见地的女子，她不仅靠以纺织维护母子两个人的生活，还决心让孩子读书，希望他长大后能成才。但家境实在是困难，交不起学费，上不起私塾，母亲就决定自己亲自教欧阳修识字、读书。

因为买不起纸和笔，母亲就在地上铺一层细沙做纸，用竹枝代替笔，教欧阳修写字。欧阳修天天跟着母亲学字背书，每天完成识字任务，还要温习、巩固。母亲还给他讲古代先贤的故事，教给他做人的道理，鼓励他成为一个有学问、有抱负的人。

欧阳修很聪明，学的东西很快，也记得牢，时间久了，就滋长了骄傲情绪，翘起了尾巴。一天，他只顾贪玩，没完成母亲留给的作业。母亲很严肃地把他叫到身边，许久没有说一句话，只是不断地织着布。

忽然，母亲停了下来，递给欧阳修一把剪刀，对他说："你过来，把这匹布剪了。"

欧阳修吃惊地说："娘，为什么要剪布啊？你好不容易织成的布，一剪断就没法卖了。娘，我不能剪。"

母亲这才对儿子说："你知道好不容易织的布，一剪断就可惜了；可是你不知道，你好不容易读到的书，如果一中断，也是可惜的。如果你一点一滴积累起来的知识不能继续巩固，就会荒废，长大了就难以成才啊。"

母亲的一席话，让欧阳修感到了脸红，他惭愧地低下了头，对母亲说："娘，我知道错了，我以后再也不贪玩了。"

从此以后，欧阳修更加发愤读书，从不懈怠。直到他长大成名之后，还保持着勤奋读书的习惯。

第三章 提高孩子的学习能力

> 家长要善于细心地观察孩子，从孩子的一举一动和只言片语中去发现孩子的求知欲。
>
> ——[日本]木村久一

1、感觉剥夺：让孩子在实践中成长

人的感官每天都在从外界获得各种刺激和信息，这种活动就是感觉。感觉虽是一种简单的心理活动，却十分重要，它使人们了解外界事物的各种属性，从而保证机体和外界环境的平衡。可以说，感觉是认识的开端，知识的源泉。

 什么是"感觉剥夺"

1954年，在加拿大蒙特利尔海勃实验室，心理学家海勃进行了一项有关感觉剥夺的实验。该实验以每天20美元的报酬（在当时是很高的金额）雇用了一批学生作为被试者。

实验的内容是这样的：为了营造出极端的感觉剥夺状态，实验者将被测学生关在有隔音装置的小房间里，让他们带上半透明的保护镜以尽量减少视觉刺激；又让他们戴上木棉手套，并在其袖口处套了一个长长的圆筒，为了限制各种触觉刺激，又在其头部垫了一个气泡胶枕。除了进餐和排泄以外的其他时间，实验者都要求被测学生躺在床上。可以说，这就等于是一个所有感觉都被剥夺的状态。

结果，尽管报酬很高，却只有少数人能在这项感觉剥夺实验中忍耐三天以上。经过 8 个小时以后，被测学生中有的吹起了口哨，有的自言自语，显得有点烦躁不安。对于那些 8 小时后结束实验的被测学生，即使实验结束后让他们做一些简单的事情也会频频出错，精神也集中不起来了。

实验持续数日后，被测学生产生一些幻觉。例如看到大队老鼠行进的情景，或者听到有音乐传来等等。当实验进行到第 4 天时，被测学生出现了双手发抖、不能笔直走路、应答速度迟缓以及对疼痛敏感等症状。

被测学生参与完实验后，实验者再继续进行追踪调查，发现被测学生在实验结束后，需要 3 天以上的时间才能回复到原来的正常状态。

通过这个实验，心理学家们发现：感觉是人最基本的心理现象，通过感觉我们才能获得周围环境的信息，并适应环境求得生存。大脑的发育，人的成长、成熟是建立在与外界环境广泛接触的基础上的，丰富多彩的外界环境是智力和情绪等心理因素发展的必要条件。

对于成长中的孩子来说，如果不能从外界获得足够的刺激和信息，就会陷入思维闭塞、头脑僵化。可遗憾的是，很多孩子的父母害怕影响孩子学习，很少允许孩子参加实践活动。这种做法容易使孩子远离丰富多彩的现实，成为只会读书和考试的"书呆子"。

 家教故事

泰戈尔是印度著名诗人、作家、艺术家和社会活动家，1913年获诺贝尔文学奖。

泰戈尔出生于一个豪华富贵的大家庭中，父亲是一个受人尊敬的智者，除了潜心研究印度宗教圣典和西方哲学书籍之外，还爱好旅游。父亲对他的教育概括起来就是"身体力行"。父亲认为，不妨带上孩子去亲近山林、听听鸟鸣、闻闻花香，领略大自然的奥秘和人文的胜迹，这样对孩子的成长大有益处。

泰戈尔 12 岁那年，父亲为他主持了成人仪式。仪式结束后，父亲问他愿不愿意跟他一起去喜马拉雅山旅游。"我愿意！"泰戈尔高兴得几乎要跳起来了。

旅行开始了。他们到达的第一站宿营地是桑地尼克坦，那里空旷无涯，广阔的原野，平坦的荒地，还有那错落有致的沟沟壑壑，在蓝天白云之下，像是一幅浓墨重彩的大油画。壮丽的景色深深感染了泰戈尔，他第一次获得了在空旷的大自然里自由遨游的乐趣。

他们继续向喜马拉雅山进发，沿途游览了许多地方，还特地参观了阿默尔特萨尔的金庙，和那些虔诚的信徒在一起，吟唱锡克人的颂神曲。抵达喜马拉雅山麓时已是阳春三月，但山区的春天却是姗姗来迟，他们稍事休息之后，便向海拔7000英尺的德尔豪杰峰攀登。途中要经过几个宿营地，他们或步行、或骑马、或坐轿。山路两旁，古松参天，山花初绽，云飞雾绕，鸟语声声，皑皑白雪在峰岭闪烁，山路自下盘旋而上，沟壑万丈，层林叠翠。这一切，对泰戈尔来说都宛如天堂，闻所未闻，见所未见，一颗好奇和探索的童心完全陶醉在这山区的美景之中了。

他们到达德尔豪杰峰后，住在自己早已购置的小屋里。每当太阳从东方的峰岭喷射出万道金光时，泰戈尔和父亲早已在户外散步了，然后回到屋里读一小时英文，读完就到冰凉的水里沐浴，下午仍是读书，讨论宗教问题，晚上则是坐在星空下，听父亲讲天文知识，欣赏高山美丽迷人的夜色。父子俩在那里整整度过了四个月的旅游生活。

这次旅游，使泰戈尔和喜马拉雅山结下了不解之缘，留给他许多终身难忘的美好记忆，他后来称喜马拉雅山是"蛰居在心灵上的情人"。成人以后，怀着深深的眷恋，他曾多次攀登喜马拉雅山。1916年出版的诗集《飞鹤》，就真实地记录了他这些游览活动的感受，被评论家称为出类拔萃的诗，达到了抒情诗的最高水平。

以后，泰戈尔和他的父亲又在喜马拉雅山脚下的桑地尼克坦买了一块地，建了一幢住宅和一座花园，他们常去那里游览休假。他还在那里创立了植树节和开犁节，使当地植树造林蔚然成风。泰戈尔的生活已经与桑地尼克坦紧密地联系在一起，他通过在那里的许多实验活动，扩大和增进了对自己所酷爱的大自然的亲近感，饱览了美丽的自然风光，熟悉了普通人民的生活情形，这对他的诗歌创作产生了极为深远的影响。

让孩子在生活中接受教育

我们所处的世界丰富多彩，每个人的正常生活和自我发展，都离不开与外界的接触。来自外界的各种刺激，是智力、情绪等心理因素发展的必要条件。在日常生活中，人们漫不经心地接受各种刺激，进而由此形成各种感觉，这是一种本能，是必不可少的。只有更多地感受外界的接触，并加强和外界的联系，才可能拥有更大的力量，获得更好的发展，人的心理和思想境界才能达到最优。如果切断一个人同外界的联系，切断一个人的人际交往，对人来讲无异于坐"精神监狱"，这种状况对身心健康和人的智力发展都是非常不利的，对于孩子来说尤其如此。因为孩子正处于吸收知识的最佳年龄，如果没有通过多样的渠道去接触丰富多彩的外部世界，就会造成闭目塞听。

"教育即生活，生活即教育"。最好的教育就是让孩子在生活中接受教育，体现教育的真实性和有效性。

现实生活中，很多家长对孩子过于关心，生怕各种意外和疾病，怕孩子吃苦，于是把孩子放在较好的环境中，不让孩子从事家务劳动，这样做反而限制了孩子的成长。过多的时间花在学习上，很少参加实践活动的孩子，不仅无法获得足够的知识，还容易使头脑由于处于一定程度的感觉剥夺状态，而变得越来越僵化，反过来对书本知识的学习也是不利的。

书本知识和实践知识的学习，应该是紧密结合，互相促进的。让孩子适当地吃些苦，从事一些诸如整理个人的小床、倒掉废纸篓、洗手绢等简单劳动，能培养孩子热爱劳动的品格，也可以增强孩子的各种情感体验，激发出孩子的求知欲望。

如果孩子从小没有得到基本的劳动锻炼，就不会懂得劳动果实是多么来之不易，也不懂得珍惜父母给予的爱。例如，孩子自己不洗衣服，就不可能理解大人洗衣服的辛苦，也不会注意保持衣服的清洁，即使大人告诉他几百次，他仍然不会注意。这就在无形之中为亲子间的体谅和沟通设置了障碍，也使得父母终日辛劳得不到解脱，却难以得到孩子应有的情感回报，让人产生"可怜天下父母心"的感慨。

父母要懂得实践活动的重要，支持和鼓励孩子积极参加多种多样的实践活动，在这种家庭教育环境中成长的孩子，长大后的生活自理能力比较强，也有较强的责任心，学习、品德也相当优秀。因为孩子在实践中，能体验到生活的艰辛、劳动果实的来之不易，能够学会理解人、尊重人，珍惜他人的劳动，热爱生活，从而激发克服困难的主动性和积极性，提高解决困难的能力。

小故事

一位教育专家带着三十多名小学生到郊区搞夏令营。一天吃早饭，她看见一个二年级的小女孩眼巴巴地盯着一个煮鸡蛋发呆，就过去问："你不爱吃鸡蛋吗？"

"爱吃。"女孩小声说。

"那你为什么不吃呢？"

"这个鸡蛋和我们家的鸡蛋长得不一样。"女孩面带难色。

"说说看，你们家的鸡蛋长得什么样？"教育专家好奇地问。

"我们家的鸡蛋是白的，软软的，好咬。这个鸡蛋太硬，咬不动。"

教育专家仔细一问，才弄明白，原来她从小在家从来没有看到过煮鸡蛋、剥鸡蛋的过程。都是大人剥好了，切成两半，放到她面前。难怪她不会剥。

老师问女孩旁边的几个小同学："你们知道鸡蛋是从哪儿来的吗？"

"知道，是从冰箱里拿出来的。"孩子们异口同声地回答，竟然没有一个学生知道"母鸡下蛋"。

大胆让孩子去尝试

保护自己的后代是物种繁衍过程中普遍存在的规律，这是毋庸置疑的。

但是很多父母愿意为孩子付出一切,这种过度的保护容易使得在教育孩子的问题上出现偏差。例如,很多家长都喜欢用语言传达经验,指导孩子的言行,还有些家长甚至认为多替孩子做一些,孩子就少辛苦一些。父母煞费苦心的"付出",结局却不容乐观。因为家长们忽略了最重要的一点:人的成长必须用时间和智慧去身体力行地争取。

一群孩子正在一起玩沙土,其中一个孩子用小铲子把沙子往漏斗里装。沙子顺着漏口往下漏,漏斗总也装不满。如果这是一个中国孩子,孩子的妈妈会在沙子刚从底部开始漏时就立刻蹲下说:"来,妈妈教你!把漏斗对准瓶子口,再把沙子从这儿灌下去。"

如果这是一个美国孩子,孩子的母亲会选择静静的在旁边观看。孩子歪着脑袋看了半天,然后他用手指头堵住漏口,等沙子装满就把漏斗拿到瓶子口边,再放开手,让沙子流进瓶子。

由于沙子漏下的速度很快,从孩子拿开手指到漏斗对准瓶子口,沙子剩不了多少。但孩子丝毫不泄气,一点一点儿地做着。

终于,孩子弄明白了:他等到漏斗口对准了瓶子再倒沙子,瓶子很快就被装满了。孩子笑了,高兴地看着身后的妈妈,而他妈妈正鼓掌为他庆贺。

这就是中国和美国家庭教育的不同。中国的父母总是竭尽全力来预防孩子犯错,一旦犯错又竭尽全力让孩子避免惩罚,以为孩子犯错一定是父母教育不好,要替孩子受过。

作为父母,我们应该认真地反思一下:到底怎样帮助孩子?是代替他们做事,还是让他们自己做事?是处处表现父母行,还是让孩子证明自己行?

人们常常惧怕失败,更惧怕自己的子女失败。但是,对于一个人来说,遭遇失败是不可避免的。而一个好的父母一定会让孩子大胆地去实践,去挑战失败。在孩子遭遇失败时,把它看成是教育的良机,让孩子在失败中不断成长。

有这样一个关于鹰的寓言:

有人问老鹰:"你为什么要在苍穹中培养自己的孩子呢?要是他们不小心掉下来,就会受到伤害呀!"

老鹰回答说:"如果我贴着地面去教育他们,那他们长大了,哪有勇气去接近太阳呢?"

寓言中的老鹰为我们人类作了良好的表率。如果父母总是担心孩子磕着、碰着，而进行"全方位"的保护，那么，在温室中长大的孩子，又怎么能真正成长呢？

事实上，很多家长对于父母的过度保护来源于假想的危险，例如，当孩子放学后还没回家，就担心是发生什么意外了；发现孩子的背包不见，就担心孩子是离家出走了；发现孩子的异性同学一起回家，就担心是早恋了……父母总在想，如果我不给孩子指导，孩子的前途就会一片黯淡；如果我不为孩子做这些事，孩子一定不知道该怎么办……这些"错爱"只会剥夺了孩子在实践中学习的机会，导致他们失去自立的能力，这才是真正的危险。

家教故事

海明威是美国著名小说家，1954年获得诺贝尔文学奖。

海明威的父亲是一名杰出的医生，热衷于钓鱼和打猎，他的兴趣和爱好对儿子产生了很大的影响。对于儿子的前途和成长，他也十分关心，并且为此花了不少心思。

为了引起儿子对于户外活动的爱好，父亲把家搬到橡树园镇，这里北部是印第安人居住的密执安湖畔，那儿是一个景色优美而又气候宜人的地方。美丽的大自然也使小海明威深深迷恋。

小孩子的天性是对外面的世界好奇不已。每当父亲出诊或者出门打猎钓鱼的时候，小海明威总是拉着父亲的衣服央求着一起去。父亲每次都答应他的要求，带上他穿越茂密的森林，越过哗哗的流水，去拜访那些散落的村庄。在这些日子里，小海明威大开了眼界，也增长了不少见识。在他的眼里，这一切是那么的新奇而又有趣，充满魅力和欢乐。同时，长途跋涉又让他的体力和意志都得到了很好的锻炼，小小年龄能陪着成人一起整天地跑。

渐渐地，小海明威迷恋上跟着父亲去出诊，成了父亲的"跟屁虫"。只要父亲一出门，他必然要跟上，天天如此。发现这个问题后，父亲忽然觉得不妙，他觉得事事依赖父母对孩子成长不利，现在是到了培养儿子独立能力的时候了。

在小海明威4岁那年，当他又缠着爸爸带他一起出门时，父亲拒绝了他。小海明威不明白父亲为什么突然改变了态度，不再喜欢带他一起出去了。他伤心地问："爸爸，难道我做错什么了吗？"

父亲扶着他的肩膀，非常严肃地说："孩子，你没有做错什么，爸爸只是想让你自己去活动。不要总是跟着我！这样才会对你有好处！"说完，他给了小海明威一个渔竿，并鼓励他说："从今以后，你就大胆地去玩自己的吧！你肯定玩得好！"

从此，海明威就开始一个人在山林和水边玩耍。后来，等他又长大一些的时候，父亲又给了他一杆猎枪。就这样，他在父亲的不断指引和鼓励下，开始了独立的玩耍时光。他很快就迷恋起钓鱼、打猎以及探险，并乐此不倦。

在父亲的引导下，海明威养成了独立、喜好探索的性格。

2、好奇效应：兴趣是最好的老师

孩子对自己周围的事情不了解，便产生了好奇心，这是一种好现象。孩子有了好奇心，他才会在好奇心的支配下去探索自己未知的事物。父母应该处处保护孩子的好奇心，必要时可以鼓励孩子去尝试。

 保护孩子的好奇心

大凡孩子都有好奇心，这是因为他来到这个世界上就要学会生存，弄不清面前的事物对他的生存是个障碍。

所以，我们经常看到幼儿对什么事情都感兴趣，他会指着蓝天飞翔的小鸟对着父母发问，会对水里游泳的鱼拍手欢叫。父母带他上街，只要他能走了，他就会去走那只有 10 厘米的路沿石，碰到水洼，父母越是怕他湿了鞋，他却偏偏往水里走。

这便是他的好奇心，引导他去探索自己还不明白事物的一些行为。

好奇心是促使孩子学习、成长的良机。达尔文 7 岁的时候便对收集生物标本、观察昆虫鸟兽十分感兴趣。物理学家麦克斯韦尔 6 岁的时候，便对星星为什么会发光充满了好奇心。

英国戏剧大师莎士比亚的成功,同样出自于他对戏剧的浓厚兴趣以及对所热爱的戏剧强烈的求知欲。有一次,一个演员病了,剧院的老板就让他去替补,莎士比亚一听,乐坏了,因为有强大的动力,才用了不到半天的时间,他就把台词全背了下来,演得比那个演员还好。演了一段时间的戏之后,莎士比亚便开始尝试写剧本,这些剧本上演后很受观众欢迎。从此,他便开始了戏剧文学的创作生涯,并终于成为文艺复兴时期最伟大的戏剧作家。

孩子的这种好奇心和由此带来的探索行为是宝贵的,说明孩子的创造力在发展。如果父母不知道保护它,甚至打击他,便会把孩子的探索精神抹杀了,渐渐地他便心灰意冷,失去了创造力,甚至使本来具有探索精神的孩子变得傻乎乎的。一些父母在遇到小孩向自己提出各种各样的问题时,感到麻烦、费劲,而缺乏耐心,这是很愚蠢的行为。

我国著名的教育家陶行知先生曾碰到这样一件事:一位母亲告诉他说,他儿子很淘气,竟然把她一块好端端的金表拆坏了,为此这个母亲狠狠地打了儿子一顿。陶行知先生对这位母亲说:"可惜呀,中国的爱迪生让你枪毙了。"陶行知先生的这番话确实道出了目前在家庭教育中,父母怎样无意识地扼杀了孩子可贵的好奇心。

著名科学家贝弗里奇曾说:"科学家的好奇心通常表现为探索对他所注意到的,但尚无令人满意解释的事物或其相互关系的认识。他们通常有一种愿望,要去寻找其间并无明显联系的大量资料背后的原理。这种强烈愿望可被视为成人型的或升华了的好奇心,所以好奇心是长久以来构成智慧的一项重要特征。"

我们有些父母不仅不爱护孩子的好奇心,反而认为孩子很无用,那么简单的东西都不明白。年轻的父母最好和孩子换位体会一下,自己在孩子这么大时,不是也认为什么都是新奇的吗?现在做了父亲和母亲了,就忘了儿时那些幼稚的问题。

所以,父母对孩子提出的问题要认真回答,孩子要动手做什么就让他去尝试,只要看着他不出危险就行了。要是孩子因为满足好奇心而破坏了你的东西,也千万不要责备他。

小故事

　　印度的加娜庙是一座古寺庙，红墙环绕，绿树成荫，庙门宽敞。但庙里的地方却不大，行人从宽大的庙门前走过时，庙里的景致也就一览无余了。因此，真正走进庙里的游人十分稀少，日子一久，寺庙就只好关闭了。

　　但自从加娜庙的大门关闭以后，却出现了另一种意想不到的情况，游人常会在庙门前停留，扒着门缝儿向里窥探。每天窥探的人比往日大敞大开着庙门时多了许多倍，甚至连工作人员也被感染了，也扒着门缝儿向里看是不是发生了什么事。其实什么也没有，一切如同往日。能看到的景象只是一角砖地，一堵红墙，一棵老树，剩下的东西全被遮住了。

　　当地的和尚对这种现象很好奇，便数数每天扒着门缝儿向里面窥探的人数，这一数不要紧，大家都吓了一跳。窥探的人一个挨着一个，竟比往日开门时多了几十倍。

　　加娜庙终于又开放了。不过庙里发生了一些变化，和尚们在大门里面做了一道影壁，挡住了人们的视线。人们不知道里边是什么，踊跃购票进去参观。

　　和尚们在庙里还有意锁了几间房，用来供人们窥探之用。房里同样放了屏障，窥探起来就很费劲，很不方便。仔细看能看到一张老床，一个老柜，一双旧鞋，再向里看，能看到一个小泥菩萨——总之很费劲。但人们却乐此不疲。

　　后来加娜庙里来了一个远方的和尚。这和尚知识一般，无啥特别，只有一样，说话从来都是说半句，从来没把什么事情说完整过，他是没有本事说完整。可正因为此，前来讨教的人都说这和尚灵，深不可测，有一套。

　　很长时间以来，人们对加娜庙与这位和尚都保持着极大的兴趣，奉为神灵，前来烧香磕头的人与日俱增。

爱因斯坦说过："兴趣是最好的老师。"幼儿阶段对周围事物产生好奇、发生浓厚的兴趣，可能是终生成就的源泉。兴趣是儿童对某种事物探索的欲望，只要有了好奇心，有了探索欲望，孩子就会从内心的深处去研究喜欢的事物，即使十分辛苦也乐此不疲。

明代大医学家李时珍的父亲李言屡试不第。于是将仕进的希望寄托在李时珍身上，而李时珍对八股文不感兴趣，对医学特别酷爱。可是在"父权"时代，儿子只好从命，攻读八股文，结果三次科考不中。后来李时珍说服父亲同意他弃文从医，终成大医学家。

卡尔·威特有一个教育原则，就是"教育不能强迫"。不管教什么，他总是先努力唤起孩子的兴趣，只有在孩子表现出强烈的兴趣时，他才开始教。他教孩子读书时，先给小威特买来小人书和画册，绘声绘色地讲给他听，并且说："如果你认识了这些字，你就能明白这些故事了。"他用这种方式来激发威特的好奇心，或者干脆不讲给他听，只告诉他："这个画册上的故事非常有趣，可是爸爸没时间给你讲。"这样一来，威特就有了一定要识字的想法。这时，老威特就不失时机地教他识字。

孩子的学习能力可以从两个方面来说，一方面是指智力，就是通常所说的聪明与否，这种能力有一定的先天性，后天的环境与培养则会激发一个人内在的潜能；另一方面是指会学习，能掌握科学的学习方法和策略，在学习过程中会进行有效的自我控制，并养成良好的学习习惯，这种能力来自后天的锻炼、获得与积累。而兴趣可以说是孩子培养学习能力最强有力的动力。有了兴趣，就有了学习的渴望与积极性，就有了自觉学习的可能，就有可能持之以恒，并且从中体验到快乐。这时就变"要我学"为"我要学"了。

生活需要好奇心，需要兴趣所激发的创造火花。如果你的孩子对音乐感兴趣，他有可能会成为音乐家；如果你的孩子爱玩电脑，他有可能会成为下一个比尔·盖茨；如果你的孩子爱做生意，有可能会成为精明的企业家。让孩子按照自己的兴趣去选择未来的路，更容易走向成功。

小故事

一位母亲带着自己五岁的孩子去拜访一位著名的化学家，想了解这位大人物是如何踏上成才之路的。化学家没有跟他们讲述自己的奋斗经历和成才经验，他把他们带到了实验室。

第一次到实验室的孩子很兴奋，他好奇地看着林林总总的瓶子和装在里边五颜六色的溶液，看看化学家，看看母亲，过了一会儿终于试探性地将手伸向盛有黄色溶液的瓶子。这时，他的背后传来了一声急切的断喝，母亲快步走到孩子旁边，孩子吓得赶忙缩回了手。

化学家哈哈笑了起来，对孩子的母亲说："我已经回答你的问题了。"

母亲疑惑地望了望化学家。化学家漫不经心地将自己的手放入溶液里，笑着说："其实这不过是一杯染过色的水而已。你的一声呵斥出自本能，但也呵斥走了一个天才。"

培养孩子的学习兴趣

孩子的好奇心、兴趣总是在不断变化的，对于原有的学习内容，他们很容易出现经常性的厌倦情绪，这是因为小孩子的天性就是好动爱玩、喜新厌旧，一成不变而又需要不断重复的学习很容易使他们感到厌倦，这很不利于他们的深入学习。因此，父母应努力培养孩子学习的兴趣，让孩子在平凡的学习生活中积极地去发现、创造学习的乐趣，并且能长久地将这种兴趣保持下去。

例如，有些孩子对喜欢的课程肯下工夫，对不喜欢的课程则采取逃避的态度。因此，若想让孩子以一种愉快的心情去学习自己不喜欢的功课，父母可以采取强迫孩子先将不喜欢的科目全部学习完，否则就不可以开始学习喜欢的科目，就如同驯兽一般，做完一个动作给一点甜头。逐渐地，孩子对那些原本不喜欢的科目也产生了兴趣，并且会主动去完成。这种方法就是心理学上的"报酬效应"。换句话说，就是利用孩子喜欢的科目作诱饵，来诱发他们对不喜欢的科目的兴趣。

此外，与孩子进行"抽签"也是一种培养学习兴趣的好方法，即当孩子面对要学习的太多科目无从下手时，就会产生低落的情绪。这时候，家长和老师可以将准备攻读的科目写在纸条上，做成签，抽到什么科目就学什么，以此提升学习兴趣，这样做也是很见效果的。利用这种方法达到学习目标，内心就会产生一种强烈的满足感，这种现象在心理学上称之为"完成动机"。

对于如何才能培养孩子对学习的浓厚兴趣，以下几个建议可以供家长参考：

（1）教导孩子不只是去做感兴趣的事，而要以感兴趣的态度去做一切该做的事；

（2）自信是增加学习兴趣的动力，所以一定要让孩子相信自己的能力；

（3）教孩子多问几个"为什么"；

（4）根据孩子的能力，适当地鼓励他们参加学习竞赛；

（5）肯定孩子在学习上取得的每一点进步。

孩子的好奇心可以被父母的无知摧毁，也可以被父母的爱心培养出来。诀窍就是大人要有童心，要换位思考。大人对孩子的好奇心不能理解，甚至不耐烦，是因为孩子问的问题，大人早就不关心了，站在大人的角度，没什么可问的。正如作家桑姆金丽所说："我们的眼睛变得只盯着追求的目标，以至于对眼前的玫瑰花也不惊奇。"因此首先要解决的问题是尊重孩子的好奇，允许他提问，并积极配合找到答案。

有些家长和老师说孩子天生不是学习的料，这绝对是一句自欺欺人的话。要趁着他们年轻的时候，尊重他们的好奇心，培养他们对学习的兴趣，然后带着乐趣学习，才会越学越有趣，越学越优秀。

小故事

寅次很讨厌上音乐课，经常跟父母吵闹，说是不愿意继续学习了。

铃木老师（日本著名教育家）经过与寅次沟通后，了解到寅次不想去上学，并不是因为他不想学习，而是单调的弹钢琴和拉小提琴练习使他失去了兴趣。铃木老师决心想办法提高孩子们练习同一首曲目的兴趣。

一次，铃木老师和妻子一起去逛百货公司。当时，百货公司正在开展一个"抽签中大奖"的促销活动，参加的顾客似乎都非常踊跃。见此情景后，铃木老师忽然灵机一动："如果在教育孩子时采用'学习抽签法'会取得怎样的效果呢？"

第二天上课时，铃木老师向孩子们宣布，上课前大家要先来做一个游戏。他把写好曲目的竹签放进竹筒摇一摇。

然后说："寅次，你来抽一支签吧。"

十几双眼睛充满了疑问和探寻。它们注视着跑到老师身边的寅次，寅次则屏住呼吸抽了一支签，然后大声说："是巴赫的《波尔卡舞曲》。"

铃木老师说，"寅次同学，这是你抽到的结果，那么你是否同意今天就学习这支曲子呢？"

寅次使劲点头："我同意，我同意，抽签的结果哪能随便改呢。"

原来如此，孩子们纷纷明白了，他们觉得这个游戏一定很有趣，于是一个个地举起小手，围着老师大声叫喊："该我了，该我了。""我也要抽！""该轮到我抽了。""老师，我有点够不着。"

最后，所有的孩子都抽到了自己的签，他们无比热情地投入到练习中。寅次也练习得很认真，因为他认为"这支签是我自己抽中的，如果练不好该多丢脸呀！"

这个由铃木老师创造出的"学习抽签法"从此在音乐教室开始推广。实践证明，它能够非常有效地调动孩子们的学习积极性。

通过这种方法，孩子们进步非常明显。没过多久，寅次就已经能够极其熟练地演奏《波尔卡舞曲》了。

3、倒U形假说：给孩子适当的压力

很多家长都清楚地知道激励的作用，但却不知道该如何去把握"度"。

在教育孩子的过程中，家长必须对孩子的能力和心理承受能力有一个恰当的估计，改变"压力越大，效率越高"的错误观念，找到一个最佳点并以此为标准，适当掌控压力的增加和减少，使激励达到最佳效果。

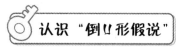

认识"倒U形假说"

倒U形假说是由英国心理学家耶基斯和他的学生多德林提出的。耶基斯和多德林是最早研究工作压力和工作业绩之间关系的科学家。他们在研究中发现，对于处在各种工作状态的人来说，过大或过小的压力都会使工作效率降低。压力较小，工作缺乏挑战处于松懈状态；压力逐渐增大，压力成为动力激励人们努力工作，效率将逐步提高，当压力达到人的最大承受能力时，人的效率才会达到最大值；压力超过最大承受力后，压力成阻力，效率也随之降低。

世界网坛名将贝克尔被称为"常胜将军"，其秘诀之一就是在比赛中自始至终防止过度兴奋，而保持半兴奋状态。所以有人亦将"倒U形假说"称为"贝克尔境界"。贝克尔境界其实就是我们常说的"度"，中国人有"过犹不及"、"把握分寸"等类似的说法。

法国心理学家齐加尼克曾做过一个实验对倒U形假说进行求证：

齐加尼克把自愿受试者分为两组，让他们去完成20项工作。其间，齐加尼克对一组受试者进行干预，使他们无法继续工作而未能完成任务，而对另一组则让他们顺利完成全部工作。

实验结果显示：虽然所有受试者接受任务时都显现出一种紧张状态，但顺利完成任务者，紧张状态随之消失；而未能完成任务者，紧张状态持续存在，他们的思绪总是被那些未能完成的工作困扰，心理上的紧张压力难以消失。

孩子的成长也符合倒 U 形假说。例如，在孩子的学习过程中，如果孩子的负担过重，长期处于紧张状态，学习效果就会越来越差。作为家长必须重视这一效应，采取有效措施，既不要对孩子提出过多、过高的要求，也要设法帮助孩子按时完成任务，适当缓解孩子的紧张情绪，让孩子学得愉快。

要做到这一点，父母必须对孩子的能力和心理承受能力有一个恰当的估计，改变那种"压力越大，效率越高"的错误观念。最好的办法是找到一个最佳点，并以此为标准：当孩子压力较小时适当增加压力，当孩子压力较大时缓解压力。

小故事

孔子有一次带弟子们到鲁国的祠庙参观。子路看到一个形状很不规则的容器歪歪斜斜地放在几案上，于是很好奇地问孔子："这是什么器皿呢？"

孔子说："这是欹器，是放在座位右边，如'座右铭'一般用来伴坐的器皿，它是用来警戒自己的。"

见弟子们对其不以为然，孔子说："子路，你往里面倒水看看！"

子路好奇地把欹器摆在一个果盘里，然后从外面端来一杯水，慢慢地向这个可用来装水的器皿里灌水。令大家惊奇的事情出现了：当水装得适中的时候，这个器皿就端端正正地立在那里。不一会，水灌满了，它就翻倒了，里面的水流了出来。再过了一会儿，器皿里的水流尽了，就又歪斜在那里。

孔子感叹地说："哪有满了不倒的呢？"

欹器没有装水时歪了，而装满水又会倾覆翻倒，只有水装得适中，不多不少的时候才会端正。

给孩子适度的压力

与一些由于望子成龙（或望女成凤）心切而对孩子提出很高期望的父母

不同，有些父母在对孩子的教育过程中，总想着让孩子在快乐中学习和成长，担心给孩子压力过多，所以就放松要求，甚至没有要求，这种教育方法是不正确的。绝对宽松的教育肯定会失败，诚如绝对高压的教育肯定失败一样。

俗话说"井无压力不出水，人无压力难成器。"父母对孩子寄予一定的期望，给予孩子一定的压力，是家长对孩子的一种关爱，一种鼓励，也是建立孩子自信心的主渠道，对发掘孩子的潜力也大有益处。

一般来说，孩子具有比我们所知的更大的潜力。据科学研究表明人的一生中只有5％的潜能得到运用，95％的潜能未被开发出来，而它就像隐藏在水下的冰山一样巨大，适当的压力会使孩子更好地调动自己的潜能，使他们更加自信，能够更好地锻炼孩子发展和提高自身的能力。适当的压力会激发孩子无穷的动力，使孩子在张弛有度的教育环境中健康成长！

在家庭教育中要对孩子施加一定的压力，关键是要掌握好压力的强度，这种强度是因人而异，并随着孩子成长的每一个阶段进行调节。

（1）家长给孩子合理的期望。家长对孩子的期望值其实就是对孩子施加的压力，期望值过高或过低都会毁了孩子。家长的期望必须根据孩子能力的具体情况来确定，最好的期望值是让孩子稍加努力后就能实现。期望值过高，孩子怎么努力都不能实现，会产生失望情绪，不愿意继续努力；如果期望值过低，会造成孩子对自己缺乏信心，自尊心低下，认为"我就只有这个能力"，由此造成孩子怀疑自己，放松对自己的要求，甚至自暴自弃，缺乏上进心，导致许多其他问题。

这就好比摘桃子一样，不用跳就能摘到桃子会使人产生惰性，怎么跳也摘不着桃子会使人失望，努力地使劲跳起来才能摘到桃子富有挑战意义，下次才会跳得更高！家长对孩子的期望值也是如此：高不可攀会丧失信心，唾手可得会消磨斗志，富于挑战才会催人奋进！

家长对孩子的期望可以长短期望相结合：短期内根据孩子上次或前一阶段的学习情况，提出"跳起来能摘到桃子"的期望，一旦孩子达到目标后，家长一定要表现出无比的兴奋与幸福之情，根据家庭情况给予一定的奖励，同时与孩子一起探讨下一步的努力方向；关于远期期望可以根据孩子的理想与志向加以适当的引导，并将远期期望分解到无数个短期的期望之中，孩子

好父母要懂孩子的心理

每前进一步都予以鼓励。这样孩子和家长就会有许多的成功、许多的希望、更多的努力、更好的发展。

（2）给孩子与压力相对应的支持。很多时候，孩子能承受多大的压力取决于家长给孩子多大的支持。一个孩子在没有压力也没有支持的环境下难以成才，因为没有足够的压力使他前进，没有相应的手段对他进行塑造，他的潜力得不到发挥。如果孩子接受的是高压但缺少支持，也很糟糕，因为孩子孤军奋战，很难走向成功。如果孩子承受低压却获得巨大的支持，情况也不容乐观，因为缺乏挑战，我们很可能会看到一个被宠坏了的孩子。孩子的成长需要一定的压力，但同时也需要得到家长较多的支持。适当的压力和支持，既让孩子充满挑战的信心，又让孩子得到必要的指导，这种合力使孩子容易成功。

对孩子的支持不一定是在具体某个问题上的探讨，更重要的是用一种明确的方式让孩子感觉到父母是关心自己的，爱自己的，而不仅仅是强迫他去做自己不想做的事情。这种支持表现在两个方面：

一是父母要善于赞扬孩子，时刻关注他取得的进步，就像关注他的缺点一样。这样对缓解压力有很大好处，为了不辜负你的赞赏，孩子会全力以赴，怀着积极的心态，从而激发出强大的自信与冲劲，并引发出潜能。二是当孩子承受压力时，家长要和孩子一起面对。要让孩子正确地认识失败和成功，认识到"失败"与"暂时挫折"的区别，帮助他分析失败的原因和过程，注意发现和肯定他在学习以外的优点和长处，同时辅以必要的严格要求，重新拟定计划，以求改正。

（3）压力不是心灵虐待。给孩子适当的压力是需要的，但这和心灵虐待是两回事。有些父母为了激励孩子，会采用讽刺挖苦、威胁恐吓、不理不睬等方式，这种心灵虐待会给孩子造成难以愈合的心理创伤，其危害并不小于对孩子的躯体折磨。久而久之，孩子的心灵会变得扭曲、变态、自卑、缺乏爱心、焦虑压抑，不仅学习成绩好不了，还很容易造成成人时期的种种性格缺陷。

家长应以平等的思想、平和的心态、平静的语言与孩子进行认真的对话和交流，和孩子像朋友一样分享欢乐，分担痛苦……孩子的感觉就会大不相同。他们回报父母的一定是一份丰收的硕果，一片晴朗的天空。

小故事

有一位经验丰富的老船长，当他的货轮卸货后在浩瀚的大海上返航时，突然遭遇到了可怕的风暴。水手们惊惶失措，老船长果断地命令水手们立刻打开货舱，注里面灌水。"船长是不是疯了，注船舱里灌水只会增加船的压力，使船下沉，这不是自寻死路吗？"一个年轻的水手嘟囔。

看着船长严厉的神色，水手们还是照做了。随着货舱里的水位越升越高，随着船一寸一寸地下沉，依旧猛烈的狂风巨浪对船的威胁却一点一点地减少，货轮渐渐平稳了。

船长望着松了一口气的水手们说："百万吨的巨轮很少有被打翻的，被打翻的常常是根基轻的小船。船在负重的时候，是最安全的；空船时，则是最危险的。当然这种负重是要根据船的承载能力界定的，适当的压力可以抵挡暴风骤雨的侵袭，但如果是船不能承受之重，它就会如你们担心的那样，消失在海面。"

如何给孩子减压

良性的压力会驱使人们工作更加卖力，把事情做得更好，但负面压力或压力过重则会带来不良影响。美国斯坦福大学的一项研究表明，人大脑里的某一图像会像实际情况那样刺激人的神经系统。比如，当一个高尔夫球手击球前一再告诉自己"不要把球打进水里"时，他的大脑里往往就会出现"球掉进水里"的情景。这一情景会指挥他的行动，结果事情不是向他希望的那样发展，而是向他害怕的方向发展——这时候，球大多都会掉进水里。

上世纪50年代，美国有一位著名的高空走钢丝的表演者名叫瓦伦达，他一辈子表演都很成功，但在一次重大的表演中，却从钢丝上掉下来摔死了。事后他的妻子说："我知道这一次一定要出事，因为他上场前总是不停地说，这一次太重要了，不能失败，绝不能失败；而以前每次成功的表演，他只想着走钢丝这件事本身，而不去管这件事可能带来的一切。"

瓦伦达的失败，其实是败给了自己。他一心想着事情能不能做好，而无法专注地去做事，因而就无法获得成功。

后来，人们把这种不能专注做好眼前事情、患得患失的心态称为"瓦伦达心态"。在我们的日常生活中，"瓦伦达事件"也在不断重演。每次高考成绩一出来，就会有好多学生到心理医生那里寻求帮助。原因是好多原本在学校里成绩不错的孩子，在高考时失利，一些人甚至连专科线也没有达到。

如果长期压力过大，甚至还可能引起生理和心理上的病症。比如一个人若长期处于压力或过重压力之下，他的身体最终会因无力招架而崩溃。他可能会患上冠状动脉心脏病、高血压等生理疾病，或者抑郁症和焦虑等心理疾病。同时，过重压力还有可能导致个体行为改变，如酗酒或服用镇静剂。

在教育孩子的过程中，父母应该给孩子提出要求，但是不要给孩子太大的压力，孩子才能心情放松地去学习和生活。当发现孩子的压力过重时，父母应该帮助孩子减轻压力，调整好心态，以最佳状态去学习和生活。

如何给孩子减压呢？

（1）父母要调整自己的期望。不切实际的期望对孩子的杀伤力很大。引领孩子成长的不是父母，而是孩子自己的心态。当父母把全部希望系于孩子，最终往往什么都得不到。

因此，家长不要给孩子过多或不切实际的期望，若孩子做不到，无形中会产生心理压力。即使有期望，也分成一步步达成，而不能是急于求成。

一个曾经是县重点高中的佼佼者，最后竟连专科线也没过的高考生在分析失败的原因时说："我的压力太大了，我是全校的前几名，许多人都关注我，我要考北大，我经不起失败的打击。我常常告诉自己，挺住，绝不能失败。过度的紧张使我焦虑不安，彻夜难眠，无端的恐惧不时袭上心头。高考前一天晚上，我甚至失眠。这样子又怎么会发挥正常？"

（2）不要对孩子过分关心。有些孩子的父母也许会说，我并没有对孩子提出过高的要求，只是对他表示关心而已。殊不知，有时关心也是一种压力。

让孩子放松心态，父母首先要做到不要对孩子过分"关心"。例如，当孩子面临某项重大考试时，父母应该调整自己的心态，把考试看成孩子的事情，让自己先轻松起来。也没有必要去要求孩子一定要取得好成绩。在感到自己和孩子有压力的时候不妨和孩子聊聊，看看他们对成功与不成功有什么看法。在对孩子表示关心时，切忌唠唠叨叨，这只会加大孩子的心理压力。

所有的孩子都是非常敏感的,父母的过分关心只会让他们增加对自己的期望值,更加紧张。在这种心态下,如果一旦发挥失常,他们自己都不能原谅自己,钻牛角尖,甚至做出极端反应。

(3)确保孩子生活作息正常。当压力来临时,孩子有可能会出现乱发脾气、头痛、发烧、肚子不舒服甚至失眠等状况。父母要注意调节好孩子身心平衡,让孩子和平时一样吃好睡好,不做噩梦,维持正常作息,孩子才能处于最佳状态。

(4)帮助孩子发泄压力。如果孩子确实压力过大,甚至影响到了孩子的身心健康,父母就要想办法帮助孩子发泄压力,放松心态。和孩子一起做运动是个很好的方法,适当的运动可以缓解压力,让孩子紧绷的状态松懈下来。此外,一起到公园散步,做上几分钟的深呼吸等方法,都是很好的解压方法。

小故事

中国教育电视台"知心家庭"演播室曾做过一期如何才能让孩子不害怕考试的节目。受访者是一个名叫贺洋溢的女孩子。

在接受采访时,贺洋溢这样回答主持人关于不怕考试的奥妙,她说:"我觉得考试只是一种测验,通过测验可以向大家展示自己的能力,所以我不怕考试。"

贺洋溢活泼开朗的性格和父母的心态直接相关。父母希望她自然成长,所以孩子轻松自在。

在那期节目中,一同接受采访的贺爸爸说:"我不是简单地要求女儿考一个好成绩,我主要教她解题的思路,这样她就能触类旁通。"

当主持人让贺爸爸从家长的角度介绍如何帮孩子在考试中放松时,贺爸爸说:"第一是不给孩子施加压力,营造一个轻松的学习氛围。二是在成绩不好的时候,孩子赴考要鼓劲。批评或者打骂容易对孩子造成心理负担。鼓励的话应该讲究方式,不能为鼓励而鼓励。另外,在孩子学习的过程中,让他扩展知识面,知识丰富了,学习自然就轻松。这些虽然与考试没有直接的关系,但对学习却有辅助作用。"

好父母要懂孩子的心理

节目的最后，主持人问贺洋溢："洋溢，面对电视机前害怕考试的同学，你最想说的是什么呢？"

贺洋溢想都没想，大声说："不要害怕，考试只是一种测验，你一定能行！"

4、木桶定律：均衡发展最重要

每个人都有优势和劣势，它们共同构成了一个人的能力。然而，如果一个人的某些基本能力严重欠缺，那么原来的优势就会失去必要的支撑和平衡，强项必然受到弱项的拖累而无法顺利施展，最后鸡飞蛋打，导致崩盘。

 认识"木桶定律"

一只木桶由许多块木板组成，如果组成木桶的这些木板长短不一，那么，这只木桶盛水的多少，并不取决于桶壁上最高的那块木板，而取决于桶壁上最短的那块木板。人们把这一规律总结为"木桶定律"，也称为"木桶理论"。

"木桶定律"有三个推论：

推论1：只有桶壁上的所有木板都足够高，木桶才能盛满水，只要这个木桶里有一块木板不够高，木桶里的水就不可能是满的；

推论2：比最低木板高的木板的高出部分都是没有意义的，高的越多，浪费越大；

推论3：要想提高木桶的容量，应该设法加高最低木板的高度，这是最有效也是唯一的途径。

由许多块木板组成的"木桶"，不仅可以象征一个国家、企业、部门、团队，也可象征一个人，而"木桶"的最大容量则分别象征着国家、部门、团队和个人等的最大的整体实力和竞争力。不管是哪一只"木桶"，其盛水的多少，起决定性作用的不是那块最长的木板，而是那块最短的木板，因为水的界面是与最短的木板齐平的。对于一个组织来说，决定整个组织水平的往往是那个最薄弱的部分；对于一个产品来说，决定产品档次的往往是那个水平最低的方面。

对于一个人来说同样如此，如果存在某类知识缺陷，能力的发挥总是受到瓶颈学科的制约；如果他的某些缺点长期得不到改善，甚至可能会给自己带来致命的打击。例如，一个搞研发的人如果不懂市场，自己的辛劳成果很可能会一文不值；搞市场的如果对技术一窍不通，就难以把自己的产品优点向客户做全面的更有说服力的展示……一个人只有具有广博的知识技能，并让其充分发挥协同效应，才可能取得更大的成功。

因此，我们在培养孩子的能力时，应及时纠正孩子学习能力发展失衡的情况，不能只强调孩子的优势或特长，而忽视甚至放弃孩子的弱势能力，这样势必影响孩子未来的学习和生活。

 小故事

古希腊神话有一则这样的传说：

美丽的女海神蕾蒂斯生下一个孩子，他的名字叫做阿基里斯。她把新生儿带到圣河，双手紧紧握住阿基里斯的脚踝，将孩子几乎完全浸到圣河里。经过圣河洗礼的阿基里斯，从此拥有一副与众不同的金刚不坏之身。

长大后的阿基里斯果然骁勇善战，他为希腊立下许多不朽的战功。所以在他的生命中，只有胜利与荣耀，他是失败、挫折、疾病、灾难等的绝缘体。直到特洛伊战争改变了这一切。特洛伊城的王子帕里斯劫走了希腊皇后海伦，阿基里斯奉命不计任何代价，必须救回皇后海伦。

一向战无不克的阿基里斯，经过九年苦战，却依旧攻不下特洛伊城。在战争进行到第十年时，敌方将领帕里斯在众神的示意下，一箭射中了阿基里斯的脚踝，阿基里斯倒下了。

原来当年蕾蒂斯将阿基里斯浸入圣河时，她双手紧紧握住阿基里斯的脚踝，这是唯一没有浸到圣河的地方，如今却成了阿基里斯的致命伤。

脚踝是阿基里斯唯一的弱点，可就是这个弱点决定了英雄的生死。

让孩子全面发展

如果把对孩子的教育比作"木桶"的话，它应该由德育、智育、体育、美育、劳动技能教育五块"木板"组成。然而，我们在生活中发现，很多父母都非常重视智育这块"木板"的长度，却忽视了其他四块"木板"。而现行的升学制度、考试制度等考核方式，无疑也加剧了包括学生在内的人们对智育的畸形重视。

这种片面的教育，其结果很可能与父母的初衷大相径庭。例如，我们看到有的父母放松了对孩子的思想品德教育，结果孩子走上了犯罪的道路；有的父母不重视孩子的体育，结果一些成绩优秀的孩子成了"豆芽儿"体型；有的不注意孩子的美育，导致他们盲目接受社会的反面文化……

在现实中存在这样一种耐人寻味的现象：在学校里成绩排在10名左右的孩子，在社会上往往比那些成绩总是前两名的孩子成功。专家们称其为"考试现象"。考试现象的根源在于部分家长片面追求智能发育，忽视了孩子全面素质的培养。殊不知，与单纯的智育相比，孩子综合素质的培养更为重要，只具备一种素质的孩子客观上只能划入"低能"的行列。

"只要学习好就行"的观点是错误的。"重智力、轻德育"会导致孩子畸形发展，造就一批高分低能、心理不健康、人格不健全的孩子。为了使孩子的能力得到全面的发展，需要重视智育，但是也绝对不能放松了德育、体育、美育和劳动技能教育。

为了让孩子的各项才能得到全面发展，家长还需要注意的是，要纠正孩子的偏科行为。

在学生时代，有偏科现象的孩子比比皆是，有些父母也为自己的孩子在某一方面有突出的能力而沾沾自喜，却忽视了对其偏科现象的纠正。这并不是一种好的教育方式。

各学科之间是相互联系、相互渗透的。例如，有专家通过跟踪调查研究发现，如果学理的学生不懂文，他的思维方式会受到很大影响，将来创新能力肯定不行。从现象上看，这种学生的表达能力、文字书写能力差，甚至无法把自己的观点在论文中很好地表达出来。从长远来看，将来他们毕业后科研项目的论证报告、申请项目、结题报告都需要好的文科知识。知识面的狭窄会影响他对新事物、新学科的接受，甚至还会妨碍学术交流，影响学生的进一步发展。

因此，父母应该对孩子的"偏科"现象给予足够的重视，并及早加以解决。中、小学是孩子的基础教育阶段，孩子们应该在这一时期为日后成才打下坚实的基础。任何一门课程的偏废，都会为日后的高楼大厦埋下严重的危害因素。如果任由其"偏科"，让孩子畸形发展，到头来只能是误了孩子。

纠正学习"偏科"不是一蹴而就的，父母要有足够的耐心。父母不仅要保障孩子"优势学科"的发展，更要热情辅导孩子的"非优势学科"，善于发现孩子的点滴进步，及时予以肯定和鼓励，激发孩子对该学科的兴趣，增强信心。长期坚持下去，学习"偏科"的问题会逐渐得到解决。

小故事

魏永康，1983年6月出生在湖南省华容县，两岁的时候就能认识2000多个汉字，4岁进小学，8岁上中学，13岁时，魏永康以高分考入湘潭大学物理系。2000年，17岁的魏永康大学毕业后考入中科院高能物理研究所硕博连读研究生。

这位天才少年的成长经历可谓一帆风顺。然而，2003年8月，已经读了3年研究生的魏永康，被中科院劝退回家。

从"神童"到被劝退回家，生活似乎给魏永康开了个非常残酷的玩笑。

分析魏永康的成长经历，我们或许能从中能得到一些启示。

一直以来，为了让魏永康专心读书，魏永康的母亲曾学梅将家中所有的家务活都包下了，包括给儿子洗衣服、端饭、洗澡、洗脸。魏永康读高中的时候，为了让儿子在吃饭的时候不耽误看书，曾学梅还亲自给他喂饭。

后来读大学时，曾学梅也一直跟在儿子的身边"陪读"，照顾儿子的饮食起居。曾学梅说："我从来没有让他洗过衣服、袜子，洗头都是我给他洗的。"

魏永康在大学期间，教授们除了对他的"过目成诵、思辨力超凡"的高智商留下深刻印象外，更突出的则是发现其心理发育和人格成长的荒芜。

例如，魏永康对礼仪常识知之甚少。他很少与人打招呼。去拜访素不相识的老师，见到老师正在看报纸，他就径直从人家手里拿过报纸，就自顾自地看起来，也不管老师在一旁发愣。

他时常干出些荒唐事：读大一时，一天他突发灵感，一个电话拨到119，称学校发生火情，惹得消防车蜂拥而至；学会电脑后，一次，他将一个同学存在电脑里加密的情书破解并公布了出来；看了《"文革"十年》一书后，他就在网上发"×××教授是物理系的走资派"的帖子……

有人说，魏永康始终在以童年的心态闯入一个成年人的世界，与外界交流对他来讲无疑有着种种难以逾越的障碍。即便他21岁的人生，事实上仍是一个扩张的童年。

来到北京读书后，魏永康认为自己已经长大了，便执意不要母亲"陪读"，孤身一人北上求学。

身边突然没了母亲的照料，魏永康感到很不适应，竟无法安排自己的学习和生活。有一年冬天，他竟然穿着单衣、趿着拖鞋去天安门逛了一圈，周围的游客像看怪物一样使劲盯着他看。由于长期生活不能自理，并且知识结构不适应中科院高能物理研究所的研究模式，2003年8月，已经读了3年研究生的魏永康，被中科院劝退回家。

开发孩子的左、右脑

每一位爸爸妈妈都希望自己的孩子聪明过人，都绝不会忽视对孩子智力和潜能的开发。而我们的大脑正是智慧的源头：左脑与右脑以显著不同的方式进行着神奇的工作，左脑偏向于使用语言、数字、逻辑性进行思考，右脑则擅长在图形、空间、想象方面的思考。

一般左脑发达的人在数理或分析能力方面较强，右脑发达的人则对美术、艺术等感性的东西敏感度更高。

两个大脑半球彼此的活动并非分工式进行，而是互相支持、协调的。左脑与右脑以每秒 10 亿位次的速度彼此交流。左右脑的运作流程，是由左脑透过语言收集信息，把看到、听到、摸到、闻到、尝到，也就是视觉、听觉、触觉、嗅觉、味觉等感觉接收到的信息转换成语言，再传到右脑加以印象化，接着传回给左脑逻辑处理，再由右脑显现创意或灵感，最后交给左脑，进行语言处理。

科学家发现，左脑和右脑的发育有相互促进作用，两者不可偏废。卓越的科学家往往是左右半脑都比较发达的。例如，爱因斯坦就是一个"全脑"型的人，他高度发达的左脑，使他能洞穿很多人们认为抽象的东西，而他能用形象(右脑功能)来解释和理解它；他聪睿的右脑，使得他作为一个伟大的科学家的同时，又能够成为一个优秀的小提琴家。

父母虽然不一定指望自己的孩子成为天才，但是如果孩子左右脑都得到开发和锻炼，一定可以大大提高孩子的智力水平。在生活中，父母可以教孩子一些游戏，从而促进孩子左右脑的协调发展，以获得更高的智力。

例如，孩子如果是经常使用左脑的，父母可以建议他多做一些锻炼右脑的运动，调节一下过于理性的思维，可以多听听音乐、多看一些展览、多做一些趣味性的活动等。而对于艺术天赋比较高的孩子来说，父母应该着重让孩子对左脑做一些有建设性的训练，让他尽量多用心算，少用计算器；让他多阅读，多对事情做理性的分析、判断。

在日常生活中，一些小小的运动，也可以起到锻炼脑部的作用。例如，父母可以让孩子在穿衣服、系鞋带、画画、开门、拿杯子喝水、换电视频道的时候，试着用左手去完成（如果是左撇子就用右手去完成）。

小故事

爱因斯坦是20世纪最伟大的科学家，但他并不是脑子里只是单纯的充满着数字和公式的数学、物理学家，他是一个更喜欢想象的人。

据爱因斯坦自己说，他不是坐在书桌前发展"相对论"的，而是在某个夏天，他躺在一个小山头上发现的。当他眯着眼睛向天上看时，千万道细细的阳光穿过他的睫毛射进眼睛，他好奇地想，如果能乘一条光线去旅行，那将是什么样子呢？于是在想象中，他作了一次宇宙旅行。他的想象力把他带进一个场所，这个场所，用经典物理学的观点是不能解释的。他怀着特别急切的心情，回到教室黑板前，他相信，他的想象比经典物理学的概念更正确。他提出一种新的数学理论，以解释他的想象。

在这里，我们可以看出，爱因斯坦充分发挥了他的全脑功能。他的右脑产生了精彩美妙的想象，接着再用左脑发展了一套崭新的数学及物理论，为他的创造性的想象奠定了理论基础。正是因为有了右脑的想象，然后左右脑的相互配合才为人类发现了有史以来最伟大的学说之一。

5、德西效应：金钱不是万能的

奖励运用得好，可以达到意料之外的良好效果，但如果一味依赖外在刺激，却也未必能事事如意，毕竟"金钱不是万能的"。

教育孩子为学习而学习，才是教育的真正意义。期待由学习而获得奖励的孩子，只是在为奖励学习而已。

 认识"德西效应"

美国心理学家爱德华·德西在1971年做了一个专门的实验。他让大学生做被试者，在实验室里解有趣的智力难题。实验分三个阶段，第一阶段，所有的被试者都无奖励；第二阶段，将被试者分为两组，实验组的被试者完成一个难题可得到1美元的报酬，而控制组的被试者跟第一阶段相同，无报酬；第三阶段，为休息时间，被试者可以在原地自由活动，并把他们是否继续去解题作为喜爱这项活动的程度指标。

结果发现一种明显的趋势：实验组（奖励组）被试者在第二阶段确实十分努力，而在第三阶段继续解题的人数很少，表明兴趣与努力的程度在减弱；而控制组(无奖励组)被试者有更多人花更多的休息时间在继续解题，表明兴趣与努力的程度在增强。这个实验结果表明，进行一项愉快的活动（即内感报酬），如果提供外部的物质奖励（外加报酬），反而会减少这项活动对参与者的吸引力。

后来，人们把这种现象称为"德西效应"。

为什么会出现这种情况呢？

心理学认为，动机是一个人发动或抑制自身行为的内部原因。当动机达到最佳水平，活动效率就会达到最大值；而动机不足，则会使活动效率下降。动机又分为外在动机和内在动机，外在动机是那种不是由活动本身引起而是由与活动没有内在联系的外部刺激或原因诱发出来的动机，其特点是持续时间比较短。上述实验中的奖励刺激容易引发人的外部动机。

内在动机是一种要求自己在困难的挑战面前感到有能力、能做出决定的先天性需要，它潜伏于人的多种行为，包括探究活动、学习甚至游戏活动中，它激起人们去寻求并努力征服一系列对其能力来说是最理想或最合适的挑战。

教育心理学的研究表明：学生对学习内容本身的兴趣是人的内在动机，这也是学习的最佳动机，它的特点是更容易持久。因此，最好的奖励办法是引导孩子进一步探究、尝试和交流，激发他的学习兴趣。

在德西的实验中，那些有一定难度的有趣问题能激发学生的探究兴趣，解出难题又正好满足了学生的成就感这一基本的心理需求，增进了学生的学习动机。而此时如果给学生以物质奖励，则会使学生把主要的学习目标置于脑后而不顾，只在乎当前的奖励，甚至把奖励当成学习的主要目标，转移学习兴趣，降低学习效果，这一结果显然与家长的初衷相去甚远。

小故事

一位老人在一个小乡村里休养，但附近却住着一些十分顽皮的孩子，他们天天互相追逐打闹，喧哗的吵闹声使老人无法好好休息，在屡禁不止的情况下，老人想出了一个办法——他把孩子们都叫到一起，告诉他们谁叫的声音越大，谁得到的奖励就越多，他每次都根据孩子们吵闹的情况给予不同的奖励。到孩子们已经习惯于获取奖励的时候，老人开始逐渐减少所给的奖励，最后无论孩子们怎么吵，老人一分钱也不给。

结果，孩子们认为受到的待遇越来越不公正，认为"不给钱了谁还给你叫",再也不到老人所住的房子附近大声吵闹了。

千万别"贿赂"孩子

为了鼓励孩子好好学习,很多父母倾向于采用物质奖励的方式,并且对这种方式颇为认同,有些家长甚至说:"给予孩子一定的物质刺激,远远比说教一百句管用得多。"在小学阶段,父母为了让孩子好好学习,给予孩子的多是一些"小恩小惠",买些小玩具、给点小零食,而中学生,父母则多以金钱或昂贵的电子产品,如手机等作为诱饵。

刚开始,这种物质奖励的方式也确实颇为奏效,孩子一回家就好好看书,温习功课。可是,时间一长,就慢慢地变得不尽如人意了,有些孩子开始出现厌倦学习的情绪,有些甚至把学习做为交换奖赏的筹码,逼得父母只好不停地增加奖金的数目,但效果仍然不大。

这种奖赏所以慢慢地失效,正是"德西效应"在起作用。父母如果让孩子养成为获得奖赏才去努力学习的习惯,孩子就体会不到出色完成一项工作之后的激动与兴奋,单纯的求知的快乐可能会逐渐降低。而对于任何事情来说,兴趣才是更大更持久的动力,一旦失去了兴趣,做事的动机就会大大下降。

如果学习活动本身令孩子感兴趣,父母再给孩子奖励,可能会弄巧成拙,不但不能提高孩子的学习主动性,反而会降低孩子原有的学习热情。比如,孩子自己喜欢画画,那么他并不需要父母的表扬和物质奖励,只要获得认可就足够了。如果孩子画出很美的画,父母只要关注一下就行了。但如果父母说"你画得真棒,妈妈奖励你一个本子",这样反而会使孩子厌烦——"我的努力和成就只是为了一个本子呀?"这样反倒不利于培养孩子的成就感。

一味地给予物质奖励,还会使孩子的欲望越来越大,沾染上自私自利和功利主义的毛病,滋生只图享受的心理,养成斤斤计较、讨价还价的庸俗习气。有的孩子为了得到物质奖励,甚至学会了欺骗,通过在考试中舞弊、弄虚作假等方式获得高分。

事实证明,物质奖励不是万能的,还可能会出现许多弊端,例如,孩子的学习没有进步,虚荣心、功利心却增长了。长期的物质奖励还会让孩子形成一种错误认识：所有的劳动都应该得到金钱回报。他们可能认为赚钱更多的父亲很伟大，而多做家务少挣钱的妈妈的价值却小得多。他们也不可能理解志愿劳动者和义务工作者，自己也不可能养成无私奉献的高尚品格。

如果父母对孩子的激励总停留在物质奖励这一低级、原始的阶段，那孩子对精神和情感的投入也会减少。最终的恶果是让孩子变得贪婪，逐渐发展成唯利是图的"小魔鬼"。

还有一些父母为了激励孩子好好学习，许下一些物质奖励的诺言，但说完后又立刻忘记，这样会在无意中伤害孩子。例如，有的家长为了激励孩子，向孩子许诺如果在期末考试能考到年级第一名，就奖励一台电脑。但当期末考试结束，孩子真考了年级第一名时，家长又以种种借口拒绝兑现承诺。

承诺无法兑现，就成了谎言。这有点像"狼来了"的游戏，只会让孩子失望，同时颠覆孩子对父母的信任和尊敬。一诺千金是爱和关怀的表现，因为一些意外无法兑现自己的承诺时，一定要对孩子解释原因，或直接向孩子道歉。要知道，父母履行诺言，既能保护孩子的自尊心，也能维护作为父母在孩子心目中的威信，同时又教育他学会诚信。

小故事

谭秋姣是个白领，在公司管理中驾轻就熟，深孚众望。但她对自己的儿子超超却感到无可奈何，力不从心。原来，超超去年上小学5年级了，虽然很聪明，但就是对学习缺乏兴趣，完全是随心所欲地学习，高兴的时候，看一会儿书，不高兴了，就想方设法地偷懒，学习成绩自然是处于下游。让谭女士特别烦恼的是超超对此并不着急。

对这样一个不争气的孩子，谭秋姣显然非常难过。

开始的时候，谭秋姣采用过说服教育的方法，给孩子讲学习的重要性，塑造孩子的世界观和价值观。但是，她发现孩子对许多道理似懂非懂，这种教育方式收效甚微。后来，她从同事那里学会了奖励方法，很快，她给儿子制定了一个"各科成绩奖励条例"，例如，各科成绩达到了多少分就可以获得相应等级的奖励，谭秋姣制定得很认真、具体，具备很强的操作性。同时，还根据实际情况，灵活增加奖赏的设置。

很快，谭秋姣苦心经营的"妈妈奖学金"取得了出乎预料的成功，超超对学习产生了巨大的兴趣，不仅态度变得认真了，而且也更加勤奋了，不再马马虎虎，也不再敷衍老师，学习成绩有了很大的提高。

仅仅过了两个多月的时间，谭秋姣发现孩子故态复萌，又开始对学习三心二意了。于是她制定了更加丰厚的奖励办法，但是，孩子的学习情况越来越糟糕。

奖励内部学习动机

动机是由某种需要所引起的直接推动个体活动、维持已有的活动并使该活动朝向某一目标以满足需要的内在过程或内部心理状态。人的一切活动都是由一定的动机所引起的。动机是一切活动的原动力，是源泉。动机从自发性和目的性可分为外在动机和内在动机。心理学家认为，内部动机是由个体的自尊心、责任感、义务感、荣誉感、求知欲等内在因素引起的，俗称"我要干"、"我要学"；外部动机则是由外力逼迫（包括金钱刺激）而引起，俗称"要我干"、"要我学"。与外部动机相比较，内部动机具有更大的积极性、自觉性和主动性，是长远而有效的动机。例如，有些人喜欢写小说，即使从来没有出版过，他也乐此不疲，因为写作本身对他而言就是一种乐趣。这就是内部动机在起作用。

既然动机是一切活动的原动力，孩子的学习行为同样受到动机的支配和调节。内部学习动机则是孩子对学习本身的一种内在兴趣，这种动机下的学习不是靠外力的推动，而是自觉自愿地、积极主动地学习，这种学习更具有持久性。因此，能否激发孩子的内部学习动机是家庭教育成败的一个关键因素。

要激发孩子的内部学习动机，就要重视知识本身的兴趣，使整个学习过程都充满激励性，使孩子发自内心地热爱知识，而不是单纯地把学习知识当成获得某种报酬的手段。一旦孩子形成了良好的内部动机，学习就成了人的精神需要，学习行为成了自觉、自愿的过程。在这样的学习模式下，学习效果肯定能显著提高。

父母可以从以下几方面来激发孩子的内部学习动机：

（1）激发孩子的求知欲和好奇心。父母可根据孩子的知识经验和智力水平，设计一些似是而非的问题，使孩子对新知识产生巨大的吸引力，进而促进主动学习的愿望和意向的产生。例如，可以向孩子提问："打开汽水瓶盖时，为什么会有大量气泡放出？为什么热天比冷天冒的气泡更多？"孩子对这些现象充满了好奇，但对如何解释这些现象却束手无策，父母可抓住孩子的这种心理，激发孩子的求知欲。

（2）学习动机迁移。学习动机迁移是把其他活动转移到学习上来，或者是把这一学科的学习动机转移到另一学科的学习之中。布鲁纳在其名著《教育过程》一书中强调，在孩子还没有对某种学习产生内部学习动机之前，父母不应消极地等待，而是应积极利用原有的学习动机，因势利导地使之迁移到新的学习活动中去。例如，利用游戏与学习的联系，把孩子对游戏的动机转移到学习上来；利用学好语文的意义与学好数学的关系，把对数学的学习动机转移到学习语文上来。

（3）满足孩子的精神需求。一个人除物质需求外，还有被人尊重、被人爱、被社会认可、被人理解等多方面的精神需求。很多时候，精神鼓励比物质奖励更有效，因为精神鼓励能激发孩子的内在学习动机。因此，父母应根据孩子的生理和心理发展特点，不断创新激励方式，不要单纯在物质方面进行刺激。例如：父母在家人或亲友面前表扬孩子，使他产生荣誉感；如果孩子连续一段时间表现得好，可以带他们去看电影、旅游或吃一顿他喜欢的饭等等。父母一个满意的微笑，一个赏识的眼神就有可能让孩子铭记一辈子。父母要引导孩子树立高尚的学习目的，向着更高的思想境界看齐，使孩子的学习经常有一股动力。如果非要给孩子一些物质的东西，最好是一两本新书或其他学习用具之类，不要让孩子单纯地将物质因素作为自己的学习动力。

父母要努力使孩子更关注自己的成长，一旦发现孩子的良好行为，就要及时给予褒奖，要注意引导他们朝自我成长的方向发展，而不要引导他们仅仅去谋取一些物质上的"蝇头小利"。

小故事

有一位女教师，长得很美。她的学生，特别是男生，都希望得到她的关心和重视。

女教师十分喜爱班上一个叫罗斯的小男孩，因为他的学习成绩突出，而且很守纪律。女教师安排他在毕业典礼上致词，并亲吻他，祝愿他走上成功之路。

可是，这一吻却引起了一个比罗斯低一年级的小男孩的羡慕，或者说嫉妒，他对女教师说："我也要得到你的一个吻。"

女教师很惊讶，问他为什么。小男孩说："我觉得我并不比罗斯差。"

女教师听了，微微地笑着，摸摸他的头说："可是，罗斯成绩很好，而且很守纪律。"女教师接着说，"如果你能和罗斯一样出色，我也一定会奖你一个吻。"

小男孩说："那咱们一言为定。"

小男孩为了得到女教师的一个吻，发奋学习，成绩提高很快，而且发展全面。全校都知道这个小男孩越来越出色。他如愿以偿地得到了那个美丽的女教师的一个吻。

这个小男孩名叫亨利·杜鲁门。长大后，他的最高职务是美国总统。

更富传奇色彩的是，当年那个叫罗斯的小男孩长大后也进了白宫，成为杜鲁门总统的助手，专门负责文字方面的工作。

伟大的一吻，激励两个孩子成为杰出人才，其激发力远远胜过物质上的奖赏。

6. 模仿效应：模仿是学习的基础

模仿，是人类最基本的学习手段，也是人类创造发明的基础。人在婴儿时期就表现出了爱模仿的天性，例如孩子的咿呀学语，就是对成人语言的模仿。

养育孩子，也应从培养模仿能力做起。

认识"模仿效应"

生活中每个人都有过模仿行为，就是有意或无意地效仿和再现与他人类似的行为。比如看见别人留长发，自己也留长发，看见别人穿牛仔裤，自己也穿牛仔裤，等等。

从心理学上说，模仿是每个人都具有的一种心理机制，或者说是一种本能。

例如，在一个行人很多的路口，当人行横道的信号变为红灯时，大家都在等待红灯变绿。如果有一个人率先闯红灯走过路口，就有许多人模仿这种行为，大家纷纷不顾红灯，跟在那个人后面一个接一个地走过路口。

大家都知道红灯时不应该过路口，如果没有一个人过，大家都会等待红灯变绿，但如果有一个人闯红灯，那么大家就会想"他过了我为什么不能过？他没有受到惩罚，那我过也没关系"。就是说前面的人给后面的人做了示范，后面的人就模仿前面人的行为。

由于"模仿效应"，模仿者身上所出现的行为变化通常可分为四类：

（1）塑造效应。指模仿者通过对榜样的学习，学会了以前不会的一些新东西。

（2）抑制－去抑制效应。指模仿者由于看到榜样受奖或受罚而抑制或不抑制某种行为。这种情况下模仿者没有学得新东西，只学会在适当条件下表现或抑制原先已经掌握的行为。

（3）引发效应。指模仿者表现出与榜样行为有关的行为。

（4）涟漪效应。榜样行为波及一群人。如班级学生看到个别学生破坏规则而未受处理，就会模仿破坏规则行为。如果破坏规则的学生是班级有地位的人物，那么波及面就更大。

模仿效应在教育中非常重要，它是学习的基础。实际上，从孩子出生的第一天起，他就开始模仿大人了：首先是模仿大人的面部表情和发音，然后是身体运动和话语的模仿。人刚生下来就像一张白纸，我们之所以学会了各种各样的技能、思想和行为方式，很大程度上要归功于模仿。

小故事

很久以前，有一户人家，家里有五口人，三代同堂，爷爷奶奶、爸爸妈妈和一个儿子。

爷爷、奶奶七八十岁了，老了，走不动了，爸爸妈妈很讨厌他们，觉得是一个包袱。两人一商量，决定把爷爷奶奶丢进大山里去。

一天晚上，他们把爷爷奶奶装进一个大竹篮里抬进了大山。当他们正准备把爷爷奶奶扔下不管时，他们的儿子在旁边说话了："爸爸妈妈，你们把爷爷奶奶丢在大山里，这个大篮子也不要扔了。"

爸爸妈妈感到很奇怪，问儿子："为什么要把篮子带回家？"

儿子回答："等你们老的时候，我也要用这个大篮子抬你们进山，把你们丢进大山里。"

爸爸妈妈听了，心里慌了，赶紧把爷爷奶奶抬回家，好心侍候，再也不敢不孝敬父母了。

给孩子树立一个榜样

孩子年龄尚小，还没有获得基本的生活经验，他们的思维方式以具体形象思维为主，难以理解抽象的概念，也很难理解父母的说教。而榜样与示范可以让他们有形可循、有样可学。例如，孩子看到哥哥举止有礼貌，得到了妈妈的赞许，他也会乐于学习这样的榜样。孩子的年龄越小，榜样的感染力就越大。

因此，父母在教育孩子的时候，与其让孩子记住规则，不如给孩子树立一个榜样。如果你把孩子熟知的人所做出的正面的和负面的榜样，指出来给他看，同时告诉他为什么那样是好的或坏的，可能比你的单纯说教更有效果。

可以供孩子们学习的榜样很多。比如，领袖和英雄模范人物，父母和教师，同学朋友中的好典型，电影、戏剧、文学作品中的好典型，等等。

在这些榜样中，父母的榜样、示范作用是最重要的。前苏联著名教育家马可连柯曾经讲过："一个家长对自己的要求，对家庭的尊重，对自己每一行为举止的注重，就是对子女最首要的、也是最重要的教育方法。"父母是孩子的第一任老师，父母的行为举止，对孩子起到潜移默化的影响作用。

电视上曾播出过这样一则公益广告：一个贤惠的儿媳给婆婆洗脚，这一切被幼小的儿子看在眼里，也效仿妈妈的样子，为妈妈打来了洗脚水。这位妈妈的行为为儿子上了一堂生动的家庭教育课。

孩子出生以后，首先接触的是父母及其家庭成员，其最初形成的行为习惯几乎都是从模仿家长而来的。在孩子的成长过程中，父母起着全方位、立体化的示范作用。父母的一言一行，犹如一本没有文字的教科书，潜移默化地影响着孩子。在孩子面前，家长从自身的思想品德到生活小节，都不再是小事。要教育孩子具有较高的社会公德，家长自己就要努力成为这样的人。正如俄国伟大的文学家托尔斯泰所说："教育孩子的实质在于教育自己，而自我教育则是父母影响孩子最有力的方法。"

据各地调查资料显示，多数儿童的不正确饮食习惯与父母的不良饮食习惯有关。现在孩子的磨蹭行为，是让许多家长头疼的事情。但是孩子的这种行为不是天生的，有相当一部分与父母自身行为密切相关。有些家长喜欢边吃饭边看电视节目或书报，这种行为就往往会使孩子养成三心二意注意力不集中、办事拖沓的不良行为习惯。

很多家长也知道自己是孩子的第一任教师，懂得"榜样的力量是无穷的"。但是怎么给孩子树立一个好的榜样呢？有的家长会认为第一任教师就是督促孩子学好功课，孩子不懂的，讲给他听，不会做的，教给他做；孩子有缺点、错误，要批评他、教育他，孩子有优点、进步，要表扬他。这些固然是应该做的，但是并不仅仅限于此。因为单凭空口说教不仅收不到预期效果，有时还会使孩子产生逆反心理——你让他去东，他偏去西，对父母的话产生反感。相反，那些天天晚上都拿出一定时间伏案读书、钻研业务的父母，孩子们大多会自觉地学父母的样子，去认真做功课。

家教故事

李远哲是著名的华裔美籍化学家。1986年，其因为改进并发展了交叉分子线束的方法，在分子反应动力学研究领域做出了突出贡献，获得诺贝尔化学奖。

小时候，李远哲就具有绘画天赋。他的父亲是一个有名的画家，从小到大耳濡目染，他从父亲那里掌握了不少画艺，绘画水平提高很快。他希望将来能当一名画家，画出轰动世界的名画。

然而，李远哲的童年，是台湾局势非常动荡的时期。父亲清楚地知道，当画家没有什么出路，甚至连生存下去都很困难。他对儿子的选择感到担忧。

一天，当远哲从画室里出来后，父亲喊住了他："远哲，到我房间里来，我有事要和你谈谈。"

远哲知道，父亲这样郑重其事地找他谈话，一定有什么重要的事，心里有些忐忑不安。

走进父亲的房间，父子俩相对而坐。父亲用手拍了拍远哲的肩说："孩子，你已经慢慢长大了，爸爸想知道你以后准备从事什么职业。"

远哲回答："爸爸，我想做画家，这个你是知道的。"

父亲说："远哲，我知道你有绘画天赋，爸爸也愿意把你培养成一个画家。可是，你还不明白，一个人从事的职业应该与现实结合起来。现在，台湾局势不稳定，单靠画画恐怕连吃饭都成问题。爸爸建议你改变一下奋斗方向。"

听了父亲的话，远哲的脸色凝重起来。一直以来，他的理想是成为一名画家，并为此付出了很大努力。

父亲看出了儿子的心思。他不急于要儿子表态，而是递给他一本《居里夫人传》，说："这是一本写女科学家的书，你拿去好好看看吧，它可能对你有启发。"

远哲拿着这本书，心情沉重地回到自己的房间。晚上，他久久不能入睡，要不要放弃自己多年的爱好呢？父亲的话又不无道理。他内心矛盾万分。"远哲随手翻开《居里夫人传》，从头到尾地阅读起来。渐渐地，他被居里夫人的事迹打动了。"她的祖国也是如此的多灾多难，但她所做的一切对全世界人民是多么伟大的贡献啊！做人就应该做一个像居里夫人这样的对全世界许许多多人民有贡献的人。画画是我的爱好，但科学将会成为我的生命。"他已下决心，要像居里夫人那样做一名科学家。

几十年后，李远哲也像居里夫人那样站在了诺贝尔奖的领奖台上，成为一位举世闻名的大科学家。

鼓励孩子独立思考问题

"模仿效应"对孩子的成长有一定的积极意义，但"模仿"是一把"双刃剑"，在某些方面的模仿对孩子只能起到消极的作用。例如，当孩子身边有人表现出某些不良行为时，孩子很容易通过模仿，并且沾染上种种恶习。因此，父母要教导孩子：要有自己的判断力，即在做事情的时候，不管其他人怎么做，自己心中应该有评判事物的价值观和标准，而不应该盲目地跟从别人。

"模仿效应"在家庭教育中的消极意义主要表现在两个方面：

（1）随大流。例如，一些孩子爱攀比，看别的孩子穿名牌服装，自己也想穿。如果父母对其进行教育，孩子就会辩解："别人家的孩子都有，所以我也要买。"孩子甚至很聪明地掌握了父母的心理弱点：不愿意孩子被别人看不起，别人孩子有的东西自己的孩子也应该有。

要避免孩子的这种行为，父母首先要摒弃自己没有意义的虚荣心。当孩子用"别人如何如何"来狡辩时，只要事情是不应该做的，父母就该理直气壮地说："还有更多的孩子没那样做！""别人家孩子有的玩具，你不一定也得有！"从而杜绝孩子的借口。

（2）模仿影视作品中的不良行为。有的孩子在看完一部电影电视后，就会在游戏时，学剧中坏蛋的模样、装束、腔调，更严重的，学习他们的行为。比如世界上年龄最小的银行抢劫犯——一个9岁的孩子，就是因为刚看过一部关于银行抢劫的侦探片，觉得有趣就去模仿，而导致了犯罪行为。这种有害的模仿是需要父母警惕的。

还有的孩子有时会迫于同伴的压力，去做错事或染上不良的习惯。这时，父母一方面要帮助孩子远离这些不良朋友，同时要鼓励孩子独立思考问题："在做任何事情之前，都要想想做了这些事你会成为什么样的人。跟朋友在一起时，不管在什么情况下你都要带着自己的脑子思考。"使孩子避免受不良朋友的影响。

（3）对明星的盲目崇拜。青少年由于其认知和心理发展特点，他们更容易被歌星、影星的形式化、表面性的形象所吸引，并且模仿他们的行为。一般来说，这种对明星的喜爱并无不可，但如果发展到"追星"，对孩子的成长是不利的。例如有女生特别喜欢张国荣，只要是他的CD就买，有他的相片、图片就收藏，有张国荣的电视节目就看……甚至到了废寝忘食的程度，学习成绩也受到了影响。在张国荣去世那段时间里，该女生悲痛欲绝，几乎也想自杀。这种"追星"现象，就要引起父母的注意了。

父母应该教会孩子辩证地看待明星，不能极端化。要让孩子知道，明星能引起人们的好感、关注，的确是有某些可爱之处；但是明星也不是完人，在很多方面可能跟普通人没什么两样，他们身上也可能有一些不好的思想和行为，并不值得效仿。对于明星的崇拜，应该适度和理性。父母要引导孩子，去关注明星为成功付出的努力，为自己树立良好的楷模。

如果发现孩子有追星现象，并且因此耽误了学业，父母要及时觉察，慢慢对孩子进行心理开导，把他的心思引回正路。

此外，父母可以引导孩子以科学家为榜样，让那些贡献突出的科学家、企业家、文学家"走进"孩子的心中，帮助孩子树立崇高而远大的理想，努力学习，追求事业的成功。

家教故事

著名女演员兼畅销书作家玛萝·托马斯从小就梦想和他的父亲丹尼·托马斯一样，成为出色的演员。后来，玛萝终于在一部影片中担任女主角而大获成功，但是成名的喜悦和兴奋很快就被痛苦所代替，因为玛萝发现所有记者对她的采访都是以父亲的背景为焦点。

　　"我会像父亲一样成功吗？我会受欢迎吗？"一下子，玛萝信心全无。

　　有一天，玛萝鼓起勇气对父亲说："爸爸，当我说出下面的话时，请不要怪我。我想改名字，虽然我很爱你，但我不想再当什么托马斯了，我不想活在托马斯的阴影之下。"

　　父亲沉默了很长一段时间后，平静地对她说："我期待你成为一匹好马。你知道吗？一匹好马在奔跑时，它的头上是带着眼罩的，这样一来，它的目光就会保持向前直视，可以防止周遭的干扰，直直走自己的路。我期待你能成为一匹良马，按照自己的道路前进，不要理会那些拿你和我或其他人比较的言论。"

　　第二天晚上，玛萝准备演出前，父亲送给她一个盒子，里面装有一个旧的马的眼罩和一张字条，上面写着："走自己的路，孩子。"

　　在父亲的鼓励下，玛萝托马斯终于坚持了下来，并且成为一位演技高超、受人喜欢的演员。

第四章　培养孩子的健康心理

孩子健康心理的培养比对孩子身体的关心更为重要，孩子只有具备了健康的心理，才能挑战未来，走向成功。

——[美国]布鲁尔·卡特

 1、禁果效应：被禁止的更有吸引力

心理学家的研究发现，越是难以得到的东西，在人们心目中的地位越高，价值越大，对人们越有吸引力。轻易能得到的东西或者是已经得到的东西，其价值往往会被人忽视。

 认识"禁果效应"

"禁果"一词来源于《圣经》，它讲的是夏娃原本对智慧树上的果实熟视无睹，但上帝着重强调不准任何人偷摘果实，这引起了夏娃的注意和兴趣，最终偷吃了禁果，而被上帝贬到人间。人们把这种被禁果所吸引的心理现象，称为禁果效应。

所谓禁果效应，指越是禁止的东西，人们越要千万百计地得到手。有一句谚语："禁果格外甜"，说的就是这个道理。

"禁果效应"存在的心理学依据在于，无法知晓的"神秘"事物，比能接触到的事物对人们有更大的诱惑力，也更能促进和强化人们渴望接近和了解的诉求。我们常说的"吊胃口"、"卖关子"，就是因为受传者对信息的完整传达有着一种期待心理，一旦关键信息的空缺在受传者心里形成了接受空白，这种空白就会对被遮蔽的信息产生强烈的召唤。这种"期待—召唤"结构就是"禁果效应"存在的心理基础。

在古希腊神话故事中，有位叫潘多拉的姑娘从万神之神宙斯那里，得到一个神秘的小匣子，宙斯严令禁止她打开，这就激发了姑娘的猎奇和冒险心理，一种急欲探求盒子秘密的心理，使她终于将它打开，于是灾祸由此飞出，充满人间。潘多拉姑娘的心理也就是所谓的"禁果效应"。

在家庭教育中，我们常常会遇到这样的情况，妈妈对一个不到一岁的孩子说："不要扔奶瓶啊。"结果孩子听后马上"啪"地把奶瓶扔了。

"不要把那积木放进嘴里！"孩子听后马上把积木塞进嘴里。妈妈的"不要"最后都成了提醒孩子"要"。

为什么会是这样的结果呢？因为家长对孩子的威胁，只能诱发孩子的挑战性，孩子最终就以反抗家长意志的行动，来证明自己并不是胆小鬼。

"禁果效应"告诉父母：如果对被禁止的事情披着捂着"捉迷藏"，孩子往往会寻根问底闯禁区，探个究竟试试看。因而家长在教育孩子时，不宜硬性禁止，而应该注重引导。首先别把不好的东西当成禁果，人为地增加对孩子的吸引力；其次是要把孩子不喜欢而有价值的事情人为地变成"禁果"，以提高其吸引力。

小故事

在很长一段时间，法国都没有推广土豆的培植。因为，宗教界称土豆为"鬼苹果"，只因它生长在黑暗的地下；医生认为土豆是在土里生长的，由于像附在根上的瘤，于是认为它可能对人体健康有害；农学家则断言由于土豆大量吸食土壤中的养分而会使土地变得贫瘠。所有这些断言和假设为"鬼苹果"披上了一层神秘的面纱。

著名的法国农学家安瑞·帕尔曼彻在德国当俘虏时，有幸吃过土豆，从而改变了对它的看法。回到法国后，他决心要在自己的故乡培植它，可是"鬼苹果"的害处在人们脑海中已经根深蒂固，很长时间他都未能说服任何人。面对人们的偏见，他一筹莫展。

后来，帕尔曼彻决定借助国王的权力来达到自己的目的。1787年，他终于得到国王的许可，在一块出了名的低产田上栽培土豆。帕尔曼切发誓要让这不招人待见的"鬼苹果"走上大众的餐桌！他耍了小小的花招。

帕尔曼彻请求国王派出一支全副武装的卫队，每个白天都在那块田地严加看守。这异常的举动撩拨起人们强烈的偷窃欲望。当夜幕降临，卫队撤走之后，人们便悄悄地摸到田里偷挖土豆，然后，再小心翼翼地将它移植到自家的菜园里。每晚，土豆田里都能迎来一些轻手蹑脚的偷窃者。就这样，土豆在法国得到了推广。

帕尔曼彻终于凤愿得偿。

正确对待孩子的逆反心理

孩子进入青春期后，一天天长大，父母会突然发现不知从什么时候起，孩子不听话了，甚至还可能与家长"对着干"。你要东，他偏朝西；你要西，他偏朝东。这种现象在心理学上称之为"逆反心理"。

孩子进入青春期后，无论是在生理上还是在心理上都发生了很大的变化，这个时期也被称为"心理断乳期"。他们认为自己已不是小孩而是大人了，独立活动的愿望变得越来越强烈，他们一方面想摆脱父母，自作主张；另一方面又必须依赖家庭。这个时期的孩子，由于缺乏生活经验，不完全恰当地理解自尊，强烈要求别人把他们看作是成人。如果这时家长还把他们当小孩来看待，无微不至的"关怀"，啰啰嗦嗦地"叮咛"，他就会厌烦，就会觉得伤害了自尊心，就会产生反抗的心理，就会萌发对立的情绪。如果父母在同伴和异性面前管教他们，那么，他们的"逆反心理"会更加强烈。

这一时期，父母与孩子的冲突开始日益明显，很多家长常抱怨孩子越来越不听话了，整天不想回家，不愿与家长说心里话、交换想法，做事比较任性；而很多孩子则说，父母一天到晚唠唠叨叨，烦死人了！规定这不许，那不准，真讨厌！显然，子女和家长在"对着干"。

其实，对于孩子的种种反抗行为，并不是表示对父母的厌恶，而是出于独立的需要。做家长的，不能光满足于表面上了解孩子，更不能强行压制，以免矛盾激化。父母应该以冷静、民主的态度，在心理上对孩子多加关心和爱护，使之能健康成长。

（1）理解孩子、尊重孩子。家长老师对孩子的行为不要妄加干涉，不要伤害孩子的自尊。如果需要孩子必须遵守的规则，也不要用命令的口气，如"一定要这样"或"不许那样"等，而要以平等的态度，征询孩子的意见，给孩子留出选择的余地。

（2）从孩子的角度考虑他们的问题。多从孩子的角度考虑要求是否合理，语气是否容易接受，如果能理解孩子的想法和要求，就不至于对孩子的一些行为感到无所适从，也能更懂得尊重孩子的心理发展。家长和教师不应太主观，对孩子的威信并不表现在孩子一定要服从命令。

（3）少命令、少说"不"。经常发命令给孩子，会让他们感到太受控制和约束，不能发挥自己的能力，经常否定或者对孩子说"不"，容易挫伤孩子的自信和积极性，使孩子产生抵触情绪，增强固执的强度。家长还应分出轻重缓急，平时不轻易命令，一旦比较严肃的命令，孩子就会意识到这是必须遵守的事情，也就比较容易服从。

（4）用语言和行为鼓励孩子。常用口头赞扬、满意的表情，拥抱加以赞扬鼓励，及时肯定孩子的恰当行为，使孩子知道什么是应该坚持的，什么是不应该坚持的，从而有利于良好行为的巩固。当命令和讲道理无效时，可设法转移其注意力，用另一种使孩子感兴趣的事来吸引他。

家教故事

　　宋朝时，大散文家苏洵的两个孩子苏轼和苏辙自小十分顽皮，不爱读书，老苏劝说多次也没有效果。苏洵决定改变教育方法。

　　从此，每当孩子玩耍时，他就躲在角落里看书。而当孩子们一跑过来，他就马上把书"藏"起来。苏轼和苏辙很奇怪，以为父亲一定瞒着他们看什么好书。两人出于强烈的好奇心，趁父亲不在家时，把书"偷"出来仔细研究，从此逐渐养成读书的习惯，切切实实感受到了读书的无穷乐趣。

诗苏轼和苏辙长大后，由于学识渊博，和父亲一起跻身"唐宋八大家"之列。

青春期的性心理教育

古人曾说"食色性也"，德国大诗人歌德也曾说过"哪个男子不钟情，哪个少女不怀春"。可是在中国，家长们仍然是谈"性"色变！

很多父母认为，孩子对性的了解是水到渠成的事，无师也能自通。据一项调查显示，1/3的母亲在其女儿初潮前没有告诉过孩子如何处理。这些家长错误地认为，对孩子进行性教育是破坏孩子的纯洁性，会在无意中起到不良的教唆作用。甚至在学校，老师对性教育也是讳莫如深，上生理卫生课时，一讲到生殖系统，老师就不讲了，让学生自己看。即使在大城市，虽然有的学校开设了性教育课程，可是大多数仍停留在生理知识讲授上，而没有注意对学生进行心理辅导及性道德教育，性教育的内容和效果非常不理想。

青春期的孩子有着太多的性困惑。随着第二性征的出现，青少年性生理渐渐成熟，而性心理却是一片空白。如果学校和家长没有针对他们的成长发育进行性教育，他们便会主动去寻找。处在多媒体时代的青少年，对来自各种途径的性知识很难分清良莠，他们容易在对性和两性交往的神秘感和好奇心的驱使下，自己去尝试、体验。如果在这个自我寻找的过程中，孩子从其他渠道接受片面的、似是而非的以及色情淫秽的内容，很容易造成性观念和性行为的偏离，妨碍青少年身心健康的发展，甚至误入歧途，做出自己追悔莫及的傻事或错事。

家庭、学校、社会对青少年性教育的遮遮掩掩、欲言还休，使"性"在孩子的眼中变得愈加神秘，偷吃"禁果"也就不难理解了。更让人心痛的是，青少年的性行为由于缺乏必要的自我保护意识，很容易对身体造成伤害。媒体曾披露了一条令人震惊的消息：一名13岁女孩生下足月婴儿，而婴儿的父亲是她的同班同学。据了解，在北京市妇产医院中期引产的病例中，未婚女青年接近一半，其中14%左右年龄在20岁以下。

每个青少年到了青春期，都会遇到性问题，这是不能回避的。因此，结合孩子的身心发育特点，对孩子进行性生理、性心理、性道德等知识教育是十分必要的。父母是对孩子最有影响力的人，也是承担子女教育的最佳人选。因此，父母对孩子进行性教育责无旁贷。

（1）对两性话题不能遮遮掩掩。对青少年性成熟所导致的各种行为不能感到大惊小怪，正视所谓"恋爱"问题。应该认识到，对性的需求是正常的生理需要，是不可压制的，违反自然规律去办事自然会造成内心的冲突和不安。

当孩子问及有关性的问题时，父母应坦然面对，而不要总说些似是而非、模棱两可的话。父母在性教育问题上羞于启齿、不知所措，就难以正确引导孩子，甚至有可能在青少年的性心理、性观念的形成过程中投下阴影。

（2）性教育应从儿童期开始。儿童时期的小孩就对男女性器官不同产生了好奇心，父母应该多读一些有关性知识的书籍，或者向专家求教如何正确解答孩子提出的有关性的困惑。

在幼儿期和小学一二年级时就可以让孩子知道性生理，如性器官、生殖原理，这时的儿童自身的性觉还没有形成，父母也不会面对性发育成熟的孩子遭遇"性"的尴尬。随着年龄增加再逐步开展性心理和性伦理教育，可以造就孩子健康的心灵和人格。

（3）鼓励孩子要"走出去"。鼓励孩子走出自己的小圈子，与大家交朋友。不能仅与一个异性交往，要接触更多的异性，要与所有人交往。在这样的交往中，看到的是众多优点的集合，如开朗的性格、乐观积极向上的态度。这样，孩子不用幻想和谁独自相处，每天都与"他"（或"她"）在一起，每一个"他"（或"她"）都能给予自己很多帮助。这样会消除异性之间的神秘感。

（4）让孩子从正确渠道学习性的知识。让孩子从书本、正规网站、家长、老师中了解正确的性知识，满足对性的好奇心和求知欲。

2. 晕轮效应：评价孩子要避免以偏概全

有这样一则笑话：

有一天，一个老师上课，发现两个学生在睡觉，他们都把书铺在自己的面前，结果老师把其中的一个差生叫起来批评说："你看看人家（指着另一个睡觉的学生，平时成绩很优秀），人家睡觉还看书呢，你倒好，一看书就睡觉。"

这个笑话虽然有些夸张，但现实生活中，这种以偏概全的现象却经常发生。

认识"晕轮效应"

1920年，美国心理学家爱德华·桑代克借用月晕这一自然现象，提出"晕轮效应"的概念。桑代克认为，人们对人的认知和判断往往只从局部出发，扩散而得出整体印象。一个人如果被标明是好的，他就会被一种积极肯定的光环笼罩，并被赋予一切都好的品质；如果一个人被标明是坏的，他就被一种消极否定的光环所笼罩，并被认为具有各种坏品质。这就好像刮风天气前夜月亮周围出现的圆环（月晕），其实呢，圆环不过是月亮光的扩大化而已。

"晕轮效应"也称为"光环效应"，指人们对事物的某种品性或特质有强烈的自我知觉，印象比较深刻、突出，这种强烈的感觉就像月晕形成的光环一样，向周围弥漫扩散，从而掩盖了其他品质或特点。

"晕轮效应"是一种以偏概全的评价倾向，是在人们没有意识到的情况下发生作用的。我们完全可以把"晕轮效应"通俗化为"情人眼里出西施"，也就是说，由于它的作用，一个人的优点或缺点变成光圈被夸大，其他优点或缺点也就退隐到光圈背后视而不见了。甚至只要认为某个人不错，就赋予其一切好的品质，便认为他所使用过的东西、跟他要好的朋友、他的家人都很不错。

美国心理学家凯利曾做过一个心理实验：让一位演讲者在某大学两个班

111

级分别做内容相同的演讲。演讲前，凯利对甲班学生说演讲者热情可亲，对乙班学生说演讲者不易接近。演讲结束后，甲班学生与演讲者亲密攀谈，而乙班学生则对演讲者冷淡回避。同一个人做同样的演讲，为什么会有如此不同的效果？原因就在于学生们受凯利的引导后戴上了有色眼镜，使得演讲者被罩上了不同色彩的光环。

在现实生活中，晕轮效应随处可见。热恋中的两个人，由于晕轮效应的影响，双方就会被理想化：男方变成了白马王子，女方变成了仙女下凡。此时，在恋爱双方的眼里，对方都变得完美无瑕，即使有某些缺点也变成了情人眼里的优点：脸色苍白称"洁白无瑕"，脸上黑痣称"美人痣"，纤细瘦弱称"苗条匀称"，身材肥胖称"丰满性感"。

在教育中，晕轮效应也很常见。当老师对某个学生有好感时，会觉得这个学生什么都好，吹牛说大话是口才好，善于表现则是表演能力强，即便是犯了错误也会给予最彻底的理解，"人非圣贤，孰能无过"嘛！

小故事

一位法国教育心理专家曾给上海的孩子出了一道题："一艘船上有75头牛，32只羊，那么船长的年龄有多大？"

专家断言，如果有学生做出答案，那说明学校把孩子教笨了。结果，超过90%的学生做出了答案，有的用减法：75-32=43（岁）；也有的用加法：75+32=107（岁）。只有不到10%的学生认为此题非常荒谬，无法解答。

当然，认为这题无法解答的学生是正确的，因为这道题只不过是一则欧洲笑话，不可能有答案。这些做出答案的学生在回答记者提问时说："老师出的题总是对的，不可能不能做。"

家庭教育要避免偏见

"晕轮效应"是一种对人、对事物最原始、最简单的认识。它是以直觉代替周密的观察、用情绪体验代替理智判断的认识方法。在"晕轮效应"的作用下，父母很容易在评价孩子的优缺点时一叶障目，以偏概全。这种由"晕轮效应"带来的教育偏见对孩子的成长是非常不利的。

人们常说"孩子是自己的好"。孩子在某些方面的优秀表现，往往使父母忽略或原谅了孩子身上的不足之处，而这些看似微不足道的不足，却有可能对孩子健康性格的培养造成不好的影响。例如，有个孩子生性调皮，爱吃零食，甚至通过借钱、骗钱来满足自己贪吃的欲望，可父母却认为这是孩子聪明的表现，将来一定会有出息。这种观念对孩子的成长十分不利，会助长孩子恶习的漫延。

面对自己的孩子，爱会让许多父母"失明"，使他们的评判标准具有明显的主观性。孩子是延续血脉的小火苗，在父母眼里就是美好的未来！孩子小的时候，父母多半会看到自己孩子的聪明伶俐、心灵手巧、博闻强记、英猛神武……好像这一切别人家的孩子都不会，即使会了，也没有自己的孩子做得好！而孩子身上那些或大或小的缺陷，却被成长中的喜悦和希望所淡化、掩盖。在父母的有意无意之间，孩子思想和行为中的种种缺陷便开始堆积并不断扩张，伴着孩子的成长，身上的各种缺点开始渐渐显现，甚至成了屡教不改的"顽疾"，父母这时才后悔莫及。

与这类认为"孩子是自己的好"的观点不同，有一些父母因为孩子的某些缺点，就对孩子全盘否定，断定孩子将来一定不会有大的出息。这种观念同样是错误的。一些调皮捣蛋的孩子，确实有这样或那样消极的品质和行为，也确实令人憎恨，以致有些父母恨铁不成钢，感到实在是不可救药。可事实上，没有人是一无是处的，任何人都有优点和缺点，父母的责任是去发现孩子身上的优秀品质，帮助孩子克服缺点，以得到好的发展。父母要把痛恨孩子的不良行为与痛恨其本人区别开来，即使这样做在情感上会一时难以接受，也必须这么做。

还有一种情况是，孩子的某些行为也许被父母误会了，如果是这种情况，父母的指责和痛恨只会让孩子更加伤心，对父母产生怨恨，使父母和孩子的关系处于崩溃的边缘。

为了取得更好的教育效果，父母一定要克服"晕轮效应"的消极作用。父母对孩子的表扬或批评，应有足够的信息量，而且要提高自己认知的深刻性。如果父母只是凭第一印象的认知或情绪共鸣，固化自己的认识，因此而"一俊遮百丑"或"一丑遮百俊"，这对孩子是很不公正的，会使孩子产生妄自尊大或是丧失自信，均不利于孩子的成长。

家教故事

拉蒙·卡哈是举世瞩目的神经组织学家，被称为"西班牙王国上空一颗光辉灿烂的巨星"。他的父亲是一名外科医生，后来通过刻苦自修当上了萨拉大学应用解剖学教授。卡哈小时候调皮，酷爱绘画，还喜欢养鸟、舞弄刀剑和玩打仗游戏。

有一次，他决定利用学得的知识，造一门"真"的大炮，并向邻居小朋友显显身手。然而，没想到这门"大炮"一发射，真的产生了不小的威力，把邻居家的孩子给打伤了，闯下了大祸。邻居们对他产生了很坏的印象，认为这是个不可救药的孩子，把他告到了警署。卡哈除了被罚款外，还被警方拘留，挨了三天饿。父母亦对他十分生气。卡哈从拘留所出来后，父亲让这个没治的"坏"小子辍学，先送去学理发，后又学补鞋子。

父亲毕竟是一个有远见卓识的人，在心情平静下来后，他开始反思自己的教育方式是否合适。做了一次坏事，并不代表孩子就真的一无是处、不可救药。孩子闯了祸是要管教，但不能因此而因噎废食。

一年后，父亲到补鞋铺接回了卡哈。他深情地对孩子说："爸爸做得不对，不该因为你闯了一次祸而中断你的学习，从现在起，你就在我身边学习吧，你会有出息的。"

从此，父亲担当起教育儿子的责任。他教孩子学习骨骼学，父子俩一起到墓穴中去控枯骨。没想到骨头的奇特形状一下子抓住这个"顽童"的心，他对骨骼学产生了浓厚的兴趣。此后，卡哈勤奋钻研，最终成为举世瞩目的神经组织学家，并荣获了诺贝尔奖。

学习成绩不是一切

受应试教育的影响，很多父母把孩子的学习成绩作为评价孩子好坏的唯一标准。如果孩子学习成绩好，就是优秀的孩子，父母自然也不会吝惜表扬加奖励；如果孩子学习成绩不好，不管其他方面怎么样，孩子的将来也一定没什么出息，父母自然少不了严厉的指责和惩罚。这就是用学习成绩代替一切衡量标准的"晕轮效应"。

更有甚者，有些父母甚至因为孩子的学习成绩不理想而搞得家里"战火纷飞"。有位女士，自己很好强，事事不肯落人后，偏偏孩子不争气，成绩处于中下游。每当有同事、邻居问起，就像当面羞辱她一样，心里窝了一肚子火。回到家，火山爆发了，对孩子非打则骂。有时丈夫看不过，劝说她几句，这下可就惹火上身了，甚至连"都是你家的孬种"之类伤人如利刃的话都抛过来了。丈夫家贫，没读过几年书，这下戳到痛处，顿时暴跳如雷。可怜老实木讷的孩子，处于风暴中心，不得不忍受内心的煎熬。

父母关心孩子的学业，当然没错。但完全以学习成绩来评判孩子的优劣是错误的。教育的责任是让孩子在学习中获得知识和快乐，而不能对孩子学习施以高压，更不能以学习为借口剥夺了孩子正当的娱乐、休息，扼杀了孩子们宝贵的兴趣、爱好。

一个人的成功并不完全由学习成绩的高低来决定。学习成绩主要考查学生两个方面的能力：逻辑思维能力和语言能力。而人的潜能是多方面的，其他的诸如人际沟通能力、领导管理能力、艺术创作能力、动手能力等，对一个人的成功也很重要，却很难在考试中体现出来。因此，以成绩论英雄，以成绩来评判孩子的好坏，是不科学的。

事实上，在只重视学业成绩的情况下，一些学生尽管成绩优秀，但在其学业智力发展时，其他方面的能力发展却相对滞后，属于"高分低能"型的畸形人才，长大后很难取得大的成就。有教育专家对中国的大学生毕业后的职场状况进行调查，发现自1977年到2006年的30年全国各省高考状元"全军覆没"，没有一个在从政、经商、做学问等方面做出突出贡献的。倒是那些成绩居于中上游的学生，学业智力和其他能力一直保持协调、平衡，在后来的工作中，反而能有出色表现，成为栋梁之材。

对于孩子，需要培养的东西太多了，创造性、社会性、幽默感、领导才能等，都非常重要。父母要充分了解孩子的特点，找出孩子的优势，采取与之相适应的个性化的教育方式。

"学习成绩就是一切"的观点对孩子的成长有害无益。父母不能只用一个标准去评价孩子，而要用更开放的眼光看待孩子的成长，把维护孩子的心理健康放在第一位，切莫舍本逐末，眼睛只盯着学习成绩，最后反而误了孩子。

家教故事

有一个出生的时候体质很差、脑袋出奇大的孩子，医生断定他得了脑炎症。孩子上学了，可是老师讲课的时候，他总爱问"为什么1+1等于2呢？"一类的问题。这些怪问题激怒了老师，以为他存心捣蛋，于是他被认为是坏学生。孩子的自尊心受到了伤害，由此而产生了厌学情绪。

不久，他考了倒数第一，终于被学校开除了。

这位孩子的母亲没有因为孩子的学习成绩不好而生气，更没有责备儿子。作为母亲，她决心挑起教育的重担。

母子俩一起，边晒太阳边上课，从自然科学到政治历史，科学家的故事和实验深深吸引着这个被学校遗弃的孩子。

这个孩子对什么都好奇，书本中关于科学实验的事例，他就照着琢磨，亲手实验。12岁的时候，他就在火车上自己卖报纸开始赚钱，并利用空余的时间做实验。没想到一次不慎失火，他被赶下了火车。

母亲依然理解和原谅他，这为孩子增添了无穷的力量，母子俩共同努力，建立了相对"安全"的实验室。

这个孩子就是大发明家爱迪生。

3. PAC心理状态：父母应善于调节心态

父母与孩子接触的时间较多，对孩子的影响也最大。父母的心理状态和行为表现对孩子的心理行为有直接影响。良好的心态结构和恰当的行为表现不仅可以提高父母的威信，而且有利于孩子的健康成长。

认识"PAC理论"

1964年，加拿大心理学家柏恩在《人们玩的游戏》一书中提出了PAC理论。PAC理论又称为相互作用分析理论、人格结构分析理论。

柏恩认为，个体的个性是由三种心理状态构成的，即"父母"心态、"成人"心态、"儿童"心态，这三种状态在每个人身上都交互存在，也就是说这三者是构成人类多重天性的三部分。因为在英语中，父母写成Parent、成人写成Adult、儿童写成Child，所以，三种心态分别取各个单词的第一个字母，简写为P心态、A心态和C心态，整个理论也简称为"PAC理论"。

"父母"心态以权威和优越感为标志，通常表现为统治、训斥、责骂等家长制作风。当一个人的人格结构中P成分占优势时，这种人的行为表现为凭主观印象办事，独断专行，滥用权威，讲起话来总是："你应该……"、"你不能……"、"你必须……"

"成人"心态表现为注重事实根据和善于进行客观理智的分析。这种人能从过去存储的经验中，估计各种可能性，然后作出决策。当一个人的人格结构中A成分占优势时，这种人的行为表现为：待人接物冷静，慎思明断，尊重别人，讲起话来总是："我个人的想法是……"

"儿童"心态像婴幼儿的冲动，表现为服从和任人摆布。一会儿逗人可爱，一会儿乱发脾气。当一个人的人格结构中C成分占优势时，其行为表现为遇事畏缩，感情用事，喜怒无常，不加考虑，讲起话来总是："我猜想……"，"我不知道……"

根据PAC理论，人与人相互作用时的心理状态有时是平行的，如父母—父母，成人—成人，儿童—儿童。在这种情况下，对话会无限制地继续下去。如果遇到相互交叉作用，出现父母—成人，父母—儿童，成人—儿童状态，人际交流就会受到影响，信息沟通就会出现中断。

每一种心态都不是绝对的好或不好：父母心态有权威、主观的一面，也有关心、爱护的一面；成人心态有客观、理智的一面，也有刻板、冷漠的一面；儿童心态有幼稚、冲突的一面，也有活泼、可爱的一面。

在家庭教育中，家长应根据场合需要，及时进行心态转换。

例如，在学习环境和学习过程中，父母应该用成人心理支配自己的行为，表现在：在家庭里，父母是核心，是家庭的决策者和管理者；在孩子学习时，父母是孩子学习的发动者、督促者、激励者和评定者。父母的言传身教对孩子有直接影响，父母必须客观、理智、以身作则，在严格要求孩子的同时，给孩子创造良好的学习条件和发展机会。

在生活环境和生活过程中，父母则应用"父母心态"支配自己的行为，也就是关心、爱护下一代。父母应当亲近孩子，关心、爱护、尊重、理解孩子，把孩子的饮食起居、吃穿住行挂在心上，尤其要在孩子生病时给予更多的关爱。父母对孩子的爱应当是自觉的、普遍的、持久的、细致的。

而在娱乐环境和娱乐过程中，父母则应以儿童心态为主，扮演孩子的朋友角色。这里所说的儿童心态，是指天真、活泼、真挚、可爱的一面。比如，在操场上、公园里和大自然中，在做娱乐活动时，父母应暂时放弃成人角色和父母角色，发掘出自己的童心，最好像儿童一样天真、活泼地融入孩子中，同孩子一起玩、一起乐。和孩子玩得尽情尽兴，身心充分放松，就容易拉近彼此的心理距离。

适时地运用PAC理论中的三种角色，使自己的心理状态和行为，能适应孩子的心态和需求，这样才能有效实施家庭教育的各种目标。如果父母总将自己的心态放在成人心态上不变，那么，孩子对你会敬而远之；如果家长总是父母的心态，孩子处处被管、被照顾，则出现厌烦和逃避的心态；如果家长总是儿童心态，时间长了威信也就没了。因此家长在家庭教育过程中一定要避免出现心态失衡，导致 PAC 理论出错位、僵化的现象。

好父母要懂孩子的心理

 小故事

在一列开往西北方向的火车上，一位作家问一位农民父亲："您把两个孩子都送进了重点大学，请问有没有什么绝招啊？"

农民父亲的回答出人意料"其实也没啥绝招……我只不过是让孩子教我罢了！"

原来，这位父亲小时候家穷没念过书，自然也就没什么文化教孩子，但他又不能由着孩子瞎混，于是就想出一个教育的办法。

每天等孩子放学回家，他就让孩子把学校老师讲的内容给自己讲一遍；然后孩子做作业，他自己也跟着在旁边做作业，弄不懂的地方就问孩子，如果孩子也弄不懂，就让孩子第二天去问老师。

这样一来，孩子既当学生又当"先生"，学习的劲头甭提多大了！哪怕是别人的孩子在外面玩得热火朝天，他家的孩子也不为所动。就这样孩子的学习成绩从小学到高中一路攀升，直到考上重点大学……

成为孩子的朋友

父母和孩子是血缘关系最近的人，但是这并不意味着父母和孩子的内心很贴近。有心理学家为了了解父母与孩子之间的心理距离，曾对1000名初三学生进行随机调查，结果是：71%的孩子认为父母不了解自己；28%的孩子不愿和父母讲心里话。在回答"你最亲近的人是谁"时，41%的学生回答是同学，28%的学生回答是老师，只有12%的学生回答是父母。

而对家长的一项调查也显示：有超过80%的家长感到自己和孩子之间存在距离和隔膜。

正是因为孩子与父母之间有隔膜，孩子不愿意对父母说出自己的真实想法，父母也由于不了解孩子而容易对孩子的行为产生误会，这些都会导致孩子的逆反心理，父母和孩子之间很容易出现分歧甚至冲突。

要想让孩子心甘情愿地听父母的话，仅仅有爱心是不够的，父母还必须会消除与孩子之间的隔膜。而要做到这一点，一个最好的方法是父母和孩子像朋友那样交往，使父母成为孩子的朋友、贴心人，孩子才愿意和父母进行交流，从而使教育目的更容易实现。

要成为孩子的朋友，父母应做到以下几点：

（1）与孩子有共同语言。父母要了解孩子喜欢的生活方式与兴趣，了解他们对人对事的见解，找到与孩子相似的地方。例如，孩子喜欢某位歌星或演员，兴致勃勃地向你讲述偶像的新闻，你就不要以自己的眼光和主观见解去说："真不明白你为什么这样迷他，我可觉得他没什么优点。"这样会让孩子觉得"父母既然不明白我，再说下去也没意思"，从此便不再与父母说他的偶像，转而去寻找与他有共同话题的朋友。

父母有必要去学习新的知识，多接触点流行的东西。比如流行的思想，流行的服饰，流行的技术，流行的音乐，以减小代沟，创造彼此信任沟通的渠道。

（2）和孩子处于平等的地位。父母如果在任何时候都摆出一副家长的架子，就容易和孩子形成人为的代沟，变得难以沟通。最好的方法是"蹲下来"，和孩子平等交流，缩短和孩子的心理距离。要和颜悦色地和孩子进行平等的对话，而不要总用命令、训导式的口气。

要尽量抽出时间来多陪陪孩子，无论多么忙，都要和孩子一起玩。不要以为把孩子送到学校了，一切都是老师的事情，回家就只督促做作业。当孩子做了不和自己期望的事情的时候，不要马上发火，先听听孩子的理由。

（3）对孩子说心里话。不要把话闷在肚子里，把心里的想法告诉孩子，同时听听孩子的建议。告诉孩子你多么爱他，让他知道他对你多重要，慷慨地把你的时间分享给他，但是在物质上不要"有求必应"。

（4）尊重孩子的隐私。父母要了解孩子，才能及时给孩子以正确的引导，但这种目的应当通过沟通的方式来让孩子袒露心扉，而不能侵犯孩子的隐私权。

孩子心中藏有秘密是很正常的事，说明孩子已经长大。父母应该以理解和宽容的心态来对待他们，不要苛求孩子把什么都告诉你，更不要通过翻看日记、跟踪等方式来了解孩子。

小故事

美国著名作家海伦·凯勒在刚出生时聪明可爱，深得父母喜爱。可是很不幸，在海伦一岁半时，一场重病（猩红热）夺去了她的听力、视力，接着她又丧失了语言表达能力，使她成了又盲又聋又哑的孩子。由于一直生活在无声的世界里，无法与别人沟通的窘境使小海伦变得脾气暴躁，喜怒无常。对此，她的父母无能为力。父母曾经不止一次地教导她，希望她能学会最起码的知识，可是都没有取得成功。

7岁那年，海伦·凯勒的生命出现了重大转机，改变她命运的苏利文老师出现了。

莎利文老师跟海伦很投缘，她们认识没有几天就相处融洽，而且海伦还从莎利文老师那里学会了认字。

有一天，莎利文老师在小海伦的手心写了"水"这个字，小海伦不知怎么搞的，总是没办法记下来。老师知道小海伦的困难在哪儿，她带着小海伦走到喷水池边，要小海伦把小手放在喷水孔下，让清凉的泉水溅溢在小海伦的手上。接着，莎利文老师又在小海伦的手心，写下"水"这个字，从此海伦·凯勒就牢牢记住了，再也没有与其他字搞混。海伦后来回忆说："不知怎的，语言的秘密突然被揭开了，我终于知道水就是流过我手心的一种物质。这个字唤醒了我的灵魂，给我以光明、希望、快乐。"

莎利文老师认为，光是懂得认字而说不出话来，仍然不方便沟通。可是，海伦·凯勒从小又聋又瞎，既听不见别人说话的声音，又看不见别人说话的嘴型。为了克服这个困难，莎利文老师替海伦·凯勒找了一位专家，教她利用双手去感受别人说话时嘴型的变化，以及鼻腔吸气、吐气的不同，来学习发音。当然，这是一件非常不容易的事，不过，海伦·凯勒还是做到了。

在莎利文老师的循循善诱下，海伦·凯勒最终战胜了自己，摆脱了命运的束缚，成为生命的强者。

教子要有好心情

孩子因为在学校发生了不愉快的事情，回到家里，把书包一甩，饭也不吃，一副要发脾气的样子。细心的妈妈一看就知道孩子有心事，但没跟孩子一般见识，而是耐心地询问原委，渐渐地，孩子平静下来，开始向妈妈诉说……

可是也经常会出现这样的现象，父母一看孩子不听话，气就不打一处来，大声训斥，狠狠责骂，甚至讽刺加棍棒，结果与孩子的对立越来越强烈，甚至出现孩子离家出走或自杀的恶果。

曾有一位初中女生说，她和母亲的关系已经恶化到相当严重的程度了。女儿让母亲非常生气，她一见女儿就烦，讽刺加责骂，女儿也反唇相讥，两人甚至不能同待在一间屋里。这位女儿为此非常苦恼，也可以想见，她的母亲的心情有多么糟糕！

教育孩子应该是一件十分轻松、十分愉快的事情，可是很多父母却陷入了忙碌和苦闷，一个很重要的原因是父母不会管理自己的情绪。没有人喜欢整天被呵斥和责骂，要想教育好孩子，首先父母要有好心情去面对孩子。

（1）给予孩子最大的包容。明智的父母一定要清楚，孩子的任性、犯错误都是有原因的，他有可能是一番好意却办了坏事，有可能只是无心之过而已，甚至有可能是父母误会和冤枉了孩子。在责骂孩子之前，保持平静的心态更有助于我们清晰地判断事情。

如果孩子不听话，父母就来气，不问青红皂白也跟着大发雷霆，就错过了教育的机会了。

（2）保持平衡的教育心态。教育要实事求是，也就是父母对孩子的能力要做到心中有数，不要要求过高，让孩子无法企及；也不要要求过低，让孩子感到要求乏力。

如何才能做到实事求是呢，这就要求家长不断提高综合能力和应变能力，抓住每一次教子成功或失败的经历，认真反思，总结经验，做到对症下药，因材施教。

（3）把教育中的受挫视为平常。孩子是一个在成长变化中的独立个体，生命没有定数，成长更没有保证。他可能会向着我们希望的方向发展，也可能与此相反。孩子的某些变化甚至在父母看来没有任何征兆，例如，有可能一向聪明听话的孩子开始迷上了网络游戏，迟到早退甚至酗酒闹事……父母要放宽心，预见孩子成长中所有的可能性，这样才能在孩子出现任何问题时都能保持心平气和。

孩子出现种种问题，其原因可能是出在家长身上，例如工作忙，没有时间与孩子交流；原因也可能是出在孩子身上，例如交了不好的朋友等。父母要保持冷静，分析原因，然后想出解决问题的办法。例如，可以陪孩子聊天、交流，让孩子摆脱与父母的抵触情绪，然后循循善诱，加以引导。

家教故事

　　著名的家庭教育专家周弘是赏识教育的倡导者，被称为"第一位发现孩子没有错的教育家"。他认为，任何时候，父母在教育子女时都要保持好心情。

　　有一次，上小学的女儿婷婷做了10道数学题，结果只对了一道。

　　周弘知道这一情况后，并没有马上责备女儿，而是拿过女儿的作业本，找到了那道唯一做对的题，打了一个大大的勾。而对那9道错题，周弘没有打叉。

　　周弘满怀深情地对女儿说："简直不可思议，这么小的年龄做这么难的题。第一次居然就做对了一道。"

　　婷婷露出了喜悦的表情："爸爸，你小时候，会不会做？"

　　"我肯定不会做，像你这个年龄，这么难的应用题，爸爸连碰都不敢碰。"

　　此后，周婷婷就有了学习数学的动力，她仅用3年时间就学完了小学六年的数学课程。升初中的时候，她的数学考了99分。

4、真爱法则：把爱撒到孩子心里

　　每一个孩子都是可以塑造的，只要我们多点耐心，让爱成为孩子坚持下去的力量，即便是顽石也会被塑造出各种美幻的形象。

教育的秘诀是真爱

　　著名教育家孙云晓指出："教育的秘诀是真爱。"美国"儿童问题"专家、教育学家威廉·哥德法勃对布赖恩的成才归功于"真爱法则"。他说："爱，是一个孩子向前的全部力量，教育的秘诀就是爱，教育的捷径就是爱之路。很多家长老师对调皮捣蛋的孩子进行教育后看到没有任何效果，就认为这些孩子无药可救了，于是家长老师也就失去了耐心，放任自流，结果只能使孩子流浪在犯罪的边缘。"

前苏联教育家苏霍姆林斯基说得好："要善于爱孩子，教育的真谛是爱，爱的真谛就是给孩子以精神上的温暖、关怀、鼓励和帮助，而不是其他任何东西。"

如果说，孩子的到来为这个世界增添了一缕曙光，为家庭增添了一份希望，那么，父母没有理由不去百般呵护他，没有理由不去全心爱护并竭力教育他，使之成为栋梁之材。

教育孩子要从自己开始，罗曼·罗兰说过："要把阳光撒到别人心里，自己心里得有阳光。"父母要从内心接受孩子调皮捣蛋的行为，倾注全部的爱去浇灌孩子幼小的心灵，给孩子以无微不至的细心呵护，并时时警惕他们在道德品行上可能出现的偏差。

世界著名的瑞吉欧学前教育系统的创始人马拉古兹认为，孩子有一百种语言、一百只手、一百个念头、一百种思考方式和表达方式。孩子们的每种声音、每个动作，乃至不同的手势都代表着不同种类的语言。只有让孩子充分张扬自己的多维"语言体系"，才能焕发孩子的内在智慧和各种潜能。而对父母来说，也只有通过全方位感受孩子的各种信息才能深入孩子的心灵。

威廉·哥德法勃认为："教育孩子最重要的，是要把孩子当成与自己人格平等的人，给他们以无限的关爱。""真爱法则"要求父母要用温暖的爱抚慰孩子，尊重孩子的选择，尊重孩子的一百个世界。父母要给娇弱的孩子以搂抱和亲吻，使他感到父母的温暖；给活泼开朗的孩子鼓励和帮助，让他体验父母的亲切；给胆小的孩子留下无拘无束的空间，使他感到快乐自由……

爱孩子是一门学问。父母给予孩子的应该是真爱。这种真爱，是以关怀为起点，以理解为基础，以尊重信任为核心，以严格要求为原则的爱，这才是父母给予的真正的爱。这样的爱能使孩子感受到无限的温暖，成为他积极上进、健康成长的力量。

小故事

25年前，有位教社会学的大学教授，曾叫班上学生到巴尔的摩的贫民窟，调查200名男孩的成长背景和生活环境，并对他们未来的发展做评估，每个学生的结论都是"这些男孩毫无出头的机会"。

25年后，另一位教授发现了这份研究，他叫学生做后续调查，看昔日这些男孩今天是何状况。结果根据调查，除了有20名男孩搬离或过世，剩下的180名中有176名成就非凡，其中担任律师、医生或商人的比比皆是。

这位教授在惊讶之余，决定深入调查此事。他拜访了当年曾受评估的年轻人，向他们请教同一个问题："你今日会成功的最大原因是什么？"结果他们都不约而同地回答："因为我遇到了一位好老师。"

庆幸的是，这位老师仍健在，虽然年迈，但还是耳聪目明，教授找到她后，问她到底有何绝招，能让这些在贫民窟长大的孩子个个出人头地？

这位老太太眼中闪着慈祥的光芒，嘴角带着微笑回答道："其实也没什么，我爱这些孩子。"

错误的爱

很多父母在有意无意之间都误解或错用了爱，例如，有一些父母，把"严是爱"理解为对子女独断权威式的教育，他们不顾及子女的感受，采取高压政策，家庭气氛比较压抑，压制儿童自由思维，使孩子唯唯诺诺。显然，这不是"真爱"。

也有些父母对孩子只是爱而不教，缺乏要求，缺少理智，过分宠爱。这些父母疼爱孩子，孩子"要什么就给他什么"，孩子要买东西就赶忙给他钱。父母的这种做法也不是爱，这只能是满足孩子一时的物质享受而已！真正的爱应该是去关怀他、帮助他、引导他，让他感受到亲情的温暖，这些不是金钱所能替代得了的！哲学家卢梭说过："不要对孩子百依百顺，那样会使孩子成为不幸的人。"

爱一旦超过正常限度，就成了"溺爱"。溺爱的害处很大，会使孩子身心发展产生严重缺陷，给孩子情感、意志、品德、性格等方面造成不可挽回的消极影响。娇子如杀子，溺爱放纵子女往往导致悲剧。孩子的成长需要父母的呵护和关爱，但爱孩子并不是肆意宠爱，让他想干什么就干什么。

在现代快节奏和生活、工作的压力下，有一些父母对孩子成长过程关注不够，他们一心为了追求事业的完美而忽略了孩子内心的需要。虽然他们会让孩子享受好的物质条件，而忘了深入了解孩子的情感世界，与孩子进行心灵的交流。久而久之，在缺少父母关注的家庭中成长的孩子就会产生许多心理疾病，如自闭、胆怯、不善交流、害怕见陌生人等，而且还会有一种陌生横隔在父母和孩子之间，阻碍孩子正常、健康成长。

对于正在成长的孩子，很多时候，和父母进行情感上的交流远远胜过物质上的需要，尤其是处在生理发育期的孩子，他们有太多的迷惑、欲望、兴奋、悲伤等情绪需要一个可信赖的倾吐对象，而父母无疑是最佳的人选。

孩子的尽情宣泄能够使他们的精神情感得到慰藉。譬如孩子在学习、生活的过程中，发现了一件对他来说很不寻常的事，像帮助同学解决了学习中遇到的难题，内心感到高兴愉快，或者第一次目睹了一起小车祸，或者在他周围发生了一件新鲜事等，他会很急切地想回家告诉父母，但是，当踏进家门时，父母却不在，整个家空空荡荡的，第一盆冷水已经浇在头上了，他会觉得若有所失，如果父母长期不在家，你能让他和谁去讲？

当孩子的感情没有地方宣泄，他可能会去酗酒、抽烟、玩游戏、交异性朋友，再下去就有可能产生社会问题了。我们经常可以见到一些孩子在学校滋事、打架，甚至被勒令退学时，而这些孩子总会遭到父母凶恶的责备："你怎么那么没出息""人家用功读书，你却每天鬼混，科科都不及格""爸妈哪一点不爱你，你要什么我给你什么，你还要怎么样？"这类父母的眼里只有父母的尊严，孩子的错误等一切责任都归于孩子的顽固，但就是忽略了最重要的一点：耐心深入细致地与孩子进行情感上的对话。

一个寓言

山脚下有一个湖，当地人叫它天鹅湖。天鹅湖中有一个小岛，岛上住着一位老渔翁和他的妻子。平时，渔翁摇船捕鱼，妻子则在岛上养些鸡鸭。除了买些油盐，平时他们很少与外界往来。

有一年秋天，一群天鹅来到岛上。它们是从遥远的北方飞来，准备去南方过冬的。老夫妇见到这群天外来客，非常高兴，因为他们在这儿住了那么多年，还没有见谁来拜访过。

渔翁夫妇为了表达他们的喜悦，拿出喂鸡的饲料和打来的小鱼来招待这些客人。于是这群天鹅就跟这对夫妇熟悉起来。在岛上，它们不仅大摇大摆地走来走去，而且在老渔翁捕鱼时，它们还随船而行，嬉戏左右。

冬天来了，这群天鹅竟然没有继续南飞，它们白天在湖上觅食，晚上在小岛栖息。湖面封冻，它们无法获得食物，老夫妇就敞开他们茅屋的门，让它们到屋里取暖，并且给它们吃的。这种关怀每年都延续到春天来临，直至湖面彻底解冻。

日复一日，年复一年，这对老夫妇就这样奉献着他们的爱心。有一年，他们老了，离开了小岛，天鹅从此消失了。不过它们不是飞向了南方，而是在第二年湖面封冻期间饿死了。

渔翁夫妇对天鹅的爱，绝对是无私而又真挚的，毕竟这些漂亮可爱的小生灵给孤寂的他们带来了慰藉与欢乐，帮助他们排遣了心灵的寂寞。在寒冷的冬天里，不能适应北方严寒的天鹅肯定也需要他们的照顾与呵护。

可是渔翁夫妇无论如何也没有想到，习惯了他们的爱护的天鹅一旦失去了他们的怀抱，结局将是十分悲惨的。在这个世界上，人人都赞美无私的爱，可是，有时爱也是一种伤害，并且是致命的。

正确的爱

父母爱孩子，就要关心孩子的健康、智力、道德和情感及个性等各方面的表现。在家庭中尊重孩子，了解孩子的心理，对孩子的行为既有约束又给以充分的自由和活动空间，家庭气氛宽松平等，善于倾听孩子意见并进行分析，区别对待。对孩子的合理要求给予满足，不合理的要求加以拒绝，决不因孩子哭闹而"屈从"。

爱孩子，很关键的一个问题就是父母的一致性。俗话说：一个管，一个护，到老不上路。如果父母对孩子的态度与要求是一致的，那么这种教育影响将呈现强有力的最佳状态。如果不一致，便可能导致父母威信互相抵消，对培养和形成孩子良好的品德和行为习惯都极为不利。

父母应该知道，对孩子的呵护和教育，仅仅有爱是远远不够的，应该用科学的方法教育自己的孩子。父母有权利和义务要给孩子快乐和远大的前途，不应该将自己的想法强加给孩子，更不要逼迫孩子按照成人统一的标准行事。只有让孩子用整个的身心去建构自己的心智和人格，孩子的眼睛才能越过家庭和社会所筑的"围墙"，孩子的脚步才能越过落后思想和精神的"围城"，走向成熟，最后走向成功。

父母在爱孩子的同时，也要教给孩子爱的能力。在孩子享受被爱的同时，要教会他奉献自己的爱心，即以同样的爱回报父母。只有让孩子由被爱向施爱转化，使孩子在父母之爱的熏陶下，由感激父母、牵挂父母，到想为父母做事、回爱父母，才能形成健康、热情、亲密、和谐的亲子关系。

中国的父母往往富有自我牺牲的精神，他们愿意把自己的一切都献给孩子，却从来不讲回报，这种境界固然高尚，但不是一种正确的家教方法，甚至是一种误导，其结果常常会事与愿违，适得其反，因为这种单向的爱会造成孩子的情感畸形。久而久之，孩子就习惯于父母关心自己，不知道自己应该关心父母，更不知道关心别人，唯我独尊。孩子养成了许多诸如好吃懒做、只知索取不知奉献等不良习气，缺少价值观和责任感，成为名副其实的"小皇帝"。

因此，父母对孩子不应当只是无条件地给予，也应当适当地索取回报。例如，父母要有意识地培养孩子从小尊重父母的劳动，懂得回报父母的爱，而不是让父母的爱"有去无回"。让孩子做一些社会工作，从事一些简单的劳动，从而培养孩子的社会价值观和使命感，这也是对孩子心灵的一种滋养。

只有让孩子在爱与被爱的环境中成长，才能形成良好的人格，成为孝敬父母，尊重他人，富有同情心，善于帮助别人的人。

家教故事

巴顿是英国著名的有机化学家，先后当选为英国皇家学会会员、美国国家科学院外籍院士、法国科学院外籍院士、中国科学院外籍院士。1969 年，因在"形成构象概念和把这些概念应用于化学所作的贡献"，与挪威科学家奥德·哈塞尔教授共同获得诺贝尔化学奖。

巴顿生于富贵人家，从小受到母亲的溺爱；家里的仆人也不敢招惹他，怕引起他的不满。时间一久，小巴顿就养成了一个任性的习惯，想干什么就干什么。

一是到了读书的年龄，该送小巴顿上学了。母亲心疼孩子，怕他在学校吃不了苦，受大孩子的欺负，想请一个高级家庭教师，来给儿子上课。但这要求被父亲拒绝了。父亲说："想想那些请不起家庭教师的孩子吧！我们为什么要给他这样的待遇？"

小巴顿被送到学校后，很快就觉得适应不了。与自己的家庭相比，学校是那样破旧简陋，特别是与在家里人人都迁就他的情况相反，这里的老师和孩子们一点也不买他的账，对他的任性非常不满，还严厉批评他的自以为是的行为。最糟糕的是，他没有朋友，小伙伴们都不和他玩耍。好不容易熬到期末，成绩单和评语送到家里来，全是负面的：成绩不好、人际关系非常紧张、与同学经常发生矛盾、不适应集体生活等等。

母亲不服气，认为学校对他的孩子有偏见。她再次要求请家庭教师辅导孩子。这时，父亲严厉地说："难道他人际关系糟糕、没有一个朋友也是冤枉他吗？他越是不能适应集体生活，就越是要培养这方面的能力。你难道打算让他将来单打独斗、一个人闯天下吗？这都是你长期娇惯他的结果。"父亲的一顿训斥，使母亲的请家庭教师的计划再次流产。

父亲经过再三思考，认为孩子的行为，与家庭溺爱有很大关系。为了让孩子彻底摆脱家庭的负面影响，最好把他送到寄宿学校去，让他在那里得到自立自理的锻炼。想到这些，父亲决定把小巴顿送到一家寄宿学校。那里实行严格的军事化管理，作息时间有规律。开始，小巴顿实在受不了那里的生活，在每月一次的探亲时，他都哭哭闹闹，要求退学，连母亲也感到非常伤心。

但是，父亲却一点也不改变自己的决定。他说："你越是受不了这里的生活，越证明你有必要过这样的生活。为什么别的孩子能受得了？孩子，你在优裕的生活中过惯了，这样对你的成长非常不利。只有过那样的生活，才能磨炼你的意志，纠正你的坏习惯。"当时，小巴顿对父亲简直恨之入骨。

不过，寄宿生活的确使小巴顿学到了很多的东西，得到了很好的锻炼。后来，取得了非凡成就的巴顿在回忆这段往事时，不无感慨地说："感谢上帝给了我一个严厉的爸爸。否则，我难以取得今天的成功。"

 5. 避雷针效应：及时疏导孩子的心理

现代社会，人们的生活水平日益提高，可是孩子们的心理健康水平却没有相应提高。一个可怕的事实是：教育专家发现，自杀已成为未成年人的第一死因，尤其是近几年，青少年自杀有明显的低龄化趋势。

父母要注重孩子的心理健康，培养孩子坚强的个性和良好的心理素质，并且学会处理孩子的心理危机。

 **避雷针的作用**

只要你留心，就能发现在许多高层建筑上都有个用金属做的、状如绣花针、针头向上直立的东西，这就是"避雷针"。

"避雷针"是由美国科学家富兰克林发明的，由一根数米长的细铁棒固定在高大建筑物的顶端，在铁棒与建筑物之间用绝缘体隔开，然后用一根导线与铁棒底端连接，再将导线引入地下。可别小看这状如绣花针、貌不惊人的东西，它具有引雷性能和泄流性能，能把云层上的电荷从保护物上方引向自己并安全地通过自己泄入大地，从而保证了保护物的安全。

在雷雨天气，我们有时会看到一些参天大树被雷电击倒，而周围的一些高塔、高楼等高层建筑却安然无恙。这是什么原因呢？

这些参天大树由于受到带大量电荷的云层的感应，也带上大量电荷，积累的电荷过多时，树就被击倒。在同样情况下，高层建筑安然无恙就要归功于"避雷针"了。

"避雷针"告诉我们一个道理：善疏则通，能导必安。

人在一生中，会产生数不清的意愿、情绪，而其中能实现、满足的却不多。对那些未能实现的意愿、未能满足的情绪，如果被压抑、克制，很可能成为隐藏在心理深处的"暗流"，就像蓄在水库里的水，越涨越高，在心理上形成强大的压力。要想它不外流，就要在心理上高筑堤坝，而这会使人在心理深处与外界隔绝，造成精神苦闷、孤独和窒息；或者，这股暗流冲破心理的堤坝，使人做出变态的行为甚至精神失常。

心理学家告诉我们，对待不良的情绪，与其堵塞不如疏导。当我们产生不良的情绪时，想办法将其宣泄出去，心灵才会恢复平静。例如心里有悲伤就找个适当场所，让眼泪痛快地流出。当然宣泄情绪也不能不计后果，不分场合，不顾影响，应该选择对其他人无害的方式。比如找人倾诉、写日记、唱歌、从事体育活动等。

避雷针给父母的启示是：最好的教育方法是进行疏导。孩子一天天长大，心里想的事情越来越多。孩子年龄尚小，对逐渐增大的压力常常感到无助和无奈。有些孩子在内心充满困惑和矛盾，感到烦躁不安的时候，甚至有想找人吵架的冲动。

作为父母要有一双敏锐的眼睛，随时洞察孩子的情绪变化。当发现他情绪低落或反常时，可以引导他寻找一种好的发泄方式，例如，父母与孩子进行心与心的交流；带孩子到野外登山或进行较激烈的体育活动，让他的情绪得以释放；主动离家一天，让孩子邀好友来家聚会，任凭他们疯狂地玩闹……

这些做法，不仅可以使孩子的情绪得以宣泄，恢复心理的健康状态，还可以拉近父母与孩子的心理距离。当然，对于不良的情绪，父母要提醒孩子不要拿别人当出气筒，要适可而止，不能失去理智。

小故事

第二次世界大战刚结束时，有人说杜鲁门总统比以前任何一位总统更能承担总统职务的压力与紧张，认为职务并没有使他"衰老"或消除他的活力。

杜鲁门的回答是："我的心里有个掩蔽的散兵坑。"他又说，如同一位战士躲进散兵坑以求掩蔽、休息、静养一样，他为了不让心灵承受很大的负担，也定时地退入自己的心理散兵坑，不让任何事情打扰他。

是的，每个人的心里都要有一个"掩蔽的散兵坑"，让自己的心灵得到及时的放松、休息。

引导孩子顺利度过叛逆期

不少父母都有这种感觉，自己原本乖巧的孩子一到十几岁的时候就开始越来越"叛逆"了。无论父母说什么话他们都不爱听，做什么事情都和父母对着干。父母对此感到很困惑：我的孩子怎么了？怎么越大越不听话了？

出现这种"叛逆"现象是孩子自我意识增强的一种表现。自从离开襁褓以后，孩子的独立意识和自我意识随着年龄的增长而增长，他们迫切需要摆脱父母的监护，摆脱所有"规矩"的束缚，因而事事不再依赖父母，喜欢按自己的想法做事，靠自己的能力解决问题。他们虽然幼稚，却过早地想用自身的行动来向父母证明"我长大了"，当他们的这种愿望未能实现或是一些需求未能得到满足时，他们就会产生逆反心理，甚至会采用一些过激的方法来维护自己的主张，例如，父母让孩子多吃蔬菜水果，孩子偏偏只挑荤的吃；父母让孩子好好学习，孩子偏偏故意把书扔进厕所……心理学家把孩子这个阶段称为"叛逆期"。孩子经历"叛逆期"是一件正常的事，事实上，每个父母也都是从逆反期走过来的，只是有些父母已经忘记了当时的感受，所以也无法理解孩子现在的逆反行为。

一般来说，孩子在成长的过程中，要经历两次"叛逆期"。第一次叛逆期出现在3岁左右，这时孩子的独立意识已经开始发展，他们对成人的要求绝不会"照令行事"。第二次叛逆期出现在17岁左右，这个年龄段的孩子由于已经广泛与社会接触，渴望独立、渴望完全自由的心理异常强烈。当孩子处于叛逆期时，如果父母的看法或做法与孩子不一致时，两代人之间往往会爆发出激烈的冲突。

在孩子处于叛逆期时，父母要正确疏导，培养孩子成长为心理健康、独立性强的人。放任自流和高压政策的做法都是不对的，有可能导致孩子步入歧途，甚至走上犯罪的道路。处于叛逆期的孩子正是树立人生目标和累积知识的黄金阶段，父母自然不能放弃对孩子的管教，这是做父母的责任和义务。父母要在这个特殊时期引导孩子走上正途。

父母也不要因为孩子的某些行为偏离了航线，就实行高压政策，硬性阻止孩子的行为。这种高压行为只会引起孩子的不满，使他们更加叛逆。心理学家曾就孩子的逆反心理做过研究，他们发现，越是被一些条条框框限制的孩子，逆反心理就越严重。他们通常爱乱发脾气，喜欢责怪他人。他们认为通过这样的方式，可以让父母放弃对他们的管制。而那些在家庭中能享受到自由的孩子，反而更能体谅和理解父母的苦心。

正确的做法应该是，父母给孩子一些自由的空间，让孩子体会到父母是尊重自己的。让孩子得到尊重后，再和孩子讨论该怎么做，而不是规定孩子怎么做。当孩子与父母的意见相左时，父母要学会控制自己的情绪，不可让情绪左右自己的言行，否则会因言语过激而伤害孩子的自尊心，这只会进一步刺激孩子，使其逆反的心理进一步得到强化。

如果孩子的逆反行为是合理的，父母不应制止，因为合理的反抗行为有助于孩子独立人格的发展，也有助于培养孩子发现问题、分析问题、解决问题的能力。相反，那些百分之百顺从、事事依赖、丝毫没有反抗精神的孩子，长大后往往性格软弱、处理事情优柔寡断，迟迟不敢做出决定。

小故事

在中央电视台的一次访谈节目里，台湾歌手齐秦讲述了自己叛逆的青少年时期。那时他喝酒、打架，半夜三更才回家，一回家就习惯性地跪在地上等着父亲的鞭子和训斥。但这种体罚，对于齐秦已经失去了任何意义。

　　但有一天，齐秦打完架回家，像往常一样跪着等待挨骂，却发现父亲只是背对着他说了一句："去睡吧。"

　　齐秦内心一下子受到触动，从此便改邪归正，踏上了音乐之路。

　　当父亲发现责骂和体罚都不能奏效时，改变了教育方式，也改掉了小齐秦的坏习惯。

 给孩子充分的话语权

　　几乎所有的父母都想让自己的孩子将来成为栋梁之才，但是很少有父母愿意去倾听孩子的声音。在父母的眼里，孩子是不能有自己的主见的，包括他想吃什么，想玩什么，喜欢什么，都要由父母做主。父母更多的时候是在教育孩子，而没有想过要去了解孩子们的看法，也不知道自己的孩子真正在想什么，更没有遇事就去问问孩子意见的习惯。

　　事实上，孩子在年幼时，就已经开始有自己的意见和想法了。例如，他们会选择与自己喜欢的小朋友玩，而拒绝父母指定的伙伴；他们会自己动手拆掉布娃娃的外衣，为她重新缝制自己喜欢的花布衣。他们喜欢自己做主，也期待父母能和他们商量或是征求他们的意见，给他们言论上的自由。可惜，很多父母关心的更多的只是成绩，而忽视了去倾听孩子的心声，了解孩子的烦恼，时间长了，很容易造成亲子关系的紧张。另一方面，长期负面情绪的积累得不到有效的宣泄，还会使孩子的性格变得日益孤独、冷漠。

　　在孩子的心里，家庭是一个安全、可靠的港湾。孩子在成长的过程中，经常会遇到一些不愉快的事情，在外面找不到信任的人诉说，只好独自闷在心里，待回到家再向父母倾诉。孩子这么做，有两个目的：一是孩子在倾诉的过程中，不满的情绪获得了充分的宣泄，从而使身心恢复常态；二是孩子的一番倾诉是为了寻求解决问题的良策。对于前者，父母只需静静地坐下来认真倾听即可；对于后者，父母就要认真思考一番，用自己比较丰富的人生经验去指导孩子怎么解决问题。

　　孩子在学习或社会活动中获得了好的成绩，也会回家向父母诉说。孩子这么做的目的是想让父母与他一同分享成功的喜悦，并且获得父母的赞许。这时，父母要认真对待，对孩子表示祝贺，并鼓励其继续努力。父母甚至还可以搞个家庭活动，以表庆祝。

父母在与孩子交流时，要给予孩子充分的话语权，而不要有想要操纵孩子的企图，更不要期望孩子根据自己所要的去做。例如，有的父母假借倾听之名，想要达到孩子用功学习的目的，结果孩子在感到失望之余，不仅不会领情，还会表现出防卫的姿态。因为，孩子会很快就察觉到父母操纵的企图，认为父母想要改造他，即使父母不是直接的控制，仍然足以使孩子的独立性受到威胁。

在与孩子交流时，父母要有足够的耐心听孩子把话说完，不要轻易打断或否定孩子的话。当孩子为某些观点与父母进行争辩时，父母千万不要顾及自己的面子，斥责孩子"顶嘴"，要给孩子充分的辩解机会。当孩子与他人争吵时，如果没有肢体的接触，父母也不要立即去调解纠纷，可以在旁聆听和观察，看他说话是否合理，是否有条理。这对培养孩子独立思考的能力大有益处。

孩子有话语权，也有沉默的权力。当孩子不愿意谈他们的心事时，父母应该尊重孩子，不要强迫他立刻说出来，而应等他自己想说的时候再倾听。父母不要用唠叨去打扰孩子，在一段时间的沉默过后，孩子会主动把感觉说出来，父母不必操之过急。

孩子在遭遇到比较大的挫折时，有时会用哭泣的方式来宣泄情感。父母应允许孩子哭泣，切忌要求孩子停止，更不能用打骂等方式来威胁孩子，因为这样做会使孩子把心中的悲伤积累起来，时间一长，会给孩子的心理带来很多的负面影响。而当孩子尽情的哭泣后，情绪就会逐渐平静下来。

不过，需要提醒父母注意的是，如果孩子表现悲伤的方式比较极端，如长时间烦躁不安，情绪出现异常，或者用过激的其他行为方式（如暴力）去发泄，那么除了要尽力安抚孩子外，还应及时带孩子去看心理医生。

小故事

有一位著名的节目主持人，在一个谈话节目中设置了这样一个情景，一架飞机满载乘客，飞行途中没油了，可飞机上只有一

135

个降落伞，他问参与做节目的孩子，你看这伞给谁用？孩子几乎不假思索地回答："给我自己用"。

这时，台下一片骚动，很多观众想：多么自私的孩子啊？可是主持人没有急于下定义，而是蹲下来，耐心地问孩子："为什么呢？"

孩子满脸泪水，清晰地说道："我要跳下去，找到油后，回来救飞机上所有的人。"

这位主持人是一个善于倾听者，由于他的细腻，让大家听到了一个幼小躯体里高尚灵魂的独白，也让那些当初急于评定孩子的人感到惭愧。

6. 章鱼心态：教育要避免钻"死胡同"

个性固执的孩子会让父母头疼。但如果父母能够扬长避短，善于引导孩子，这种固执的个性就可以转变为有主见，不随波逐流。

章鱼的悲哀

章鱼是海洋里最可怕的生物之一，因其力大无比，而且残忍好斗，又足智多谋，不少海洋动物都怕它，就是潜水员也要防它一手，有的大章鱼甚至能将整艘船掀翻。

一只章鱼的体重可达到32千克，相当于一个小学女生的重量。但是，章鱼的身体却是非常柔软的，它柔软到几乎可以将自己塞进任何它想去的地方。因为它们没有脊椎，甚至可以穿过一个银币大小的洞。章鱼有爱钻各种容器的嗜好，它们经常将自己的身体塞进海螺壳里躲起来，等到鱼虾走近，就咬破它们的头部，同时注入毒液，使其麻痹而死，然后美餐一顿。

章鱼身体柔软，且有钻各种容器的嗜好，人们便常常用瓦罐、瓶子捕捉章鱼。日本渔民每天早晨将各种形状的陶罐拴在长绳子上沉入海底。过上几个小时，渔民们将陶罐提上来时，章鱼还极为固执，不肯从舒适的房舍中钻出来。印度渔民使用的方法也类似，他们不用陶罐，而是用大海螺壳。他们将八九百只大海螺壳织成捕捉网，每天可捕到二三百条章鱼。古巴渔民则用空螺壳来诱捕章鱼。突尼斯渔民更绝，把排水管扔到海底，也能捕捉到章鱼。

是什么囚禁了章鱼呢？是那些瓶瓶罐罐吗？瓶瓶罐罐不会主动捕捉，囚禁章鱼的是它们自己。它们向着狭窄的地方越走，越远，即便是一条死路，它们还是固执地往里钻，不肯回头。结果是在海洋里无往不胜的章鱼，成了瓶瓶罐罐里的囚徒，成了人们餐桌上的美味。

如果一个人的思想也像章鱼一样，钻牛角尖，那么固执的结果只有像章鱼那样——死路一条；如果我们也像章鱼那样没有学会放弃，那么失败的厄运将不可避免，甚至会像章鱼一样，把自己的特长，变成走向死亡的致命缺陷。

家教故事

李宁是世界体坛上一颗璀璨夺目的明星，被誉为"体操王子"。

最初，李宁的父亲并没有打算让他学体育。父亲是一名小学教师，一辈子幻想当音乐家，但未能如愿，只好把希望寄托在孩子身上，一心要把儿子培养成音乐家。父亲对年幼的李宁寄予了很大的希望，经常有意让他听音乐，亲自教他练声学琴，甚至还经常为儿子举行家庭音乐会。父亲希望通过这些方式熏陶孩子的音乐细胞。

尽管费了不少工夫和努力，结果却不尽如人意。父亲失望地发现，李宁的音乐水平并没有多大长进，而且儿子的兴趣根本没有在音乐上面，学琴心不在焉，甚至有些厌倦，放学后不知去向，很晚才回家，根本没有把学琴当回事。对此，父亲感到很苦恼。

一天，父亲来到儿子读书的学校，看到李宁正趴在体操室的窗台上目不转睛地注里看，然后又跑到操场的沙滩上翻起筋斗来。父亲看得很仔细，跑过去抱住李宁问道："宁宁，你想练体操吗？"李宁用力地点了点头："是的，爸爸，让我练体操吧！"父亲看着儿子那期待的目光，陷入了沉思。

此时，父亲的心情不免有些悲哀，他让儿子当音乐家的美梦破灭了。但他不是一个固执己见的人，既然儿子的兴趣不在音乐上，与其拉牛上树，不如放之青山。于是，他把大腿一拍，说："好，我支持宁宁学体操。"

后来，在李宁获得巨大成功后，有记者问他最感谢的人是谁，他毫不犹豫地说："是我的父亲。假如他没有放弃初衷，也就没有我的现在！"

是啊，如果当初李宁的父亲固执己见，非让他学习音乐，其结果不但当不了音乐家，而且也埋没了一颗体操新星。

让孩子远离偏执

偏执是发生在许多孩子身上的一种人际交往的障碍。具有偏执性格的人有两个特点：一是自负，自我评价过高，常常固执己见，独断专行，对人苛刻，喜欢挑他人的"刺"，而且习惯于把自己的失败归咎于他人，并抱怨不绝，大有不达目的不罢休之势；二是多疑，过分敏感，总以为别人跟自己过不去，时常带着"警惕"的眼睛准备发现"可疑的痕迹"，甚至把别人善意的规劝和帮助看成是故意在与自己做对。由于偏执性格具有这两个特点，这种性格的人人际关系很紧张，很不受周围人的欢迎。

据统计，偏执型人格障碍多发于青春期，约占心理障碍总人数的5.8%，男女皆有，以女性为多。偏执性格的一个突出表现是思想偏激、乱发脾气、爱钻牛角尖。这种表现在遭遇严重挫折或不顺心的逆境中愈发加重，甚至有些人发展成偏执型精神病。

偏执型性格的人以自我为中心，看上去挺强大，其实他们是一群真正的弱者。原因很简单，因为偏执者内心的精神世界对外界充满了深度的恐惧，所以才会拒绝接受他人的观点，他们所谓的强大是不堪一击的。他们总认为自己的想法是对的，别人的想法是错的。他们总是以某种权威自居，蔑视别人的观点，甚至蔑视对方整个人，所以，大多数偏执者的人际关系非常不理想。

偏执性格的形成跟幼年的生活环境有很大关系。可能是父母对自己过分娇惯，使自己任性专横，慢慢发展下来就形成了偏执性格；还有可能是自己的家庭成员之间相互敌视，经常大吵大闹，使自己的人格未能得到健全发展。因此，父母要为孩子营造一个和睦的家庭环境，并且把孩子放在一个适当的位置上，切忌待遇过优，宠爱过度，避免孩子"唯我独尊"的思想膨胀。

当父母发现孩子的言行中有偏执的苗头时，要及时帮助孩子克服，方法如下：

（1）告诉孩子偏执的言行会给人带来哪些伤害。当发现孩子开始钻牛角尖或坚持自己不正确的观点时，父母要及时的提醒和警告，让孩子明白其中的利害关系。如果孩子仍然固执己见，父母要有耐心，讲道理、摆事实，不能轻易放弃，也不要用打骂的方式去制止。父母要告诉孩子，做人应该有自己的主见，但也该充分考虑他人的意见，没有人的思想总是正确无误的。不切实际的固执己见，是一种愚昧和无知的表现，这种人将自讨苦吃。

（2）鼓励孩子多与他人交流思想。偏执的人往往多疑。多疑产生的根源是与他人缺乏沟通，对他人和事物认识不全面、不正确。因此要多与父母、同学谈心，经常了解他人的心理状态，了解他人的喜悦和苦恼，这样，与他人的隔阂就会逐渐减少。

（3）鼓励孩子帮助他人。偏执的人常常对现实很不满，经常被一种不安全的痛苦情绪支配，为了发泄心中的不满，就会时时责难他人，觉得他人一无是处。所以，有这种性格倾向的人应主动去帮助有困难的同学和朋友，这样就会体会到助人为乐的幸福感，培养自己对他人、对周围世界宽容的心境。

（4）教孩子学会控制自己的情绪。偏执的人遇事时不做理性的思考，而是冲动地按自己的所思所想去处理，说话办事容易激动，经常鲁莽行事，甚至迁怒他人，很容易给他人和自己带来伤害。因此，平时要教育孩子有意识地锻炼自己的控制能力。如果感觉到自己的情绪要爆发时，可以作深呼吸运动，在心中默念"1、2、3……"当情绪的激昂状态过去后，自己的心情就会慢慢平静，还能进一步感受到自我控制的喜悦。

小故事

有一位自强不息、奋力进取的青年，把全部精力投入到事业中，他感到越来越累，身心俱疲无法解脱。

后来他把自己的苦恼告诉了父亲，父亲没有对他说什么，只是让这位青年跟他上山。青年有些不高兴，但还是勉强答应了父亲。

在他们上山的台阶两边，有许多色彩斑斓的石子，父亲拿出一个口袋，让他捡最美丽的石子装进去。

青年对这些漂亮的石子爱不释手，不一会儿就装了大半袋，他吃力地背着口袋向上走，看到更漂亮的石子，他舍不得丢下，尽数装到口袋中。不一会儿他就背不动了。

父亲说："我们的目的是上山，你说应该怎么办？"

青年人想了想，果断地倒掉了一口袋美丽的石子。这一刻，他也领悟了父亲的教诲：当我们很累的时候，要学会放弃。

父母要勇于放下架子

"如果您放弃权力，放弃您的优越感，那么您得到孩子的信任和尊敬的机会就更大。"德国心理学家黑尔加·吉尔特勒这样告诫我们。然而在现实生活中能够这样做的父母并不多。很多父母的思想就像"章鱼"一样，抱着"君君臣臣父父子子"的等级观念不放，在与孩子相处时摆出一副居高临下、板起面孔说教的架子，结果只会招来孩子的反感甚至抵触、反抗。

有个妈妈带孩子去逛商场，她觉得孩子一定会喜欢这个热闹非凡的场所。可是妈妈发现，孩子在商场里一点也高兴不起来，甚至有点害怕，吵着要出去。妈妈不明白，一向喜欢玩的孩子怎么会排斥又漂亮又热闹的商场？但是当她蹲下来询问孩子原因的时候，她明白了，从孩子的角度，只能看见一条条的人腿，以及一些高高的柜子，一点也不能让人赏心悦目，反倒让人非常不舒服。而如果不蹲下来，以大人的高度，是看不见这些的。

在和孩子相处的时候，父母应该放下家长的架子，站在孩子的角度看世界，才能明白孩子的心理，才会让孩子的心与你靠得更近。如果父母习惯了用自己的想法去揣度孩子的心理，那么永远也猜不到孩子在想什么，因为同一件事情，孩子看见的和父母看见的可能完全不一样。

曾在电视上看过一个广告：有一个小女孩流畅地在钢琴上弹完一曲，大人纷纷鼓掌叫道："再来一遍。"大人的意思是："你弹得很好，我们想再听一遍。"是鼓励，也是赞扬，可是孩子没有出现预期中的笑脸，反倒掉下眼泪，睁着无辜的大眼睛说："我又没有弹错，为什么要再来一遍？"可爱的孩子，她把大人的称赞看成了惩罚。

父母只有放下架子，蹲下来，才能走进孩子的世界，才能和孩子有效地沟通和交流。

父母还应认识到：在教育孩子的过程中，难免会出现一些不妥的做法甚至错误。我们要放下架子，勇于在孩子面前承认错误，为孩子树立起知错就改的榜样，这样孩子会更信任你。

有不少父母认为自己是"一家之主"，需要保持自己的"形象"与"威信"，因此不愿意在孩子面前承认自己的缺点和错误，甚至给自己护短，坚持错误。这种做法既违背了做人的基本原则，也是家庭教育的大忌，次数多了，父母就会在孩子心目中失去威信，孩子就会产生"父母说的永远正确，但实际上老是出错"的观念，久而久之，对父母正确的教诲也会置之脑后。

相反，如果父母能坦诚地面对这些过失，用摆事实、讲道理的方法来向孩子说明情况，纠正自己错误的做法，弥补父母失误带来的损失，就能将坏事变成好事，孩子不仅会通过一件具体事情懂得一定道理，而且能从父母身上学到敢于修正错误的好品质。

实际上，人类就是在不断地犯错误并且不断地改正错误的过程中取得进步的，所以，作为父母不妨坦陈自己的缺点或错误。有一位母亲在教育孩子时，曾经多次将自己在成长过程中犯过的错误告诉孩子，并详细地分析主客观原因，尤其是分析自己的一些缺点在产生这种错误中所起的作用，其目的就是让孩子在今后的人生道路上不再和她一样，以类似的个人"缺点"犯同样的"错误"。

一些父母认为"向孩子认错会失面子，会失去权威"，这种担忧完全是多余的。我们常说教育孩子要利用榜样的作用，实际上，父母就是影响孩子

141

一生最重要的榜样。孩子看到父母主动承认错误，他们不仅不会因此瞧不起父母，反而会因为父母的坦诚和平易近人而更加尊敬父母。"人非圣贤，孰能无过"，学会向孩子道歉，是和孩子进行沟通的有效方法。

家教故事

有一次，著名诗人、民主战士闻一多因心烦出手打了还不懂事的小女儿，恰好被次子立雕看见了。

立雕挺身而出，批评父亲不该打小妹，并且"大义凛然"地说："你自己是搞民主运动的，天天讲民主，在家里怎么就动手打人呢？"

闻一多一愣，沉思片刻后走到立雕面前，十分严肃地说："我错了，不该打小妹，小时候父母就是这样管教我的，所以我也用这样的办法来对待你们。我现在知道这种方法是不对的，希望你们将来不要用这样的方法对待你们的孩子。"

好父母要懂孩子的心理

第五章 鼓励孩子的竞争意识

优秀和明智的父母总是以社会对孩子的要求去要求自己的儿女。

——[美国]杜威

1、狐狸法则：爱就要让孩子独立

自然界的动物生存法则是：长大后就不能与父母住在一起，就不能靠父母养活，得自己去生活。如果你不知道如何生存，那么就将被大自然无情地淘汰。尽管有些残酷，但这是动物为了族类持续生存的天然法则，正如达尔文所说的那样：物竞天择，适者生存。

 狐狸的故事

在一个严寒的冬天，狐狸富来普和莱拉真诚地相爱了。莱拉生了5只小狐狸，他们在海边的沙丘上建立起了一个愉快、幸福的家庭。为了让孩子们能尽快地成长，富来普和莱拉日夜奔忙着寻找食物。

在一次觅食时，莱拉不幸被夹子夹住，在痛苦中死去。

莱拉去世后，狐狸爸爸富来普担负起了抚养孩子的重任。他没有像母鸡孵小鸡那样把孩子们保护在身下，而是让他们出去独立生活。他教给它们捕捉食物的方法，逃避危险的能力，带着他们去做实习旅行。当小狐狸已经能独自捕食的时候，它们还想赖在爸爸身边撒娇，但富来普却决定把他们赶走。在一个风雪交加的夜晚，富来普把刚学会走路和觅食的小狐狸们全部赶到洞外：小狐狸站在风雪中凄厉地哀叫着，一次又一次试图回到洞里，可是每一次都被堵在洞口的老狐狸咬了出去。那些被富来普咬伤并被赶走的小狐狸眼中充满着忧伤和委屈，然而富来普则是义无反顾的坚决和果断。因为富来普知道，没有谁能养它们一辈子。

小狐狸们从这一天起便长大了，它们终于学会了如何生存。

当富来普再一次看到自己孩子的时候，它们已经变得更加强壮。

这是日本电影《狐狸的故事》中的场景。其实不只是狐狸，所有的动物都十分重视培育后代的独立生存能力。小动物们在很小的时候，就开始学习如何觅食，当它们长大后，动物妈妈就不再允许它们留在身边，而是无情地把它们驱赶出去，迫使它们去独立生活，去开拓新的生存领域。即使那些不能或不愿独立生活的小动物跑回来向妈妈求助，动物妈妈们也是毫不留情地把它们赶走。

与人类一样，所有的动物都爱孩子，但动物妈妈们知道，父母不可能陪伴孩子一生，如果不能及早让孩子学会独立，总是让孩子在父母身边有所依靠，那么，当孩子不得不独立去面对这个世界的时候，它将无所适从。

小故事

在日本动画片《聪明的一休》中，有这样的一个情节：一休的母亲为了让他能够独立生活，非常注意从小事中教育他。一次，小一休跌倒了，头皮磕破了。这时母亲就站在他身边，一休把手伸向母亲，眼里满是期盼——他希望母亲扶自己起来。可是，母亲却无动于衷，只是说了一句："用手撑一下，自己起来。"

通过这件小事，母亲让一休明白一个道理：跌倒了得自己爬起来。

培养孩子的独立意识

意大利著名儿童教育学家蒙台梭利曾说："教育首先要引导孩子沿着独

立的道路前进。"美国著名教育学家罗伯特博士曾提出现代孩子教育的十大目标，其中第一条便是独立性。一个孩子在长大后要想有所成就，就必须具备独立思考、判断、选择、解决问题的能力，否则是很难适应现代社会需要的。

孩子的独立性是在实践中逐步培养起来的。要培养独立自主的孩子，就应该多为孩子创造锻炼的机会。一般情况下，孩子在两岁后，随着他们身体的发育，心理能力的不断提高，大多数孩子就已经可以在父母的帮助下，逐步学会自己吃饭、穿衣、收拾玩具等，逐渐树立独立意识。

可惜的是，有很多父母并没有意识到培养孩子独立意识的重要性，他们不是担心孩子做不好就是怕孩子劳累，因此不愿放手。孩子们过着衣来伸手，饭来张口的生活，除了学习以外，其他事情一概不做，有的小孩甚至上了初中还不会自己穿衣服。

被喂养惯了的动物接受放养时，通常自己不会捕食。生存法则告诉我们：动物如果学不会自己捕食的话，就一定会饿死。孩子同样也是这样。在父母的溺爱中长大的孩子，通常没有在社会中独自生存的能力。一旦父母因为一些原因无法顾及到他们，他们就只能被社会淘汰。媒体上曾报道过这样的例子：某"神童"13岁上大学，后又到北京某院校读研，但终因生活自理能力太差而被劝退；某大学生获得去国外深造的全额奖学金，但由于生活不能自理而不得不放弃……

孩子需要一定的空间去成长，去锻炼自己的独立能力。在保证孩子安全的前提下，父母应放手让孩子去做，从而培养孩子独立的人格。父母必须让孩子知道，属于他自己的事，他能够做好的，他就应该做好，父母尽管可以帮他，可以教他，但不可能一辈子替他做。而他做那些事，是为了自己，不是为了父母。

当一个孩子的独立性得到锻炼后，他就会很有信心处理生活中发生的事情，面对困难也能够想尽办法去解决，因而也就能够让父母放心地把他放到社会上去经受考验。这就跟把动物放归山林之前，需要训练它们的捕食能力一样。

当然，培养孩子的独立意识是一个循序渐进的过程。在这个过程中，父母不能操之过急，不要因为孩子没有做好某件事情就求全责备。对于孩子独立去做的事情，只要他们付出了努力，即使结果不理想也要给予认可和赞许，使孩子感受到独立做事的快乐。更为重要的是，要使孩子产生"我能行"的感觉，这种感觉对孩子至关重要，它是孩子独立性发展的动力。

家教故事

　　小洛克菲勒4岁时，有一次他看到爸爸走进房间来，就张开双手满怀高兴地扑向父亲。可是父亲并没有弯下腰去抱小洛克菲勒，而是往旁边一躲，结果小洛克菲勒扑了个空，跌倒在地上，失声大哭起来。

　　等小洛克菲勒不哭了，老洛克菲勒郑重地对他说："孩子，不哭了，以后要牢牢记住，做任何事都要靠自己，不要指望别人，有时，连爸爸都是靠不住的。"

孩子有选择的权力

　　在孩子成长的过程中，生活会赋予他们许许多多的礼物，"选择的权力"就是其中的一项。正如美国著名的教育学家戴维·刘易斯说："发展成长、成才、成功的最有力的原则在于人的选择。"

　　可生活中，由于怕孩子自己选择错了，父母总是不敢把选择的权力交给孩子，甚至刻意培养孩子的"听话"、"乖"，因此，我们常能听到大人对孩子说这样的话："这件事就这么定了，你去做吧。""这件事情你不能做。"

　　父母们忽视了一点，如果从来不给孩子选择的权力，他就永远学不会选择，永远没有自主性。一个没有自主性的孩子在长大后，常常缺乏判断力和选择的能力，没有主见，事事依赖他人，别人让怎么做就怎么做。即使在需要他做出决定时，也没有勇气说出自己的想法，因为他已经习惯了服从，在他潜意识里已经有了这样的认识：我的意见不会有人重视，说出来也没有用，还不如干脆不说的好。这样的人很难在事业上取得大的成绩。

　　此外，父母的大包大揽，有可能会引起孩子的"反抗"，因为选择是每个人的权力，孩子也如此。例如，在高考填报志愿时，有些父母为孩子选择了一些自己认为理想的专业，全然不顾孩子的实际情况和感受。结果等孩子进入大学后，对父母所选择的专业不感兴趣而闹起了退学，这时父母再后悔就迟了。

　　父母不愿给予孩子选择的权力，是担心孩子会做出错误的选择，这种想法看上去似乎也有道理。孩子没有经验，又喜欢新鲜事物，他们作出的决定并不一定合适，有时甚至是错误的。因此，为了让孩子少走弯路，父母便凡事"包办"。但是，孩子是一个独立的个体，和成年人一样，他们需要有机会来自己作决定，来锻炼自己的决策能力，体会自主选择的快乐。所以无论父母怎样担心，也应该给孩子充分的选择权，从小就培养孩子的决断能力。例如，可以让孩子自己决定穿什么样的衣服，而不要根据父母的喜恶来强迫孩子；让孩子选择自己的业余爱好，而不必听从父母安排去参加各种各样的培训班……

　　当然，给孩子充分的选择权并不是说父母就对孩子放任不管了。放任不管是一种不负责任的态度，有可能会让孩子误入歧途。孩子的选择权应该限定在保证孩子健康和安全的范围内。因此，父母在给孩子作选择的机会时，应该注意以下几点：

　　（1）不要给孩子压力。在孩子选择时，事前要父母为他提供有关情况，帮他分析各种可能，但不要给孩子太大的心理压力。父母不要对孩子说："如果这次没选择好，下次就别想再自己做决定了……"

　　（2）不要苛求孩子的选择十全十美。孩子的选择无论正确还是错误，都是成长中必须经历的。即使孩子选择错了，也是一次学习，是很值得的。

　　（3）给孩子的选择机会不要太多。例如，父母问孩子："你早餐想吃什么？"孩子可能提出家中没有的东西，如果父母不能满足其要求，反而有可能使孩子对父母产生不满。正确的提问应该是："你是想喝牛奶还是喝粥？"

　　（4）让孩子为自己的选择负责。父母要教育孩子如果是自己选择了，自己就要负责任。例如，一位妈妈带孩子去少年宫报名，先让孩子看看小组活动，本来，妈妈的意愿是让孩子学钢琴，可是发现孩子在舞蹈组门前看得出神。于是，妈妈尊重孩子的选择，但要求孩子对自己的选择负责，一定要坚持把舞蹈学好。当孩子知道为自己的选择负责任时，就能不断学习，不断提高自己的判断能力。

　　（5）不要为父母的"面子"勉强孩子。有些父母因为孩子不听话而发脾气，并不一定是认为孩子做得不对，而是因为"孩子不听话让自己没面子"。

例如，当家里来了客人时，父母要求一个正在做数学题的孩子当众表演唱歌，孩子并不愿意，父母便呵斥，认为孩子给自己丢了"面子"，这对孩子的成长是不利的。事实上，所谓父母的"面子"并不是真正重要的，真正重要的是，怎样才对孩子的发展更有利。

家教故事

朱棣文是著名的华裔物理学家。1997年，他因发明用激光冷却和俘获原子的方法而获得诺贝尔物理学奖。他是第五位获得诺贝尔奖的华裔科学家。

朱棣文生于科学世家。他的家族先后出了12个博士和硕士，父亲朱汝瑾是当代科学家，母亲李静贞也卓有建树。他从小就是在这样的环境下成长起来的，因而很早就对科学表现出浓厚的兴趣。

读中学时，朱棣文对物理学产生了极大的兴趣。在高中最后一个学期里，他动手做了一个物理摆，用它"精确地"测量了引力。

不过，父亲却不愿意儿子学物理，他希望儿子成为一个建筑师。父亲对朱棣文说："你将来要成为一个好的建筑师，工作稳定，收入也高，也非常体面。"

"建筑师？爸爸，我不想搞建筑，我想做一名物理学家。"朱棣文说。

"学物理是很难出成绩的，"父亲严肃地说，"而且做实验是枯燥无味的。我不希望你走这条路。"

"不，爸爸。我喜欢学物理，我管不了那么多。"朱棣文认真地说。

父亲沉默了。在经过认真思考后，父亲不再反对了。他对朱棣文说："既然你选择了物理，并对它很用心，爸爸就不再坚持自己的要求。不过，你必须在这个领域有所建树，甚至超过我们家族的任何人。这是爸爸对你的新的期望。"

"爸爸，你放心，我会努力做的。"朱棣文坚定地回答。

看到儿子很坚决，也很有信心，父亲也高兴起来："好吧，爸爸全力支持你。"

2、鲶鱼效应：积极地参与竞争

竞争可以激发人们内在的潜力，因此父母应该培养孩子积极的竞争意识，给孩子一个竞争的环境，让他们充分发挥自己的潜能，以至在社会竞争中立于不败之地。

现在的很多孩子慵懒软弱，没有活力，经不起打击，显然是父母的精心呵护造成的。舒适的环境使孩子缺乏竞争的动力与激情，心安理得地过着安逸舒适的生活，可是有一天，孩子不得不走向激烈竞争的社会时，却因能力不足而被淘汰，作为父母就只有后悔的份了。

 沙丁鱼的故事

很久以前，以捕鱼为生的挪威人，在深海区发现了大量的沙丁鱼。他们非常高兴，因为沙丁鱼一直能卖个好价钱。可是，他们却碰到了一个难题，就是沙丁鱼还没等运到岸上，就都已经口吐白沫、肚皮朝天了。渔民们想了无数的办法，想让沙丁鱼活着上岸，但都失败了。

有一天，一个渔民无意中在放沙丁鱼的槽中放了几条鲶鱼，结果，沙丁鱼都活着上岸了。

这是为什么呢？原来鲶鱼是沙丁鱼的天敌，当鱼槽里同时放有沙丁鱼和鲶鱼时，鲶鱼出于天性会不断地追逐沙丁鱼。在鲶鱼的追逐下，沙丁鱼拼命游动，激发了其内部的活力，从而活了下来。

无独有偶，日本也有类似的故事。据说是日本孩子懂事后父母讲给他听的第一个故事：日本的北海道盛产一种珍奇的鳗鱼，海边渔村的许多渔民都以捕捞鳗鱼为生。鳗鱼的生命非常脆弱，只要一离开深海区，要不了半天就会全部死亡。

但是，有一位老渔民捕捞到的鳗鱼在返回岸边后仍然是活蹦乱跳的。人们都感到纳闷，他的船、船上的装备以及装鱼的鱼舱，都没有什么不同呀，为什么他的鳗鱼能一直活蹦乱跳的呢？

由于鲜活的鳗鱼要比冷冻的鳗鱼贵一倍，所以没几年工夫，老渔民一家便成了远近闻名的富翁。周围的渔民做着同样的事情，却只能维持温饱。

直到有一天，这个老渔民身染重病不能出海捕鱼了，他才把秘密告诉了儿子。原来，鳗鱼不死的秘诀，就是在整仓的鳗鱼中，放进几条狗鱼。

鳗鱼与狗鱼是出了名的死对头。几条势单力薄的狗鱼遇到成仓的对手，便惊慌地在鳗鱼堆里四处乱窜，这样一来，一仓死气沉沉的鳗鱼被全部激活了。

这就是"鲶鱼效应"的由来。"鲶鱼效应"告诉我们，竞争可以激活人们内在的活力。在孩子的教育中同样如此，父母和老师应该培养孩子积极的竞争意识，教育孩子勇于接受各种挑战，只有在挑战中，生命才会充满生机和希望。

🧒 小故事

在秘鲁的国家级森林公园，生活着一只年轻的美洲虎。

由于美洲虎是一种濒临灭绝的珍稀动物，为了更好地保护这只珍稀的老虎，秘鲁人在公园中专门建造了一个虎园。这个虎园占地20平方公里，并有精心设计的豪华的虎房。

虎园里森林茂密，百草芳菲，沟壑纵横，流水潺潺，并有成群人工饲养的牛、羊、鹿、兔供老虎尽情享用。凡是到过虎园参观的游人都说，如此美妙的环境，真是美洲虎生活的天堂。

然而，让人感到奇怪的是，从没人看见美洲虎去捕捉那些专门为他预备的活食，也没人见它王气十足地纵横于雄山大川，啸傲于莽莽丛林，甚至未见过它像模像样地吼上几嗓子。与此相反，人们常看到它整天待在装有空调的虎房里，或打盹儿，或耷拉着脑袋，睡了吃，吃了睡，无精打采。

有人说它也许太孤独了，若有个伴儿，或许会好些。于是，秘鲁政府通过外交途径，从哥伦比亚租来一只母虎与它做伴，但结果还是老样子。

有一天，一位动物学家到森林公园来参观，见到美洲虎那副懒洋洋的样儿，便对管理员说："老虎是森林之王，在它所生活的环境中，不能只放上一群整天只知道吃草、不知道猎杀的动物。这么大的一片虎园，即使不放进几只狼，至少也应放上两只豺狗，否则，美洲虎无论如何也提不起精神。"

管理员们听从了动物学家的意见，不久便从别的动物园引进了几只美洲豹。这一招果然奏效，自从美洲豹进虎园的那一天，这只美洲虎再也躺不住了。

它每天不是站在高高的山顶愤怒地咆哮，就是有如飓风般俯冲下山岗，或者在丛林的边缘地带警觉地巡视和游荡。老虎那种刚烈威猛、霸气十足的本性被重新唤醒，它又成了一只真正的老虎，成了这片广阔的虎园真正意义上的森林之王。

培养孩子的竞争意识

现代社会是一个充满竞争的社会，而且随着社会的迅速发展，竞争也会日益激烈，一个没有竞争意识的人是很难适应社会生活的。正因为如此，父母要及早培养孩子的竞争意识，让孩子勇敢地积极参与竞争，才能保证他们长大后敢于竞争，善于竞争，成为时代的"弄潮儿"。

有这样一个寓言故事：在辽阔的非洲大草原上，当黎明的曙光刚刚划破夜空，动物们就开始奔跑了。

羚羊妈妈在教育自己的孩子："孩子，你必须跑得更快一点，更快一点，如果你跑不过最快的狮子，就可能被它们吃掉！"于是，小羚羊起身就跑，向着太阳飞奔而去。

在另一个场地上，狮子妈妈也在教育自己的孩子："孩子，你必须跑得更快一点，更快一点，如果你跑不过最慢的羚羊，就可能会饿死。"于是，小狮子起身就跑，也向着太阳飞奔而去。

这就是大自然的法则："物竞天择，适者生存"。

在刚出生时，每个婴儿之间并没有太大的差别，但随着环境和事物的不断变化，婴儿在成长的过程中，有的会变成"狮子"，有的会变成"羚羊"。在残酷的现实中，每个人所面对的竞争和生存的压力都是一样的，因此，父

151

母一定要意识到，从小培养孩子的竞争意识是很有必要的。只有孩子具备参与竞争的智慧和勇气，将来才不会被"饿死"，或是被"吃掉"。

当然，让孩子学会竞争，培养孩子的竞争意识并不是让孩子争吃、争穿、争霸，这不是我们提倡的竞争。培养孩子的竞争意识是要培养他们奋发向上、开拓进取的精神，培养他们做人、做事、处世的能力，提高孩子的整体素质。

父母要培养孩子正确的竞争意识，需要注意以下几个方面：

（1）对孩子取得的成绩要及时鼓励。父母要善于发现孩子的优点，并及时给予肯定。例如，有的孩子学习成绩暂时落后，但在绘画方面有特长，父母就要肯定孩子的绘画能力，并鼓励孩子在绘画方面多加努力。

如果孩子在学校得到表扬，或因为某方面的突出表现获得奖励，即使这件事是多么的微不足道，父母也应认为这是孩子在小小的竞争中初露头角，是大事。因此，父母要以兴奋的神情表示分享孩子的喜悦，必要时可加以特别的鼓励。千万不能对孩子取得的成绩不屑一顾，甚至嗤之以鼻，更不能说"这有啥了不起"一类的话，这种泼冷水的行为，只会挫伤孩子参与竞争的信心，实在不可取。

（2）教孩子在竞争中合作。竞争愈是激烈，合作意识就愈是重要。因为个人的力量总是渺小的，很多事情需要在合作中才能解决，而且个人也只有在合作中通过互通有无、取长补短才能获得更大的发展。要使孩子在长大后能获得好的发展，父母在重视孩子竞争意识培养的同时，也要注重对孩子合作精神的培养。要让孩子认识到，竞争不是抬高自己、轻视别人，而是通过竞争认识到集体中各人有各人的长处和不足。

（3）培养竞争意识要注意分寸。父母在培养孩子的竞争意识时，切忌一味向孩子强调竞争的重要性而忽略了其他方面的教育，否则，孩子有可能会过分关注自己在学业上的发展，看重自己的考分、名次。这是一种消极的竞争心理，它会导致孩子既不能正确地评价自己，又不能客观地评价他人，往往因自己取得一点成绩沾沾自喜，或因一时失败而自暴自弃，或因别人的成功而失去自信，或因别人的失败而幸灾乐祸。

父母要在生活中客观评价孩子，不要过分关注考分，同时应全面要求孩子，鼓励孩子在思想品德、情操等方面的竞争，关注孩子在其他方面的发展。

培养孩子有经得起失败的心理承受能力，教育孩子在遇到胜利时不要飘飘然，遇到挫折不要灰溜溜。

 家教故事

20世纪30年代，在英国一个名不见经传的小镇里，有一个小姑娘从小受到严格的家庭教育。父亲经常向她灌输这样的观点：无论做什么事情都要力争一流，永远走在别人前头，而不能落后于人，"即使坐公共汽车，你也要永远坐在前排。"父亲从来不允许她说"我不能"或者"太难了"之类的话。

对于孩子来说，这个要求可能太高了，但正是因为从小就受到父亲的"残酷教育"，才培养了她积极向上的决心和信心。在以后的学习、生活和工作中，她时时牢记父亲的教导，总是抱着一往无前的精神和必胜的信念，尽自己最大的努力克服一切困难，做好每一件事情，事事必争一流，以自己的行动实践着"永远坐在前排"的誓言。

在上大学时，学校要求每个学生要用5年时间来学习拉丁文课程。她凭着自己顽强的毅力和拼搏精神，硬是在一年内全部学完了。令人难以置信的是，她的考试成绩竟然名列前茅。

她不单是学业上出类拔萃，在体育、音乐、演讲及学校的其他活动方面也都一直走在前列，是学生的佼佼者。当年她所在学校的校长评价她说："她无疑是建校以来最优秀的学生，她总是雄心勃勃，每件事情都做得很出色。"

她就是连续四届当选为英国保守党领袖，并于1979年成为英国第一位女首相，被世界政坛誉为"铁娘子"的玛格丽特·撒切尔夫人。

帮助孩子找一个"对手"

竞争的力量是惊人的，它能够使一个人发挥出巨大的潜能，创造出惊人的成绩。如果不鼓励孩子参与竞争，就很难开发他们的潜能，更不用说发掘出人生的深层意义和享受美好的人生。

日本的游泳运动一直处于世界领先地位。有人到日本的游泳训练馆参观，惊奇地发现，日本人在游泳馆里养着很多鳄鱼。

队员在每次跳下水之后，教练都会把几只鳄鱼放到游泳池里。几天没有吃东西的鳄鱼见到人，立即兽性大发，拼命地追赶运动员。而运动员尽管知道鳄鱼的大嘴已经被紧紧地缠住了，但看到鳄鱼的凶相，还是条件反射似的拼命往前游。

日本的游泳教练掌握了这样一个道理，竞争的力量会使一个人发挥出巨大的潜能，尤其是当竞争对手强大到足以威胁到他的生命的时候。对手就在你的身后，你一刻不努力，你的生命就会有万分的惊险和危难。为了生存，你不得不奋发图强，不得不革故鼎新，不得不锐意进取，否则，你就只能被淘汰，被吞噬。

当然，我们不能在任何时候都以威胁生命的竞争来提高孩子的成绩，但父母也应该有意识地给孩子寻找一两个竞争对手，让孩子"暗中使劲"，与对手展开竞赛。

心理学认为，每个人都有一种追求优越的欲望，它推动人们努力补偿自己的不足，发愤图强，获得成功。这种心理在人的一生中都在发挥作用。因此，父母只要善于利用这条规律，就能有效地激起孩子的竞争行为，培养孩子的竞争意识。给孩子找一个"对手"，就是运用比较的方法，使孩子看到自己与其他人的差距。只有看到差距，才会有补偿差距的愿望，否则，孩子就不知道往哪个方面去努力。找出差距后，父母就可以引导孩子去努力补偿了，如使用激将法、鼓励法等，很容易取得效果。

父母在选择对手时，应注意目标不要太高，不要每次都盯着第一名。如果孩子与竞争对手的差距太大，很容易产生望而生畏、高不可攀的心理，而丧失竞争的勇气。最好是选择一个孩子比较熟悉，比自己的孩子水平略高一筹的同学做为竞争对象，这样容易激起他赶超的信心和勇气。同时，要多与孩子交谈，告诉孩子"友谊第一"，不要让孩子滋生对竞争对象的敌意。当孩子通过努力已经超过竞争对手时，要给孩子选择新的竞争对手，这样孩子也有了不断前进的动力。

此外，让孩子与自己竞争也是很好的办法。例如，在训练孩子打算盘时，可以每次都给他掐时间，让他和自己比。而且还可以告诉孩子，他的速度一次比一次快，这样孩子的自信心就越来越强了，能力也会得到很大的提高。

 小故事

1988年，美国陆军最优秀的坦克防护装甲专家乔治·巴顿中校接受了研制M1A2型防护装甲的任务。为了能研制出性能更高、质量更好的坦克，巴顿找来一位搭档——迈克·巴茨。巴顿请迈克·巴茨来，并不是要他一起研究，而是要他来搞破坏，因为迈克·巴茨是著名的破坏力专家。

起初，巴顿研制出的坦克防护装甲，迈克·巴茨轻而易举地就炸坏了。每当坦克防护装甲被炸坏后，巴顿就会找迈克·巴茨进行交流，寻找问题所在，以便在下一次研制中解决这些问题。迈克·巴茨一次次地搞破坏，巴顿一次次地修改着自己的设计方案，并一次次地更换材料……

直到有一天，迈克·巴茨再也想不出办法来破坏巴顿的坦克防护装甲了，于是，巴顿宣布M1A2坦克防护装甲研制成功。一直到现在，这种坦克防护装甲仍然是世界上最具高科技含量、最坚固的坦克防护装甲。

让一个人更加强大的不是别人，正是他的对手。强大的对手在给你强有力的挑战的同时，也给了你成功的机会。

3、帕金森时间定律：有效地运用时间

孩子能否利用好时间，决定着他学习效率的高低。当孩子不会合理利用时间时，父母应该帮助孩子养成合理利用时间的好习惯。

西方有句谚语："最忙的人最能找出时间。"英国历史学家诺思科特·帕金森便以这句谚语作试验，分析为何大型组织会变得大而无当、毫无生气。

1958年，帕金森出版了《帕金森定律》一书。书中提出了著名的帕金森时间定律："工作会自动地膨胀占满所有可用的时间。"这个定律解释了为什么一个机构的组织常常会超过实际需要，以及个人效率低下的原因，就是他们给了一个计划太多的时间。帕金森时间定律表明，如果你给自己安排了充裕的时间从事一项工作，你会放慢你的节奏或是增添其他项目以便用掉所有分配的时间。例如，一个人可以在10分钟内看完一份报纸，也可以看上半天。

在正常情况下，一个人花上3分钟时间就可以寄出一张明信片，但一个无所事事的老太太为了给远方的外甥女寄张明信片，可以足足花一整天：花1小时找那张明信片，1小时找眼镜，0.5小时查地址，1.5小时写明信片，20分钟则是用来想去寄信时是不是要带伞。就这样，一个只需要3分钟时间就能干完的事情，却让一个人花了一整天时间来犹豫不决、担心、操劳，而且疲惫不堪。

不同的人做同样一件事，所耗费的时间差别竟是如此之大。由此，帕金森得出的结论是："一份工作所需要的资源与工作本身并没有太大的关系，一件事情被膨胀出来的重要性和复杂性，与完成这件事情花的时间成正比。"在很多情况下，我们以为给自己很多很多的时间完成一件事就可以改善工作的品质，但实际情况并非如此。时间太多反而使你越懒散、缺乏动力、效率低，可能还会大幅度降低效力。

在国外有一个这样的例子：一个上大二的学生尽管只修最少学分的课，但其平均成绩仍然无法维持在C。后来，她的父母亲向心理专家咨询。可令她的父母亲惊讶的是，心理学家建议这个学生多修一些课，而不是少修一些。结果出乎学生本人和家长的意料，学生所有课程的成绩不降反升。事实上，这个学生要做的就是如何提高学习效率、打起精神。

小故事

　　一次上时间管理的课上，教授在桌子上放了一个装水的罐子，然后又从桌子下面拿出一些正好可以从罐口放进罐子里的鹅卵石。当教授把石块放满后问他的学生："你们说这罐子是不是满了？"

　　"是。"所有的学生异口同声地回答。

　　"真的吗？"教授笑着问。然后再从桌底下拿出一袋碎石子，把碎石子从罐口倒下去，摇一摇，再加一些，再问学生："你们说，这罐子现在是不是满了？"

　　这回他的学生不敢回答得太快。最后班上有位学生怯生生地细声回答道："也许没满。"

　　"很好！"教授说完后，又从桌下拿出一袋沙子，慢慢地倒进罐子里。倒完后，再问班上的学生："现在你们再告诉我，这个罐子是满的呢？还是没满？"

　　"没有满。"全班同学这下学乖了，大家很有信心地回答说。

　　"好极了！"教授再一次称赞这些学生们。然后，教授从桌底下拿出一大瓶水，把水倒在看起来已经被鹅卵石、小碎石、沙子填满了的罐子。

　　当这些事都做完之后，教授正色地问他班上的同学："我们从上面这些事情得到什么重要的启示？"

　　班上一阵沉默，一位自以为聪明的学生回答说："无论我们的工作多忙，行程排得多满，如果要逼一下的话，还是可以多做些事的。"这位学生回答完后心中很得意地想："这门课到底讲的是时间管理啊！"

　　教授听到这样的回答后，点了点头，微笑道："答案不错，但并不是我要告诉你们的重要信息。"说到这里，教授故意顿住，用眼睛向全班同学扫了一遍说："我想告诉各位最重要的信息是，如果你不先将大的鹅卵石放进罐子里去，你也许以后永远没机会把它们再放进去了。

　　家长要告诉孩子，面对学习中纷繁复杂的科目和内容，应该

157

按重要性和紧急性的不同组合确定处理的先后顺序，做到鹅卵石、碎石子、沙子、水都能放到罐子里去。

行动比想法更重要

很多人都曾经有过这样或那样的理想，但最后成功的人却寥寥无几。导致这一结果的一个很重要的原因就是，大部分的人在制订计划后，却缺乏有效的行动，使机会在拖延或放弃中白白错过。

一个人要想获得成功，就必须有行动。正如伟大的戏剧家莎士比亚所说："我们所要做的事，应该一想到就做；因为人的想法是会变化的，有多少舌头，多少手，多少意外，就会有多少犹豫，多少迟延；到那时候再空谈该做什么，只不过等于聊以自慰的长吁短叹，只能伤害自己的身体罢了。"

父母从小就要培养孩子的行动能力，要教育孩子一旦有了想法就要立即付诸行动。例如，制定了学习计划后，就要按照计划去做，而不是把计划束之高阁；如果想要去参加舞蹈培训，就一定要坚持去练习，而不是把培训时间无限期地推迟。

有些父母认为，家庭教育最重要的是提高孩子的智商，发掘孩子的天赋，至于遇事拖延，也不是什么大毛病，孩子长大后自然就会改正了。其实，这种认识是不正确的，因为从小就习惯于拖延的孩子，长大后仍然会受这个恶习的影响。例如，在工作中只说不做，遇事拖沓难以按时完成工作，这样的人自然得不到领导的赏识，找一份工作都困难，更别说被重用和提拔了。

当然，孩子年龄尚小，自制力较差，加之在外界的诱惑下，他们很难能够在有了想法后立即付诸行动，或者在付出行动后很难坚持把事情在规定的时间内完成，这就需要父母的督促。父母要让孩子明白拖沓的害处，要明确地告诉孩子：在规定的时间内一定要把事情完成！无论孩子找怎样的借口，父母都不能同意。

一旦发现孩子有拖拉的恶习，父母要立即帮助孩子改正：

（1）告诉孩子"完成任务没有任何借口"。告诉孩子必须努力去完成任务，而不要为拖延寻找借口。以下这几句话是孩子一定不能说的："我没有足够的时间。""我明天再做。""我还有其他事情要做。"

（2）给予适当的奖励。当孩子在规定的时间内完成了某件事情，可给予适度的奖励，这种奖励可以是精神的也可以是物质的，这样孩子凡事就会变得积极起来。

家教故事

10岁的小婷在上小学，一天，她在家里宣布要天天写日记，以提高写作水平。可是，一周过去了，母亲发现小婷并没有写过日记，当然作文水平也根本没有得到提高。

母亲没有批评小婷，而是在一天晚饭后对女儿说："孩子，妈妈给你讲个故事吧。"

"好的。"小婷高兴地坐到了妈妈身边。

"从前，有一个教徒每天都到教堂祈祷，每次祷告的内容几乎相同：'上帝啊，请念在我多年来敬畏您的份上，给我一次机会让我中一次彩票吧！阿门！'这样的祈祷持续了3年。这一天，当这个教徒又跪在圣坛前祈祷：'上帝啊，求您让我中一次彩票吧！'上帝真的出现了。你猜猜看，上帝对这位教徒说了一句什么话？"

女儿想了想，说："上帝见这位教徒很虔诚，就说：'这次我会帮助你中奖的'。"

"不，"妈妈笑着摇了摇头说，"上帝是这样说的：'我一直在垂听你的祷告。可是三年来，你只有愿望没有行动，可怜的孩子啊，最起码你也该去买一张彩票吧！你让我怎么帮助你呢？'"

女儿听后若有所悟。她离开客厅，去了自己的卧室，拿出崭新的日记本，开始写起日记来。

从那以后，小婷每天晚饭后都会先写日记，然后再去做其他事情。一个学期后，小婷的作文水平进步了很多。

159

⏱ 培养孩子良好的时间观念

时间对于每一个人来说都是平等的，一天都是1440分钟，但人们对待时间的态度并不相同，时间贡献的效益也就大相径庭了。普通人和成功者的差别就在于，他们使用每天1440分钟的方式不同！

人们往往认为，时间还很富裕，几分钟的时间也没有什么用处。持这种观点的人看看下面这个例子，就明白时间的价值有多大了。

据说贝尔在研制电话机时，另一个叫格雷的人也在进行这项试验。两个人几乎同时获得了突破，但是贝尔到达专利局的时间比格雷早了两个小时。当然，这两个人是不知道对方的，但贝尔就因这120分钟而取得了成功，而格雷则因为晚到了120分钟而与成功失之交臂。

伯纳德·伯伦森是美国的一位非常有名的学者。在他90岁生日时，有人问他最怜惜什么，他说："我最怜惜时间，我愿意站在街角，手中拿着帽子，乞求过往行人把他们不用的时间扔在里面。"

据说，在瑞士，婴儿一出生，就会在户籍卡中为孩子登记姓名、性别、出生时间及财产等诸项内容。特别有趣的是，所有瑞士人在为孩子填写拥有的财产时，都会填上两个字："时间"。

时间是如此重要，时间又是悄无声息地流失的。浪费时间，是阻碍孩子未来成功的大敌，因此，父母要从小就培养孩子良好的时间观念，让孩子懂得珍惜时间，学会高效率地利用时间。

父母要教育孩子管理好自己的时间，重视时间的价值。要做的便马上去做，不为自己延迟进度找寻借口。同时，作好学习和工作计划，并注意更新项目，定期检讨学习效率及目标，使计划能按部就班地完成。

为了提高利用时间的效率，父母要教育孩子养成集中精力做事的习惯。一旦养成了这样的习惯，就不会出现手忙脚乱、被动应付的局面，反而会觉得时间比较充裕。对孩子来说做作业集中精力，很快做完与拖拖拉拉，总也做不完比较，前者反而可以腾出更多可以自由支配的时间，可以去做自己喜欢做的事。

为了不浪费时间，父母要督促孩子养成整洁有序的习惯，孩子的一切生活与学习用品，摆放要有序，要有定规；若摆得杂乱无章，常常为找东西浪费许多宝贵的时间。

父母对孩子提出时间上的要求时，还要有意识地学习掌握一些技巧。比如，在孩子没有完成作业但非常想出去玩的时候，他对于书本早已心不在焉了。这时如果还对孩子说"再写10分钟"或者"做功课做到4点为止"，这只会增加孩子对时间的焦躁不安之感，他会不时地看表而根本没把功课放在心上，就是在写作业也会是心慌意乱，错误百出。所以在这个时候，不妨采用把学习时间改变为学习量的方法，比如"再做一页练习"、"再背一段课文"，这就给孩子一定的读书量，使他把精力转向这个一定的量，于是对时间的注意也就逐渐淡漠了，反而能更高效地利用时间，更好地完成任务。

 小故事

俄国科学家巴甫洛夫曾给他的学生们讲了一个故事：

夜深了，一位巴格达商人走在黑漆漆的山路上。突然，有个神秘的声音传来："弯下腰去，多捡些小石子儿，明天会有用的！"商人弯下腰，捡起几颗小石子儿。到了第二天，商人从口袋中掏出小石子儿看时，才发现那所谓的小石子儿原来是一颗颗亮晶晶的宝石！自然，也正是这些宝石，使他立即变得后悔不迭——天啊！昨晚怎么就没有多捡些呢？

巴甫洛夫在讲完之后意味深长地说了这么一段话："教育就是这么回事——当我们长大成人之后，才会发现以前学的科学知识是珍贵的宝石；我们这时也会为没有珍惜过去的时间而懊恼，因为我们学到的毕竟太少了！"

4. 甘地夫人法则：从容面对挫折的打击

小孩是需要关爱的，但物极必反，太多的爱与关注有可能起到相反的作用，它会软化孩子的生命力。让孩子直面生活，端正面对失败的态度，最好采取挫折教育。

挫折教育可以教会孩子学会自控，坚强孩子的意志，提高孩子的个性品质。它能使孩子在将来的生活中战胜自我，从容面对挫折的打击，最大限度地发挥自己的潜能，对孩子今后生活的幸福及事业的成功有着十分重要的意义。

人的一生会经历许多痛苦和挫折，孩子的第一次挫折很可能就从吃药打针开始。

看着孩子满脸恐惧、浑身发抖、几近绝望的样子，听着他世界末日般的哀求"妈妈，妈妈，我怕，我怕，我不想打针"。你会如何对孩子坦诚相告：人生的坎坷会远不止于打针吃药？你会如何教育孩子理智坦然地接受痛苦和挫折？

先看看印度前总理甘地夫人是怎么做的吧？

甘地夫人是一位非常出色的女性。作为领袖，她对印度有着杰出的贡献，作为妈妈，她是孩子心中最好的导师。

甘地夫人认为："生活中有幸福，也有坎坷，所有做母亲的都很愿意愉快地为儿女分担痛苦。……但教育的目的是培养孩子健全的个性，使他们以后能够从容不迫地适应生活中的各种变化。父母对孩子真正的爱并不是迁就孩子，让他们随心所欲，而是随时约束和教育他们，帮助孩子发展自我克制的能力，加强他们的品行的培养。"

有一次，甘地夫人的大儿子拉吉夫因病要做手术。面对紧张、恐惧的拉吉夫，医生打算说一些"善意的谎言"安慰孩子：手术并不痛苦，也不用害怕。

可是，甘地夫人却认为，拉吉夫12岁了，已经懂事了，那样反而不好。所以，她阻止了医生。随后，甘地夫人来到儿子床边，平静地告诉拉吉夫："可爱的小拉吉夫，手术后你有几天会相当痛苦，这种痛苦是谁也不能代替的，所以你要有精神上的准备；哭泣或喊叫都不能减轻痛苦，可能还会引起头痛，所以，你必须勇敢地承受它。"

手术后，拉吉夫没有哭，也没有叫苦，他勇敢地忍受了这一切。

孩子在成长过程中，将会不可避免地遇到许多问题、困难和挫折。这一点是不会以人的意志为转移的，也不是父母时刻呵护就能避免的。父母有必要让孩子知道，让孩子懂得挫折是人生正常的"待遇"，拒绝挫折，就等于拒绝成功。如果孩子在童年时期没有面对挫折的经验，长大以后就无法更好地战胜挫折。

有不少家庭尤其是独生子女家庭，父母总是怕孩子吃苦，从小对他们娇生惯养，使孩子养成衣来伸手、饭来张口的不良习惯。一些孩子离开父母后，独立生活的能力很差，不会料理自己的日常生活。有的家长还陪同孩子上大学，当孩子的"保姆"。更加令人担忧的是，一些孩子从小不但吃不得苦，而且心理承受能力极差，遇到一点儿困难，就会沮丧、想不开，甚至采取一些极端的行为，如离家出走或自杀等。

所以，每一个父母都应该懂得：克服困难，正确面对失败、挫折是孩子人生成长的必修课。父母要想办法让孩子走出大人的"保护圈"，切不可把孩子成长过程中的困难都解决掉，而要让他们在生活中接受困难的挑战，以培养坚强的意志。

人们常说："困难像弹簧，你弱它就强。"父母应鼓励孩子面对困难、不怕困难、克服困难，做生活的强者。

小故事

有个号称船王的船长，他的驾驶技术非常高超，每次远航时都能按时归来，即使多次在大海上遭遇肆虐的台风，也能够平安逃生。在与大海和台风搏斗的经历中，船长的驾船技术日趋完善。周围常年航行的人都没有到过遥远的非洲岛屿，但是，船长却可以轻松自在地往来其间。

时光荏苒，船王的儿子已长大成人。自儿子小时起，船王就把他带在身边，手把手传授儿子驾船技术，并把自己大半生的航行经验悉数教给他，比如如何对付海中的暗流、如何识别台风前兆、如何采取应急措施等。

儿子很聪明，没多久就掌握了扎实的驾驶技能，而且也学会了怎样识别台风前兆及应急知识。看到儿子有了丰富的经验，船王很放心地让他一个人驾船出海了。

但让所有人都没想到的是，船王的儿子在航行中遇到一次中级风浪而葬身海底。据说那次风浪是渔民们经常遇到的，并不可怕，只要措施得当，完全可以躲开。

面对儿子的死亡，伤心悲痛之余，船王怎么也想不明白，自己曾遭遇过无数次的台风，甚至飓风都能安然无恙，儿子又得到了自己所有的出海经验和驾船技术，他绝对不比其他任何渔民的驾驶技术差。可是，儿子居然在中级风浪中丧了生，究竟是怎么回事?问题出在了哪里?

周围的渔民得知消息后纷纷来安慰他。这时，有一位老人问船王："你一直手把手地教他吗?"

"是的，为了能让他学到更丰富的驾驶技术，我教得非常认真。"

"他以前出海，你是不是都一直跟着?"老人又问。

"是的，那样我能传授他更多的经验。"

老人说："看来，这其中更多的是你的过错啊。"

船王顿时迷惑不解。

"很明显。"老人解释说，"你只能传授他经验，却不能传授他教训。对于任何经验来说，没有教训作为根基，经验只能是纸上谈兵，而很多现实情况下，教训所带来的意义远远要大于经验本身。"老人顿了顿，又说，"也就是说，教训比经验更重要啊!"

让孩子学会坚强

一个人的一生要面临很多困难和挫折，如果没有坚强的性格，就很难有与困难、挫折做斗争的勇气。在孩子的成长过程中，有些父母对孩子一味溺爱，处处充当"保护伞"，这样孩子就容易变得娇生惯养，依赖感会越来越强，在挫折和困难面前就会手足无措。正如英国著名儿童心理学家卡特邦奇说："过于幸福的童年常常会造成不幸的成年。很少遭受挫折打击的孩子，长大后会因为不适应环境和复杂多变的社会而深感痛苦。"曾有媒体报道，一个在家备受疼爱的小男孩，只因要吃几粒进口糖，而堂姐则让他留几粒给父母吃，于是就觉得大受打击，而上吊自杀;一个学生只因在学校被老师批评了几句，就跳楼自杀。

这些孩子的心灵竟是如此脆弱！一些小事尚且如此，假使他们长大后，遇到更大的挫折，又会如何？因此，过分庇护孩子，从表面上看是爱孩子，实际上却是害了孩子，因为没有经过磨难和挫折的孩子，有可能永远长不大，当他们没有坚强的意志和毅力时，他们独立生活的能力也会为零。

孩子的坚强性格，是从童年和青少年时期不断受挫和解决困难的过程中得来的。受挫越多，往往越能使孩子珍惜身边的幸福。作为父母，应该尽可能地给孩子提供各种挑战的机会，哪怕孩子被羞得无地自容，你也要在背后鼓励他们"在哪里跌倒，就要从哪里爬起来"，而不可人为地制造风平浪静的局面，让孩子失去受挫的宝贵机会。

尽管对于孩子来说，受挫经历的回忆是痛苦的，但是却可以从中悟出现实的道理，得到宝贵的经验，激发自身的潜能。每位父母都应该清醒地认识到，我们不可能呵护孩子一辈子，孩子最终要在社会的摔打中不断成长。

父母要有意识地让孩子经历挫折，提高孩子的心理承受力，培养孩子坚强的性格。性格坚强的孩子也有痛苦，但是很快就能从痛苦中解脱，重新振作。人生就是一场与挫折较劲的漫长之路，坚强的人会勇敢地面对自己不如意的一面，甚至是耻辱，而不会轻易被挫折击败。

当然，让孩子经历挫折不是对孩子苛刻的批评、大声的漫骂和严厉的责打或者与孩子对着干，这种强行措施只会加重孩子的逆反心理，对培养坚强性格毫无益处。家长应当引导孩子正视挫折，克服由此带来的不愉快、沮丧等不良情绪，使孩子有勇气敢于面对困难，有机智应付困境和有能力解决难题。在对孩子进行挫折方面的教育，培养孩子的坚强性格时，父母应注意以下几点：

（1）向孩子灌输遭受挫折的思想。在现实生活中，不遭受挫折是不可能的。因此，父母要给孩子灌输遭受挫折的思想，让孩子有充分的心理准备，不至于遭到挫折便束手无策。父母要教育孩子在任何情况下都要有敢于面对现实的勇气，在逆境中也能够顺利走出来，满怀激情地拥抱生活。要多给孩子讲解那些身处逆境仍然自强不息、奋力拼搏的人生经历，如：在一个漆黑的山洞中，没有任何亮光，意志顽强的人是如何走出这个山洞的；在地震过后的废墟中，没有水，缺乏氧气，无助且坚强的人是怎样坚持直到获救的等等，这对于培养孩子顽强的意志是有帮助的，并且让孩子终生受益。只有这样，才能够培养孩子百折不挠的探究精神，从而提高其适应社会的能力。

（2）把孩子当成强者。父母以什么样的态度来对待孩子，孩子就容易成为什么样的人。例如，孩子不小心摔倒了，妈妈对孩子说："宝贝，你是最棒的，妈妈相信你能自己爬起来。"受到激励的孩子，大多会自己爬起来；如果态度相反，说："宝贝，真对不起，妈妈没有看好你，很疼吧。别动，妈妈抱你起来。"这样，孩子也容易受家长情绪的感染，即使摔得很轻，也会哇哇大哭一番。更为重要的是，在孩子的潜意识里，他会有这样的想法：我是需要被保护的，我是弱小的。这样，孩子就容易养成怯懦的性格。

（3）让孩子适当地吃点苦。给孩子讲道理，孩子不一定听得进去。如果把道理融入孩子日常生活中，孩子就能用心去体会。例如，在安全有保障的前提下，带孩子去郊外登山；对稍大一点的孩子，可以让他假期打工自己挣钱。当孩子在艰苦的条件下去学生存时，就能很好地锻炼孩子的性格。

（4）从挫折中学到知识。一个不能从失败中学到知识的人是没有什么希望的，人不应当两次在同一个地方跌倒。对于在生活中遇到的挫折，要教育孩子善于总结，以便从中学到一些经验，帮助孩子不要在同一个地方再跌倒。这样，孩子才会逐步掌握对待挫折的正确方法，把挫折变成前进的动力。

家教故事

　　荷兰物理学家塞曼小时候读书的自觉性并不高，成绩也一直平平。塞曼的母亲看到儿子的这种表现，心里十分着急。

　　一天，她把儿子叫到跟前，注视着他的眼睛，神情激动地说："儿啊，早知道你是一个平庸无能之辈，我当初真不该在波涛中挣扎……"接着，她向默默呆立的塞曼忆起注事：在塞曼快要降生的时候，家乡突然遭到洪水的袭击，她死里逃生，好不容易才登上了一只小船，塞曼就降生在这只小船上。母亲望着滔滔洪水和刚刚临世的小生命，想起了荷兰人的一句古训：我要挣扎，我要探出头来！

　　听完妈妈的回忆，塞曼才知道母亲所经历过的很艰难，心灵受到强烈的震撼，暗暗发誓要发奋读书，绝不辜负妈妈的期望。功夫不负有心人，他终于以优异的成绩受到学校的赏识，被学校聘为助教。当他满怀喜悦去见母亲的时候，母亲已身染重病，奄奄一息了。在弥留之际，她用深情的目光注视着塞曼，嘴唇在艰难地颤动着"挣扎，再——挣——扎！"留下这句遗言后溘然长逝。

"挣扎，再挣扎！"塞曼把母亲的话铭刻在心。他将嵌有母亲遗像的小相框一直挂在胸前。遇到困难和挫折时，他便凝视着母亲的遗像，回想母亲的谆谆教诲，以增加自己克服困难的勇气。

塞曼在科学的道路上挣扎，再挣扎！终于攀上了一般人难以企及的高峰，1902年塞曼获得了诺贝尔物理学奖。

警惕受挫折后的"投射效应"

从一个人成长的一般规律看，逆境、挫折的情境更容易磨砺意志，在逆境中经过挫折千锤百炼成长起来的人更具有生存力和更强的竞争力。因为，逆境中奋斗的人既有失败的教训又有成功的经验，更趋成熟。他们能把挫折看成一种财富，深知成功是建立在失败的基础上的，因此更具有笑对挫折、迎难而上的风范。

但是，有些孩子在遭遇挫折后，不进行自我检讨，而把挫折引起的内心不安，自己不愿意承认的某些行为、欲念、态度等排除于自身之外，转移或推向他人和周围事物，以此逃避自己心理上的承受力，这种心理现象称为"投射效应"，也叫推诿作用。

例如，有的孩子在学习成绩下降后，责怪班风不好，教师教学水平低下；到了学校发现没有戴红领巾，责怪母亲早晨没有把红领巾放在书包里；上课迟到受到老师批评，埋怨父母没有及时唤醒起床；演唱比赛名落孙山，抱怨音响效果差，评判人员不懂艺术欣赏；与父母有隔阂，简单地把原因归结为"代沟"，是父母"思想僵化"、不懂得理解年轻人，等等。

如果孩子具有投射心理，很可能在受挫很长一段时间里，借助"投射"作用来回避正确地自我评价问题，他没有意识到或者根本否认自己的缺点、问题，而是将所有的问题都归之于他人或其他客观原因，以此来掩饰内心的不安，有时甚至"以小人之心，度君子之腹"。这种"投射"心理是一种消极的自我防卫手段，助长了孩子推卸责任的不良品质，严重地影响了人际关系。一旦发现孩子产生"投射"心理现象，父母理当义无反顾地予以教育引导。

当孩子受到挫折后，父母不仅要帮助孩子正确对待挫折，分析造成挫折的主客观原因，而且要教育孩子多从主观上想问题、找原因，并勇敢地承担责任，这是克服产生"投射效应"的根本之点。孩子受到挫折，不管大小，父母都要妥善处理，不能忽视。父母一方面要让孩子明白挫折是难免的，每个人都会遇到；同时，父母要帮助孩子分析受挫的原因，让孩子明白错在哪里，错的原因，该如何改进；此外，适当调整对孩子的期望值，改变环境等，也是比较有效的办法。

总之，在孩子遇到挫折后，父母要鼓励和安慰孩子，帮助孩子树立战胜挫折的信心，学会正确地进行自我评价和全面客观地分析挫折，不推诿自己的责任，承担一切可能发生的风险，这既是智者的睿智、勇者的大度，又是自信的表现。

家教故事

有一对农村夫妻四十得子，因而对儿子宠爱有加。在蜜罐中成长的儿子养成了一意孤行的性格，做事毛毛糙糙，就连走路也走不好，时常跌进水田里，很是让望子成龙的父母焦心。

儿子7岁那年上了小学。顽皮的他走路喜欢东张西望，不是弄湿了鞋子，就是弄脏了裤子，哭鼻子成了家常便饭。

一天，孩子的父亲带着一把锹去儿子上学必经的田埂上，在上面断断续续地挖了十几道缺口，然后用棍棒搭成一座座小桥，只有小心走上去才能通过。那天放学，儿子走在田埂上，看到面前一下子多出了这么多的小桥，很诧异。是走过去，还是停下来哭泣？四顾无人，哭也没有观众啊。最终他选择了走过去。当背着书包的他晃晃悠悠地通过小桥时，惊出一身冷汗。他第一次没有哭鼻子。

吃饭的时候，儿子跟爸爸讲了今天走过一座座小桥的经历，脸上满是神气。父亲坐在一旁夸他勇敢。

妻子对丈夫的行为有些不解，丈夫解释道："平坦的道上，他左顾右盼，当然走不好路；坎坷的道路，他的双眼必须紧盯着路，所以才能走得平稳。"

　　故事中的儿子就是如今赫赫有名的"经营之神"松下幸之助。他的父亲松下三郎在他9岁那年因病去世，去世前他一再叮嘱小松下的母亲："在孩子成长的路上，一定要设置一些他能独自跨越的障碍，如果你一味地给他提供顺境，等长大后，一旦遭遇挫折，必然会经受不住打击，而产生种种令人意想不到的后果。"

5、沸腾效应：成功需要坚持

　　成功在于坚持，这是一个并不神秘的秘诀。可世间最容易的事是坚持，最难的事也是坚持。说它容易，是因为只要愿意做，人人都能做到；说它难，是因为真正能做到的，终究只是少数人。

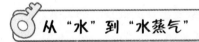

从"水"到"水蒸气"

　　水温升到99度，还不是开水，其价值有限；若再添一把火，在99度的基础上再升高1度，就会使水沸腾，并产生大量水蒸气来开动机器，从而获得巨大的经济效益。这被称为"沸腾效应"。

　　只差一点点，往往是导致最大差别的关键。在"沸腾效应"里，100度也可以称为临界点，一旦达到这个临界点，事物就会发生质的变化。

　　有一些人，看起来很聪明也很勤奋，可为什么总是难以取得成功？说白了，可能仅仅是一步的差距，但这一步却是量变和质变的区别。就好比99度的水和100度的水，虽然仅仅1度之差，但却是天壤之别。

　　怎样才算是让"水"沸腾了呢？就是要以坚忍不拔的毅力面对困难和挑战，坚持下去，就会挺过临界点，进入一种新的境界。

　　在生活中，我们很多人都有过这样的经历：

　　周末去登山，走一段路以后就会感到筋疲力尽，甚至再也不想往上爬一步，但只要咬紧牙关坚持爬，过一会儿你就会感到全身开始舒服起来，登山的乐趣油然而生；

跑步跑到一定的时候，也会感到筋疲力尽，但只要咬紧牙关坚持跑，过一会儿你就会感到呼吸舒畅起来，继续跑下去的勇气会转变成一种轻松的向前跑的惯性，接着再跑下去你就能跑出很远。

事实上，生活中的很多事情，如登山、跑步、学习，都会遭遇"临界点"，只要不放弃，咬紧牙关坚持下去，就会让水"沸腾"。

如果不能跨越生命的临界点，就会吃尽失败的苦头；而要想跨越生命的临界点，就需要经受更多的考验；但是，只要你能够忍受黎明前最黑暗的那一刻，太阳一定会带着满天的朝霞为向着东方奔跑的人灿烂升起。

一个寓言

传说有两个人偶然与神仙邂逅。神仙授他们酿酒之法：选端午那天成熟的米，加冰雪初融时高山流泉的水去蒸。蒸熟后，放入千年紫砂土筑成的陶瓮，再用初夏第一张看见朝阳的新荷覆盖，密封七七四十九天，直到鸡叫三遍后方可启封。

两个人都表示得此仙方，一定会酿造出世上最甘醇的美酒。他们说到做到，在历经千辛万苦，终于找齐了所有的材料，连同梦想一起调和，密封在陶瓮里，然后潜心等待。

两个人终于等到了第49天，他们太激动了，以致夜不能寐，等着公鸡打鸣。两个人感觉在等了很久很久以后，传来了第一遍鸡鸣；又等了很久，依稀响起了第二声；第三遍鸡鸣到底什么时候才会响起呢？其中的一位终于忍不住了，他想鸡鸣两遍和三遍并没有区别，于是打开了他的陶瓮；另一位虽然也按捺不住想要伸手，却还是咬着牙，坚持等到第三遍鸡鸣。

结果怎么样呢？先打开陶瓮的，里面是一汪清水，里面的酒和醋一样酸。而坚持到鸡叫三遍的人，得到了甘甜清澈的天赐佳酿。

指导孩子做事有始有终

日常生活中，我们常常能见到一些孩子，尤其是独生子女，干什么事都没有长性，总是半途而废，不能善始善终。

做事不能有始有终是孩子缺乏意志力的一种表现。这样的孩子往往心理比较脆弱，意志力较差，情绪不稳，注意力也不太集中和长久。从整体上看，这样的孩子自立自理的习惯少，能力也差，容易在困难面前畏缩退让，半途而废。更为严重的是，由于做事情不能坚持到最后，也很少品尝到成功的滋味，很容易造成自信心不足，甚至有严重的自卑感，或者对人对事都抱一种"破罐子破摔"的无所谓态度。长期下去，将对孩子的未来产生很不好的影响。因此，父母要从小开始注重对孩子意志品质的培养，切莫对孩子的这种坏习惯视而不见或迁就放任。

父母该怎样教育孩子做事有始有终呢？以下几点要求请家长们注意：

（1）父母要做好表率。父母是孩子的榜样，其言行及作风习惯，都可能成为孩子模仿的对象。因此，要教育孩子做事有始有终，父母首先要做事不半途而废，并注意让孩子模仿，同时经常提醒孩子注意父母做事是怎样坚持到底的。

（2）循序渐进培养孩子的坚强意志。不要在一开始就让孩子做难度过大的事情，如果孩子尽最大能力亦不能成功，他就会伤心失望，甚至丧失自信心，而不敢去继续尝试。父母可以先让孩子做些简单的、在短期内能完成的事情，在孩子完成任务后对他们进行适时鼓励，树立他们的信心，然后逐渐交给他们比较复杂的、需要较长时间和一定耐心、付出一定努力才能完成的工作，并督促孩子坚持把事情做完。父母老师让孩子做事时，应注意适合孩子的实际水平。如果过难，使孩子尽最大能力亦不能成功，他就会伤心失望。如果连续几件这样的事就很可能使孩子不再去想，不愿去做，而丧失自信心。

（3）指导监督孩子做事。父母在交给孩子任务后，要提前告诉孩子会遇到哪些困难，然后提醒孩子一旦行动起来，就要克服困难坚持下去。在行动过程中，要帮助孩子正视困难、克服困难，加大自我管理的力度，不断地给予激励。尤其在接近目标时，要给孩子讲"行百里者半九十"的道理，鼓励孩子把事情做完。

（4）帮助孩子克服困难。在孩子遇到困难时，父母要给予适当的指导和提示，这不是代替而是帮助孩子想办法，以防孩子碰到解决不了的问题时灰心丧气。当孩子想不出办法又不愿去想，有偷懒或依赖父母的迹象时，父母不可给予帮助，而应注意说服鼓励，必要时给以批评并监督孩子独立地做完某件事。这样长期坚持下去，孩子的能力提高了，习惯养成了，做事也不再半途而废了。

 ## 家教故事

有一种名为"三分钟"的耐性训练法，是训练孩子专心致志的好方法：

张海只爱看电视和玩游戏，对书本不感兴趣。一天，父亲给了他一个沙漏，告诉他，这是古时候的钟表，里面的沙子全部漏下去时，正好是三分钟。这时父亲说，以沙漏为计时器，和爸爸一起看故事书，每次以三分钟为限。张海觉得有趣，很高兴地答应了。

张海果然静静地坐下来听爸爸讲故事。但事实上他根本没有留意看书，而是一直看着那个沙漏，三分钟一到，便跑去玩了。

父亲没有气馁，他决定多试几次。这样数次之后，张海的视线渐渐由沙漏转移到故事书上了。虽说约定三分钟，但三分钟过后，因为故事情节吸引人，张海听得特别入神，他要求延长时间，但父亲坚持"三分钟"约定，不肯继续讲下去。张海为了早点知道故事情节，就自己主动阅读了。

父亲用这种循序渐进的训练方法，对张海进行潜移默化的教育。这实际上是通过孩子感兴趣的东西，使孩子的注意力在一定时间内专注于某一对象，久而久之，孩子养成习惯，也就提高了自制力。

三分钟，正好适合孩子注意力的特点，三分钟后立即打住，既能使孩子觉得父亲守信，也利用孩子的好奇心，引发他主动学习的积极性。当然，父母要有耐心和恒心，不要试了一两次后觉得没效果就放弃了。

教育永远不要说放弃

成功往往就是"差那么一点点"，这个道理也适用于我们教育孩子。不论现在你认为自己的孩子多么不优秀，多么不争气，但是，永远不要放弃！

这个世界上没有坏孩子，只有"坏教育"。人各有其才，各有不同的能力。要善于发现孩子的闪光点，因材施教。即使我们一时未能找到孩子的闪光点，别着急，这需要父母的耐心、宽容、发现和等待。

要知道，即使如爱因斯坦这样的大天才，也曾经因为在学校表现平庸而被教导主任断言："你将一事无成。"

和爱因斯坦一样早期"愚钝"，长大后成为"天才"的人还有很多："氢弹之父"爱德华·特勒直到3岁才会说话，别人都当他是弱智儿；小儿科医学家蒙斯克博士3岁了还不会说话，而且每次开口说话都是慢吞吞的，让人受不了；堪称最好学的美国总统威尔逊，小时候情况更糟，直到9岁才会认识26个字母；著名数学家庞加莱小时候被认为是低能儿；"发明大王"爱迪生13岁就被学校开除，老师说他猪头，校长说他永远一事无成；童话大王郑渊洁小时候是个"差生"，他的老师训斥他："咱这个班里，最没出息的就是你！"……

孩子的成长需要一个过程，不可能一蹴而就。在这个漫长的过程中，孩子有自己的身心发展规律。例如，有些父母抱怨孩子考试太粗心，不该错的会出错。其实有时并不是孩子有意在犯错，而是孩子年龄尚小，大脑和神经系统还没有发展成熟，记忆的瞬间性，注意的短暂性，思考的不周密等因素都会造成粗心。这些在成人看来低级而简单的错误，会随着大脑和神经系统功能的成熟和完善而自动消除。

此外，每一个孩子都是一个独立的个体，先天的禀赋，后天的教育等等都造成孩子之间的千差万别。就像人的手指头有长短，孩子也是各有千秋。不能认为孩子在某一方面比别的孩子差，就认定孩子的任何方面都比别人差。有的孩子在交际上如鱼得水却不擅长写作；有的内向害羞但写起文章妙笔生花；有的唱歌会跑调但数学却很好……父母期望孩子样样出色，当全能手是不现实也不可能的。

而且，不同孩子的成长速度也有快有慢。有的孩子早早地锋芒毕露；有

173

的孩子则可能属于大器晚成。我们在生活中也经常可以看到这样的例子，一些孩子在小学学习成绩一般，但是到了初中或高中成绩就有明显提高，甚至很突出。

孩子的成功离不开父母对他从始至终的关爱和信心。意大利教育家蒙台梭利曾说："每个人的成长都有一个程序，他在某个年龄特征段该领悟什么样的问题，其实是固定的，你没办法强求，过分人为地加以干涉只会毁了他。"所以，家庭教育也要遵循孩子的自然发展规律，让孩子自由地发展，而不可拔苗助长。父母需要有耐心等待孩子的成长，急是急不来的。

成长过程中只有相对的而没有绝对的快与慢。就像运动员长跑，起跑慢的不一定到达终点慢，终点接近胜利的也许起跑慢。因此，父母不要因为看到孩子说话晚，就怀疑智力是不是有问题；不要看到邻家孩子识字早，就埋怨自家孩子笨；看到孩子某一次考试成绩不好，就陷入绝望！

每个孩子都是独一无二的。父母们不要总是拿孩子和别人比，更不能过早地给孩子下定论，特别是对孩子前途的"失望性"结论，因为，这样容易失去客观的判断标准，给你带来麻烦与遗憾。请记住，给孩子下不良定论的父母是世界上最缺乏远见、最愚蠢的父母。当孩子学习成绩不理想时，父母要认识到这可能是暂时的，或许孩子在其他方面有特长，或许以后会有进步，对孩子要有信心，千万不可方法简单，态度粗暴，动辄训斥打骂或置之不管。

"没有教不好的孩子，只有不会教的父母。"父母要辩证地看待孩子成长道路上的得失成败，以宽容的心态看待孩子犯过的错误，积极寻找孩子身上的闪光点，找到孩子的优势，鼓励和支持孩子发展自己的长处。

一个人的发展潜力是不可估量的！永远不要对孩子失去信心，更不能轻言放弃。当一种方法不行时，父母要积极尝试另一种方法，以调动孩子的积极性，让他朝着你预设的目标进发。

家教故事

毕加索从小就很有艺术天赋，他会做惟妙惟肖的剪纸，还创作了许多惊人的绘画作品。左邻右舍都赞叹不已，称毕加索为天才。然而，这个"天才"在上小学时却遇到了麻烦，枯燥的学校生活令他难以忍受，注意力很难集中，上了两个小学，却不知道二加一等于几。

在学校，毕加索成了同学们捉弄的对象，他们喜欢跑到毕加索的课桌前，逗他玩："毕加索，二加一等于几？"然后看着毕加索呆呆的样子哈哈大笑。就连老师也认为这孩子的智力低下，根本没法教，并经常在毕加索的父母面前绘声绘色地描述毕加索的"痴呆"症状。毕加索的母亲听了又羞又恼，觉得没脸见人。左邻右舍也不再为他的绘画天赋叫绝，而私下议论说："瞧他那呆头呆脑的样儿，只会画几幅画有什么用。"当时，几乎所有的人都认为：毕加索是一个傻瓜。

虽然时时要面对风言风语的议论和嘲笑，但毕加索的父亲仍然坚定不移地相信：儿子虽然读书不行，并不能说明他是低能儿，儿子在绘画方面是极有天赋的。

父亲对毕加索说："不会算术并不代表你一无是处，你在绘画方面却像个大师一样！"小毕加索看着父亲坚毅的面孔，找回了一些自信。为了安抚儿子受伤的心灵，父亲每天坚持送儿子去上学。一到教室，父亲便把画笔和用作模特的鸽子标本放在课桌上。有了父亲的支持，毕加索对别人的议论不再在意，虽然功课不好，但他却在绘画的天地里找到了快乐。小毕加索的画技日益提高，他又再一次成为人们眼里的绘画天才。

第六章　规范孩子的行为习惯

习惯真是一种顽强而巨大的力量，它可以主宰人的一生，因此，人从幼年起就应该通过教育培养一种良好的习惯。

——[英国]培根

1、强化定律：好习惯需要不断强化

对于成长期的孩子来说，日常生活中的好习惯和坏习惯都同时存在。如何鼓励孩子保持好习惯，矫正不良习惯，一直是困扰父母的难题。如果适当运用强化定律来做这项工作，事情就会变得容易很多。例如，父母如果在处理孩子的事情上奖惩分明，关注孩子正确的行为，使之强化；批评孩子的坏习惯，使之消失，孩子好习惯的培养一定会变得更为容易。

 认识"强化定律"

俄国科学家巴甫洛夫曾用狗做实验，当狗吃食物时会引起唾液分泌，这是条件反射。如果给狗以铃声，则不会引起唾液分泌，因为铃声本来与唾液分泌无关，是无关刺激，但如果每次给狗吃食物以前就出现铃声，这样结合多次之后，铃声就成为进食的信号了。这时，铃声已转化成信号刺激（也就是条件刺激）。所以铃声一响，狗就出现唾液分泌。这种反射就是典型的条件反射。形成条件反射的基本条件就是天天刺激与非条件刺激在时间上的结合，这个过程称为强化。

强化在反射形成和消退过程中有着重要作用，它证明了人或动物的本能，如果没有得到强化，最后也会消失。强化定律不仅是动物学习新行为的一种心理机制，也是孩子和成人通过肯定或否定的反馈信息来修正自己行为的手段。美国心理学家斯金纳认为：如果人们在无意中做出某种行为之后得到了赞扬，以后就会多做出这类行为；如果无意中做出的某种行为导致了惩罚，则以后会回避这种行为，会尽可能少做这种行为。

在教育孩子时利用强化定律的关键是奖惩分明。如果孩子做错了事情，那么父母绝对不可以姑息迁就，否则，言行不一致的父母无法在孩子面前建立威信，孩子也无法养成好的习惯。同时，如果孩子的行为值得表扬，父母也要及进给予肯定，尽管有时只是说一句鼓励的话，但对孩子来说，那将是他们继续前进的动力。

父母必须对事物的好坏有一个始终如一的意见。父母自己缺乏主见是教育孩子的一大禁忌。最简单的做法是：你要经常解释你的行为，你为什么要责骂他，或者你为什么要表扬他，把你的是非观传递给孩子，并且确保你的行为符合你的是非观。经过一段时间的训练，你的孩子也会以你的是非观去约束自己的行为。正确的行为得以保持，不正确的行为得以矫正。

孩子有时也会本能地使用强化定律。有时候，他们会本能地通过强化某些行为或是消除另外一些行为来训练他们的父母，而不是他们的父母训练孩子。例如，当父母要外出时，小薇薇也吵着要跟去，无论如何就是不肯跟保姆留在家里，为此，甚至不惜哭哭啼啼，在地上打滚，弄脏自己最喜欢的衣服。

想到孩子最喜欢吃奶糖，虽然为了防止她长蛀牙，奶糖都被刻意地藏了起来。但这次为了让孩子早点停止吵闹哭泣，薇薇的父母给她找出了一包奶糖，并许诺回来的时候给她买礼物。

事实上，薇薇父母的举动无意中鼓励了小薇薇以哭闹来达到目的，如果下一次她想达到什么目的的话，首先想到的方法肯定是哭闹。从强化定律上来说，薇薇父母的举动恰恰没能强化孩子的安静，却奖励了她的眼泪和哭闹。

正确的做法应该是：在小薇薇还没有开始落泪时就给她以鼓励，鼓励她与父母合作，这样，作用就完全不同了。孩子会在潜意识里形成这样的概念：

不哭泣，跟父母合作，就会有奖励。而不是哭泣就能解决问题。

常常听到家长这样教育孩子，"别哭了，宝贝，妈妈给你买好吃的！""别乱泼水，要是你听话，我给你买巧克力。"……也许当时很有效，孩子马上不哭不闹了。但是，事实上，这是父母在用"奖励"的方式来换取孩子停止不良的行为。短暂的安宁之后，孩子可能会形成不良行为可以换来"奖励"的观点，到那时就为时已晚了。

奖励和惩罚是对孩子行为的外部强化或弱化的手段，它通过影响孩子的自身评价，对孩子的心理产生重大影响。父母在教育子女时，最重要的是赏罚分明，奖励时要抓住时机，掌握分寸；惩罚时用语要得体、适度、就事论事，使孩子明白为什么受罚和怎样改过。

小故事

有一类梭子鱼特别爱吃鲤科小鱼。如果把这些梭子鱼和它的小猎物们一起放到水槽里，水槽里很快就只剩下梭子鱼了。然而，当我们在水槽里放进一块玻璃板，把梭子鱼和鲤科小鱼隔开，有趣的事情发生了。梭子鱼看不见玻璃，每次当它追逐自己美餐的时候，都会结结实实地撞到玻璃板上。开始时，梭子鱼会一次又一次游向玻璃，撞得晕天昏地。显然，梭子鱼的猎食行为没有得到强化，因此它慢慢地消失了。

最后，梭子鱼终于懂得了这些小鱼是可望而不可即的，于是，它改变了自己的行为。这时，再把玻璃板从水槽里拿走，结果却变成：这些鲤科小鱼居然可以十分安全地绕着它们的天敌游来游去。梭子鱼再也不想去吃掉它们，因为它懂得这样一个道理：这些小鱼是吃不到的。

令人吃惊的是，最后，这些大型的梭子鱼竟然饿死了，而它所喜爱的食物还时不时地游过它的嘴边。

用奖赏进行强化

孩子的每一个进步都应该得到父母的赞扬，这是对孩子的积极行为进行强化的最好方式。父母如果能够做到这一点，孩子就会加倍努力，取得的进步一定会积少成多，实现从量的变化到质的飞跃。

在与孩子相处时，父母应该懂得去发现孩子的正确行为，而且立即予以重视和嘉奖，不要在孩子表现良好时漠然视之。表扬孩子的正性行为比责备他们的负性行为更有效。父母需要知道，孩子每一个好的行动都应受到鼓励，哪怕他做得不到位。这种经常的鼓励会增加孩子的正性行为，减少负性行为。这比只关注孩子的错误行为要好得多，并会增加孩子的竞争意识、自信和自尊，激发孩子积极向上的愿望。一段时间后，你会发现，孩子正在朝着你希望的方向发展。

当孩子意识到自己存在的问题，下决心改正时，父母一定要表示赞赏，给予鼓励，进行强化。不要用怀疑的态度来对待孩子的承诺，更不要讽刺挖苦。对孩子改正错误也绝不要失去信心，当孩子有了改正错误的意愿时，家长除了赞赏和鼓励外，还需要多一分耐心和宽容。如果得不到家长的赞赏和支持，孩子会感到十分失望，很可能放弃改正错误的行动，导致积极行为的消失。

妈妈最近因为小伟的坏毛病头疼得厉害。不知道从什么时候开始，小伟经常忘记把牙刷放到漱口杯里，每次刷完牙，他总是顺手就丢在洗漱池边，既不卫生也不整齐。而且，最令妈妈气愤的是，每次当她指出小伟的错误时，小伟总是一副满不在乎的表情，一边继续想自己的问题，一边心不在焉地回答："知道了。"

有一天，小伟刷完牙后，照例正要顺手把牙刷往旁边搁，突然想起妈妈说的话，于是他认真地把牙刷放到杯子里去，并且还特意摆了摆位置。

不巧的是，妈妈根本没注意到今天这个小小的细节，她把儿子的行为看做一件很正常的事情。妈妈的表现令小伟很没有成就感。

第二天，牙刷又被扔到杯子外面。

"小伟，你的坏习惯怎么老是改不了。看，又把牙刷放在外面了。我不是对你说过牙刷用后要放到杯子里吗？"妈妈生气地说道。

"我以为你忘记了。"小伟说道。

"怎么这么说呢？"母亲疑惑地望着小伟。

"因为昨天我把牙刷放在杯子里了，而你却什么也没有说！"

事实上，很多家长都存在与小伟母亲同样的问题，他们对孩子的期望比较高，总希望孩子能有"突变"，产生"飞跃"。因而对孩子一些细小的进步不是很注意，反应比较冷淡。但是，质变是由量变引起的，平时大量的细微进步，积累起来才可能有大的变化。因此，对于父母来说，要想让自己的孩子获得"飞跃"，就应该对孩子的点滴进步进行强化。

心理专家建议，在某些时候，父母应忽视孩子的负性行为，将自己的预期目标分成小步骤，一步一个脚印地做，这样事情就能相对容易很多。也就是说，如果一个孩子有不良的生活习惯或行为，父母不应该对此抓住不放，而应该找到孩子偶尔没有此不良行为的时候对孩子予以表扬。

家教故事

著名的家庭教育学家周弘是赏识教育的倡导者，他用20年的时间，把双耳全聋的女儿周婷婷培养成留美硕士，创造了教育奇迹！

很多父母为了提高自己孩子的写作能力，往往会让孩子写作文时去读范文，拿孩子的作文和范文比，结果越比孩子越没信心。

周弘认为：孩子的作文再差总会有一个句子写得好吧？他就用红笔把作文中写得好的句子划下来，吃饭的时候，让女儿婷婷当着全家人的面朗读，爸爸妈妈一起为她欢呼。

慢慢地，一句变成两句，两句变成三句，婷婷越来越爱写。只要孩子对写作感兴趣，能写不出好作文吗？在这种充满激励的环境中，婷婷的学习兴趣越来越浓厚，其他方面也有了比较大的进步。

不同的手势有不同的含义。很多父母在教育孩子时，运用手指最多的往往是食指。父母经常用食指指着孩子的脑袋："你这个小傻瓜，咋这么笨啊？"

周弘身上其他地方的肌肉似乎都不发达，唯有大拇指的肌肉不同。婷婷从小到大，只要在爸爸身边，爸爸的大拇指总要是来是去。在婷婷心中，大拇指就是"婷婷好棒"的意思，这就是一道射进孩子心灵的金色阳光。

得不到强化的行为会渐渐消失

如果孩子的某些行为，得不到强化，最终会逐渐消失。例如，很多孩子喜欢哭闹，他们这样做，一个原因是想吸引大人的注意。很多孩子的坏习惯是成人对他们过度关注造成的，比如孩子伤心时赶紧安抚，哭叫时立即迁就，激动时马上观看。在这种情况下，父母最好的教育方式是减少对孩子不良行为的过分关注，装作视而不见，听而不闻，平时怎么对待他还怎么办，或者用其他方法转移他的注意力。把你要他改正或要做的事交代完后，静观其变，耐心地等着。孩子见父母没有改变主意的意思，最后就会照着做了，脾气暴躁的孩子的情绪也会因为父母采取冷处理而逐渐平稳下来。

有一位母亲就是利用这个方法，来消除孩子的哭闹行为的。当孩子开始哭闹时，这位妈妈会说："宝贝，你这样呜呜地哭，我可听不懂你的话。我的耳朵很好玩，它们就是听不懂呜呜啊啊的哭。不过你要是好好地跟妈妈说话，妈妈一定能听懂。我们来试试好好说话好不好？"每一次当孩子不好好说话，哭着耍无赖的时候，妈妈就对这些呜咽声充耳不闻；另一方面，对孩子用正常声音表达的要求，这位妈妈会立即给予关注，不仅要在行动上给予关注，而且语言上要给予奖励，比如：你瞧，你这样好好说话，妈妈每次都听得懂，妈妈喜欢你这样好好说话。我知道你是个乖孩子！

家长用冷处理的方法来矫正孩子的不良行为时，一定要注意两件事情。一、你要学会坚持。不要觉得孩子哭得有多可怜而心软。或者你觉得：哎呀，就这一次。不行！一旦你没有坚持住，这场战争必输无疑。二、随时用语言解释你的行为。不要以为孩子小，不懂，从小开始，坚持跟孩子解释你的行为。长此以往，你会发现孩子会比较讲道理，而且听得进去道理。当你需要制止孩子的某些行为时，你就不需要怒吼了。

家教故事

江民有一个脾气暴躁的儿子，为此头痛不已。用尽了各种各样的教育方法，打他、罚他站墙角、赶他早点上床、责骂他、呵斥他，但这些都不起多大作用。

后来，有一天晚上，江民和妻子在客厅看报纸，他们说了些什么话惹怒了儿子。小家伙便倒在地上雷霆大发。他尖叫，用头撞地，挥手踢脚。这次，江民和妻子都被彻底激怒了，但却一时不知所措，于是他们便置之不理，一声不吭地继续读他们的报纸。

这恰恰是这个小家伙最不期望看到的情形。他站了起来，看着他的父母，又倒下去把先前的好戏上演了第二遍。江民和妻子仍然没有任何反应，这一次，他们心照不宣地看着对方，然后惊讶地打量着儿子。

小家伙突然又倒在地上上演了第三遍。江民和妻子继续不理睬他。最后，小家伙也觉得自己趴在地上哭叫实在太傻了。

从此，小家伙不再朝别人乱发脾气了。

2. 路径依赖：从小养成良好的习惯

孩子的习惯就像是走路，如果孩子选择了一条道路，惯性的力量会使孩子不自觉地强化自己的选择，并且一直沿着这条路走下去。因此，从小培养孩子良好的习惯将会影响孩子的一生。

 认识"路径依赖"

美国经济学家道格拉斯·诺思是第一个明确提出"路径依赖"理论的人。由于他用"路径依赖"理论成功地阐释了经济制度的演进规律，从而获得了1993年的诺贝尔经济学奖。道格拉斯·诺思认为，路径依赖类似于物理学中的"惯性"，一旦进入某一路径（无论是"好"的还是"坏"的）就可能对这种路径产生依赖。某一路径的既定方向会在以后发展中得到自我强化。人们过去做出的选择决定了他们现在及未来可能的选择。

有一个很著名的例子可以帮助我们更形象地认识路径依赖现象：现代铁路两条铁轨之间的标准距离是四英尺又八点五英寸（合1.44米），这个标准距离是怎样确定的呢？

这要从古罗马说起。古罗马时代，牵引一辆战车的两匹马屁股的宽度是四英尺又八点五英寸，因此，古罗马人以四英尺又八点五英寸作为战车的轮距宽度。

当时的整个欧洲，包括英国的长途老路都是由罗马人为他们的军队所铺设的，因此，英国马路辙迹的宽度是四英尺又八点五英寸。如果马车用其他轮距，它的轮子很快会在英国的老路上撞坏。

后来，人们发明了电车，而最先造电车的人以前是造马车的，所以，四英尺又八点五英寸成为电车轨的标准。而早期的铁路又是由建电车的人所设计的，因此，四英尺又八点五英寸又成为现代铁路两条铁轨之间的标准距离。

原来是牵引战车的两匹马屁股的宽度决定了千年后的现代铁路铁轨的宽度。

故事到这里还没有结束，美国航天飞机燃料箱两旁有两个火箭推进器，因为这些推进器造好之后要用火车运送，路上又要通过一些隧道，而这些隧道的宽度只比火车轨道宽一点，因此火箭助推器的宽度要由铁轨宽度来决定。

所以，最后的结论是：美国航天飞机火箭助推器的宽度，竟然是由两千年前牵引战车的两匹马屁股的宽度所决定的。

在一定程度上，人们的一切选择都会受到"路径依赖"的影响，人们过去做出的选择决定了他们现在可能的选择。为了让孩子有一个好的未来，父母就有必要帮助孩子做出正确的路径选择。好的路径会对孩子起到正面的作用，不好的路径会对孩子起到负面的影响，而这些选择一旦进入锁定状态，想要脱身就会变得十分困难。

一个关于"路径依赖"的实验

有人将5只猴子放在一只笼子里，并在笼子中间吊上一串香蕉，只要有猴子伸爪去拿香蕉，就用高压水教训所有的猴子，直到没有一只猴子再敢动手。

然后用一只新猴子替换出笼子里的一只猴子，新来的猴子不知这里的"规矩"，竟又伸出爪子去拿香蕉，结果触怒了原来笼子里的4只猴子，于是它们代替人执行惩罚任务，把新来的猴子暴打一顿，直到它服从这里的"规矩"为止。

试验人员如此不断地将最初经历过高压水惩戒的猴子换出来，最后笼子里的猴子全是新的，但没有一只猴子再敢去碰香蕉。

起初，猴子怕受到"株连"，不允许其他猴子去碰香蕉，这是合理的。

但后来人和高压水都不再介入，而新来的猴子却固守着"不许拿香蕉"的制度不变，这就是路径依赖的自我强化效应。

引导孩子养成良好习惯

习惯是成败的关键。有时候，成功者与失败者之间唯一的差别在于他们拥有不一样的习惯。正如奥格·曼狄诺所说：事实上，成功与失败的最大分野，来自不同的习惯。好习惯是开启成功的钥匙，坏习惯则是一扇向失败敞开的门。注重习惯的力量，从小培养孩子良好的习惯吧！这对孩子的一生都有重要影响。

美国学者特尔曼从1928年起对1500名儿童进行了长期的追踪调查研究，发现这些"天才"儿童平均年龄为7岁，平均智商为130。成年之后，又对其中最有成就的20％，和没有什么成就的20%进行分析比较，结果发现，他们成年后之所以产生明显差异，其主要原因就是前者有良好的学习习惯、强烈的进取精神和顽强的毅力，而后者则缺乏。

良好的习惯是可以通过教育来实现的。所谓习惯，就是经过重复练习而巩固下来的思维模式和行为方式，例如人们长期养成的学习习惯、生活习惯、工作习惯等。在当前社会竞争激烈的大环境下，培养孩子的良好习惯对孩子的身心健康有着深远的意义。

家庭是孩子成长的第一环境，是孩子习惯形成的摇篮。6岁前的儿童与家庭的关系更为密切、长久，因此，家庭对孩子的影响也更多更大。父母培养孩子养成良好的习惯也就更为重要和有意义。

要培养孩子养成良好的习惯，父母要注意以下几点：

（1）习惯要从小开始培养。任何一种习惯的培养都不是轻而易举的，都要遵循循序渐进、由浅入深、由近及远、由渐变到突变的原则。因此，父母要明白，习惯要从小开始培养。

幼儿期是培养习惯的最佳时期。在这段时期内，培养孩子良好的行为习惯和生活习惯更为容易。古代家教思想中提出了"教子婴孩"、"早谕教"，这表明，在孩子无所知、无所疑时，进行教育是容易的。

在孩子幼儿期，帮助他们形成良好的基本生活习惯，这一点对父母和孩子同样重要。否则等孩子们到了自我意识渐渐形成的年龄，父母过多的指令就会比较容易遭到孩子的反抗。

（2）必要时要强制和约束孩子。好习惯不是与生俱来的。在养成好习惯的初期需要依靠父母的强制作用进行约束。"强制出习惯"是个不折不扣的真理！例如我们现在都说要饭前、便后洗手，这个好习惯是经过父母或他人的数次强制和纠正才得以养成。新加坡素有花园城市的美名，市民的自律习惯更是让人称叹，但当时这些习惯的培养甚至动用了警察、监狱等国家机器来强制执行！可见，养成好习惯的初期必须靠父母的强制作用进行约束。良好的习惯是在反复实践中养成的。因此，要尽量给孩子创造一些机会，并督促检查。

（3）要创造机会培养好习惯。生活即教育，父母应该积极为儿童创造适宜的家庭环境，同时，父母应当经常在行为、举止和谈吐等方面给孩子一个好的榜样。例如，要培养孩子有礼貌，父母在平时讲话和待人接物上就要表现得有礼貌。只有通过长期的言传身教，才能使孩子在潜移默化中得到最佳的教养，通过日积月累，让孩子的良好习惯在不知不觉中形成。

（4）培养习惯有方法。习惯的培养要使用恰当的批评和表扬。要想培养孩子们良好的生活习惯，要使用恰当的批评和表扬用语。培养孩子的基本生活习惯，教给他们自我保护的基本技巧，是我们表扬、批评孩子时的一个很重要的目的。

 小故事

1987 年，75 位诺贝尔奖获得者在巴黎聚会。

有人问其中一位："您在哪所大学学到您认为最重要的东西？"

那位老人平静地说："是在幼儿园。"

"在幼儿园学到什么？"

"学到把自己的东西分一半给小伙伴；东西要放整齐；吃饭要洗手；做错事要表示歉意；午饭后要休息；要仔细观察大自然。从根本上说，我学到的最重要的东西，就是这些。"

一位美国作家说：播种行为，收获习惯；播种习惯，收获性格；播种性格，收获命运。一种好习惯可以成就人的一生，一种坏习惯也可以葬送人的一生。

有些父母没有充分认识到孩子习惯培养的重要性，因此，对孩子的一些坏习惯不闻不问，认为"树大自然直"，这种"自发论"对孩子的成长是极为不利的。试想，一个爱睡懒觉、生活懒散没有规律的人，他怎么约束自己，勤奋工作？一个不爱阅读、不关心身外世界的人，他能有怎样的胸襟和见识？一个自以为是、目中无人的人，他如何去和别人合作、沟通？一个杂乱无章、思维混乱的人，他做起事来的效率会有多高？一个不爱独立思考、人云亦云的人，他能有多大的智慧和判断能力？

因此，父母要一开始就培养孩子养成良好习惯。如果孩子不慎养成了某些坏习惯，父母要及时帮助孩子改掉。

（1）要让孩子有准备吃苦的决心。著名教育家曼恩说："习惯仿佛一根缆绳，我们每天给它缠上一股新索，要不了多久，它就会变得牢不可破。"这个比喻非常形象、智慧。它把习惯比喻为一根绳索，每次行为的重复，就相当于又为它缠上了一股新索。很显然，每天缠，不断缠，缆绳会越来越粗。因此，坏习惯如果开了头，每重复一次，缆绳就粗了一些，要去掉就更加困难了。

因此，父母要让孩子明白，要改掉坏习惯，一定要有准备吃苦的决心，因为，坏习惯不会轻易退出。

（2）要督促孩子不断复习建立的好习惯，并且不断强化它。我们的肌体、心灵从一种状态过渡到另一种状态，需要一个适应过程。从记忆的角度讲，也需要不断复习新建立的好习惯，不断强化它，才能最终养成好习惯。根据科学家的研究，一个好习惯的养成至少需要21天的时间。因此，至少要在这21天的时间里，不断复习和强化好习惯，拒绝坏习惯的诱惑。

（3）切忌"虎头蛇尾"。培养好的习惯不是一朝一夕的事情，改掉一个坏习惯也不是一下子就能办到的，都必须付出长期的努力。因此，纠正坏习惯和养成好习惯都需要有韧性，不能因为坚持一段时间后，发现没有什么效果就不了了之，那样，今后再培养好习惯就会更加困难。

在培养好习惯的过程中，人的毅力也会慢慢增强，当达到一定程度时，人就有了力量去对付那些坏习惯。

小故事

从前有一个穷人，买了一本书。书本身没有什么神秘之处，但书里面却藏着一个天大的秘密：里面一张薄薄的羊皮纸上，写着点铁成金石的秘密。

小纸片上写着：点铁成金石就是一块圆圆的小石头，它能把任何普通的金属变成纯金。你可能在黑海边找到它，它的外观跟海边成千上万的石头没什么两样。关键在于：奇石摸起来是温的，而普通的石头摸起来是冰凉的。

于是，穷人变卖了所有的家当，露宿于黑海岸边，立志找到这块神奇的点铁成金石。

为了避免重复的劳动，穷人决定，每当捡起的是一块冰凉的石头，就扔到海里。

一天过去了，穷人捡的石头中没有一块是书中所说的奇石。

一个月，一年，二年、三年……穷人还是没找到那块奇石。但是，穷人并不气馁，继续捡石头，扔石头……没完没了。

突然有一天早上，他捡起一块石头，先一摸，是温的，然后他就随手把它扔进了海里。扔完以后，这个穷人后悔了，因为他扔出去的是一块真正的"点铁成金石"！

穷人之所以会把"点铁成金石"扔进了海里，不是他不想要那块奇石，完全是因为这个扔石头的动作太具习惯性了，以至于当他梦寐以求、苦苦寻觅的奇石出现时，他仍然毫不考虑地把它扔到了海里。

多年点铁成金梦，因为习惯，而像肥皂泡一样顷刻破灭了。

3、手表定律：教育切忌自相矛盾

如果让一个人站在同时向不同方向甚至相反方向行驶的两条船上，他会有什么感受？

 认识"手表定律"

有这样一个寓言：

森林里生活着一群猴子，每天太阳升起的时候它们外出觅食，太阳落山的时候回去休息，日子过得平静而幸福。

一名游客穿越森林时，把手表落在了树下的岩石上，被猴子"猛可"拾到了。聪明的"猛可"很快就搞清了手表的用途，于是，"猛可"成了整个猴群的明星，每只猴子都向"猛可"请教确切的时间，整个猴群的作息时间也由"猛可"来规划。"猛可"逐渐建立起威望，当上了猴王。

做了猴王的"猛可"认为是手表给自己带来了好运，于是它每天在森林里巡查，希望能够拾到更多的表。功夫不负有心人，"猛可"又拥有了第二块、第三块表。

但"猛可"却有了新的麻烦：每只表的时间指示都不尽相同，哪一个才是确切的时间呢？"猛可"被这个问题难住了。当有下属来问时间时，"猛可"支支吾吾回答不上来，整个猴群的作息时间也因此变得混乱。

过了一段时间，猴子们起来造反，把"猛可"推下了猴王的宝座，"猛可"收藏的手表也被新任猴王据为己有。但很快，新任猴王同样面临着"猛可"的困惑。

这就是著名的"手表定律"：当一个人只有一只手表时，他可以知道是几点；当他拥有两只或两只以上的手表，有时却无法确定是几点，因为这些手表的时间很可能并不一致，反而会让看表的人失去对准确时间的信心。

"手表定律"给我们非常直观的启发：一个人不能由两个以上的人来指

挥，否则将使这个人无所适从；一个人不能同时选择两种不同的价值观，否则，他的行为将陷于混乱。同样，一个孩子不能同时接受父母不一致的教育，否则，他将无所适从；一个孩子不能同时接受父母给予的两种价值观，不能接受两个以上的目标，否则他的生活将陷于矛盾中。

在家庭教育方面，"手表定律"给父母的启示是：对孩子的教育，不能同时采用两种不同的方法，设置两个不同的目标，提出两个不同的要求，因为这会使孩子无所适从，甚至行为陷于混乱。

小故事

梭子鱼、虾和天鹅三个是好朋友。一天，他们发现路上有一辆车，车上有许多好吃的东西。于是就想把车子从路上拖回家慢慢享用。三个家伙一齐负起沉重的担子，每个人都铆足了劲，身上青筋暴露，都累得气喘喘呼吁。可是，无论他们怎样拖呀、拉呀，车子就是纹丝不动。

原来，三个家伙用劲的方向不一致。天鹅想："我的家在天上，应该把货物拉到我家。"于是它伸着脖子拼命地注天上拉。梭子鱼想："我的家在河里，应该注河里拉。"于是梭子鱼使劲地注河里拽。虾想："我的家在池塘里，这车货物应该送到我家。"于是虾弓着身子注后拖。尽管它们三个累得精疲力竭，车子却一动不动。

教育应协调一致

对孩子的教育保持一致性，这是建立良好的家庭教育环境的一个重要目标。所谓家长对孩子教育的一致性是指：所有的家长，包括父母亲、祖父母、外祖父母等，在教育孩子的问题上，有共同的目标，在方法上互相配合，协调一致，形成家庭教育合力。

从理论上来说，一般家长都会同意在教育上的一致性，问题在于具体到某一时、某一事，家长之间就很难达成一致。例如，在一些家庭中，父母之间、父母与祖辈（爷爷奶奶、姥爷姥姥）之间，在教育孩子的过程中，经常发生观念冲突、内容矛盾、方法不同的情况。他们相互间很少商量，各行其是，甚至各执己见，在孩子面前争吵，有时出现母亲唠叨、父亲训斥、爷爷"打圆场"、奶奶袒护、外公外婆充当"保护伞"的混乱现象。还有的父母当孩子有点成绩就彼此争"功"，孩子有了问题就互相推诿。孩子在做了错事不是先承认错误，而是先向爷爷奶奶们求援，寻求庇护。这些都造成了家庭教育的不一致，影响了教育效果，很容易使孩子形成不良品德和行为习惯。

因此，家庭中有必要正确处理内部的关系。参与教育的家庭成员（父母、爷爷奶奶、姥爷姥姥）都要经常阅读家庭教育方面的书报杂志，提高认识、转变观念，交换对教育孩子的想法，取得共识，互相配合。在实施教育时，使孩子感到家长在这些地方是一致的。如果有分歧，也不能在孩子面前表现出来。千万不能当着孩子的面，固执己见，互不相让，各行其是，以免孩子或是无所适从，或是有机可乘。遇到这种情况，正确的解决办法是，争论的双方暂停对孩子的教育，交换看法后再对孩子提出一个合情合理的一致意见。久而久之，家长在对待孩子的教育问题上，就会形成相互尊重，求同存异，尽量一致的家庭氛围。

家长的教育也要保持前后一致，不要今天说对的事情，明天又说是错的，这样容易导致孩子的迷惑不解，他们觉得父母的要求混乱，而且弄不清什么事情重要，认为什么都是可以改变的。

此外，家庭教育还应和学校教育保持一致。要使儿童形成良好的心理和行为习惯，需要家庭教育和学校教育的共同培育。美国教育社会学家威拉德·沃纳指出："从理想的观点出发，家长和教师在以下两方面享有共同点：都希望事情朝着最有利于孩子的方向发展；但事实上，他们却生活在不信任和敌意的环境中。都希望孩子好，但却是不同的'好'，所以由此引发的冲突不可避免。"由此可见，学校和家庭教育存在着种种不协调的尴尬局面。

一些父母因为工作忙、家务重，很少跟学校老师联系，也不了解学校教育和孩子在校的表现。有的父母言行举止有悖于学校教育，这必然导致孩子认识上的模糊和观念上的混乱。在学校里，常见到这样的情景：一位家长抱起与别人打架的孩子说："你没长手？怎么不打他？"有的孩子打了小朋友，还振振有词地说："我妈妈说了，谁撞了我，就狠狠地揍他。"老师对孩子的教育，被家长一句话给否定了，很难收到理想的效果。

前苏联教育家苏霍姆林斯基说过："如果没有整个社会，首先是家庭的高度的教育学素养，那么不管教师付出多大的努力，都收不到完美的效果。"无论有多忙，父母都应抽出一定的时间，积极主动地去学校与老师取得联系，一方面可以了解学校的教育要求、内容，了解孩子在学校里思想行为的表现，以及智、体、美、劳等方面的发展情况；另一方面也可以向老师特别是班主任反映孩子在家里的情况，接受老师对家庭教育的指导，积极支持和主动配合学校的教育活动。

这种家庭、学校及社会的协同教育，才能促使孩子形成良好的道德品质和行为习惯，从而得以健康成长。特别是要纠正孩子的一些不良行为习惯，家、校更应相互沟通，相互支持，否则，对孩子的教育是很难达到预期效果的。

小故事

在名著《卡尔·威特的教育》一书中，记录了卡尔·威特的一次经历：

在一次散步中，我发现了一件令人深思的事情：

在散步的过程中，邻居史密斯太太发现女儿的裙子被弄脏了，她立刻生气起来，开始冲着女儿大声责骂。看见女儿大哭以后，她又马上给了女儿一小块点心。

我问史密斯太太："您为什么要责骂女儿呢？"

"她总是这样经常弄脏自己的裙子。"史密斯太太这样回答。

"可是，您为什么又给了她一块点心呢？是为了表扬她的行为还是为了给她受责骂的补偿？"

史密斯太太哑口无言，她不知该如何回答我。

这时，她的小女儿也已经被弄得糊里糊涂，她也不知道为什么母亲会责骂她，更不知道挨骂之后为什么很快又得到了点心。

言传与身教一致

父母的言传身教是儿女品行的根基。美国心理学家哈里森曾在一份研究报告中指出：童年时期记录在大脑中的是"父母意识"。意思是说父母的言谈与行为可以潜移默化地影响孩子的一切，包括孩子的行为、意识、人生观、世界观和价值观。

在家庭教育中，很多父母容易犯的一个错误是言行不一致，这势必会阻碍孩子优良品德的培养和塑造。孩子是聪明而敏感的。例如，如果父母嗜好打牌，又对小孩说打牌不好，不能打，这样的教育是没有用的；父母坐在电视机前一看就是三四个小时，却把孩子反锁在另一间屋子里，严令其用心做功课，刻苦读书，这样的教育很可能就成为一句空话；父母对孩子再三强调过马路要走斑马线，不要闯红灯，但父母本人在过马路时由于性子急，不走斑马线，闯红灯，在孩子的潜意识中也会模仿父母的行为，孩子的安全就没有了保证。正如俄国教育学家马卡连柯所说："你不要认为，只有当你和儿童谈话，对他们教导什么或指示什么的时候，你才是对他进行教育。你怎样和别人谈话，怎样谈论别人；你怎样欢喜、怎样悲伤；你怎样对待朋友，怎样对待敌人；你怎样笑，怎样阅读——所有这些对于孩子，都具有巨大的意义。"

著名作家巴金曾说："父母的榜样力量非常大。在我小时候，父母脾气都好，从未打骂过孩子。想来想去，我想不出从他们身上学到什么坏的东西。今天有些年轻的父母高兴时把孩子当作'小皇帝'、'小公主'，生了气就打骂不休。过不了多久，他们的坏脾气全让孩子学到了，孩子们只会学长辈们做出来的行为，不会学他们嘴里讲的道理和心里想的理想。"

父母对孩子进行苦口婆心的教育，自己却不带头遵守，教育的效果就会大打折扣。相反，如果父母言行一致，就会给孩子以耳濡目染、潜移默化的影响，也会赢得孩子的信赖与尊敬。例如，为了让孩子专心学习，父母也经常专心地看书。孩子看到父母这样，自己也会静下心来，踏踏实实地学习。又如，父母平时为孩子的爷爷奶奶倒茶、递拖鞋，关心体贴，孩子也会学父母的样去孝敬老人。

国外权威的儿童教育家经过长期观察得出这样的结论：父母对孩子的影响，行为比言语要重要得多。我国也早就有身教胜于言传之说，不过，这一点远未能被广大父母所接受。在许多家庭，仍然对孩子说得多，自己示范得少，忽略了榜样在家庭中的力量。

俗话说"正人先正己"，这话同样适用于家庭教育。父母在批评孩子的时候，不妨先进行一下自我检查。在日常生活中，父母要时时严格要求自己，以自身的言行的巨大教育力量影响孩子。要求孩子做到的，家长首先要做到。例如，要求孩子和同学团结友爱，互相帮助，家长自己首先要与邻里和睦相处，友好往来，不在一些鸡毛蒜皮的小事上斤斤计较。

父母要明确地认识到，自己的行为是在子女的监督之下的，要知道，你今天表现出的行为方式，第二天你的子女可能就会表现出来，所以父母在孩子面前应尽可能地表现出优秀的行为，使子女对父母充满信心，永远将父母当作自己最可依靠和最可信赖的人。唯有这样，你的教育才会有最好的效果。

家教故事

曾参是孔子的学生，他在教育子女时，不仅严格要求孩子，对自己也是以身作则。

有一天，曾参的妻子要外出办事。在一旁玩耍的儿子，赶忙跑上前去，扯着母亲的衣襟，又哭又闹，吵着也要去。曾参的妻子怕年幼的儿子走不动路，不愿意带他。可是又被儿子缠得没有办法，只好哄孩子说："好孩子，你还小，留在家里好好听话。等我回来，我把咱家那头肥猪杀了给你吃。"

儿子一听止住了哭声，眨了眨眼睛，认真地问："是真的吗？"母亲只得点了点头。儿子的脸上露出了微笑，蹦跳着跑到一边玩去了。这一切，都被站在旁边的曾参看在眼里了。

曾参的妻子从街上回到家里，只见曾参正拿着绳子捆家里的肥猪，身旁还放着一把杀猪的刀子。妻子一见慌了，急忙上前拉住曾参，着急地说："你这是疯了，我刚才是被儿子缠得没有办法了，才故意哄哄他，只不过是说着玩的，你怎么当起真来了？"

曾参严肃地说："你做母亲的，不能欺骗孩子。小孩子啥也不懂，只会学着父母的样子，听从父母的训教。今天，你说话不算数，答应孩子的事不去做，哄骗了孩子，就是教孩子也去讲假话，去欺骗人。做母亲的欺骗儿子，儿子觉得母亲的话不可信，以后即使再对他进行教育，他也难以相信母亲的话了。这样做，怎能把孩子教育好呢？"

妻子听了，觉得丈夫的话句句有理，也就同意了。

4. 蝴蝶效应：细节决定教育的成败

善终者慎始，谨小者慎微。家庭教育要从一个个细节做起。

很多时候，对孩子讲大道理并不能起到多大作用，更为重要的是从根本上触动孩子思想的神经，从生活中点点滴滴的小事情、小细节抓起，把小事做细。

 一只蝴蝶能引起一场龙卷风

1960年，美国著名气象学家爱德华·洛伦兹在研究"长期天气预报"问题时，在计算机上将一组简化模型用来模拟天气的演变。他原本希望利用计算机的精确运算来提高预测天气的准确性。但是，事与愿违，他发现自己模拟的新气象模型远远偏离了先前的打印数据。开始，他以为自己的计算机出了故障，经过反复查找，他发现并不是计算机运行的故障，而是他输入计算机的初始化数字的问题。在原先的程序中，他用了小数点后面6位数字：0.506127。在第二次运行时，他将数字进位到了0.506。他觉得万分之一的微小差别不会产生什么影响。但是结果发现自己错了，计算机中输入的资料要是万分之一的不同，其计算结果就会出现巨大的差异。

洛伦兹被这个现象迷住了，从此一头扎进深入的研究。10年以后，洛伦兹研究出一个著名的科学理论——蝴蝶效应。

1972年12月29日，在华盛顿召开的美国科学发展学会上，洛伦兹发表了一个伟大的演说：《不可预测性：一只在巴西翩翩起舞的蝴蝶能否在德克萨斯州引起一场龙卷风？》

一只生活在亚马逊河流域热带雨林中的蝴蝶，偶尔扇动几下翅膀，两周以后，可能会在美国的德州引起一场威力巨大的龙卷风。为什么会这样呢？洛伦兹解释道：蝴蝶翅膀的反复运动，导致其周边空气系统发生微妙的变化，从而产生一股微弱的气流。而这股微弱的气流，又会引起四周空气相应的变化，继续诱发一系列连锁反应，导致天气系统更大的变化，以此类推，最终产生出一场威力无比的龙卷风。洛伦兹的这个研究发现引起科学界的轰动。从此，"蝴蝶效应"理论不胫而走，令洛伦兹声名远扬。

"蝴蝶效应"的本质是：任何一个微小的事物，都可能引起一场巨大的变化。"蝴蝶效应"对现实生活中的人们具有极其重要的意义，它告诉我们一定要重视生活中每个人、每件事、每个微小变化对全局的作用。因为，一些看似微不足道的小事，都能以某种方式对全局产生微妙的影响，并且，大多数情况下我们不知道，也无法把握它的影响到底有多大。更可怕的是，在特定的环境里，这些力量所造成的影响还会无限度地被放大，直至对全局起到毁灭性的作用。

小故事

这是一个发生在几百年前的故事：

国王理查三世和他的对手里奇蒙德伯爵亨利要决一死战，这场战斗将决定谁统治英国。

战斗进行的当天早上，理查三世派了一个马夫去备好自己最喜欢的战马。

"快点给它钉掌，"马夫对铁匠说，"国王希望骑着它打头阵。"

"你得等等，"铁匠回答，"我前几天给国王全军的马都钉了掌，现在我得找点儿铁片来。"

"我等不及了。"马夫不耐烦地叫道，"国王的敌人正在推进，我们必须在战场上迎击敌兵，有什么你就用什么吧。"

铁匠埋头干活，从一根铁条上弄下四个马掌，把它们砸平、整形，固定在马蹄上，然后开始钉钉子。钉了三个掌后，他发现没有钉子来钉第四个掌了。

"我需要一两个钉子，"他说，"得需要点儿时间砸出两个。"

"我告诉过你等不及了，"马夫急切地说，"我听见军号了，你能不能凑合？"

"我能把马掌钉上，但是不能像其他几个那么牢固。"

"能不能挂住？"马夫问。

"应该能，"铁匠回答，"但我没把握。"

"好吧，就这样，"马夫叫道，"快点，要不然国王会怪罪到咱们俩头上的。"

两军开始交战了，理查国王率领部队冲向敌阵。

他还没跑到一半，那只挂着的马掌掉了，战马跌翻在地，理查也被掀翻在地上。

理查还没有抓住缰绳，受到惊吓的战马就向远处狂奔起来。理查环顾四周，手下的士兵纷纷逃散，亨利的军队围了上来。

他剑指长空，"马！"他咆哮道，"一匹马，我的国家倾覆就因为这一匹马。"

从那时起，人们就说：少了一个铁钉，丢了一只马掌；少了一只马掌，丢了一匹战马；少了一匹战马，败了一场战役；败了一场战役，丢了一个国家。

这个故事出自已故的英国国王理查三世逊位的史实，他1485年在俄波斯沃斯战役中被击败。这个故事告诉我们这样一个道理：虽然只是一颗钉子的失误，却带来了一个国家的灭亡。

教育要防微杜渐

中国古代，有这样一个故事：东汉和帝时，由于窦太后执掌朝政大权，她的哥哥窦宪便依仗权力，为非作歹。官员中有的奉承拍马，有的敢怒不敢言。只有一个叫丁鸿的官员，借着天上出现日食的机会，给皇帝上了份奏章，说："日为君，月为臣，日食的出现，就好像是臣子在侵夺皇上的权力。现在窦氏兄弟权势很大，如果皇上能亲自处理朝政，把一切坏人坏事消灭在萌芽状态，那么凶恶的祸源就可以除去，吉祥的事会接连而来。"

这就是"防微杜渐"的由来，它指在错误或坏事刚冒头的时候，就加以制止，不要任其发展。中国有句古语：千里之堤，毁于蚁穴。小小的疏忽和损失都有可能发展成大的漏洞。"防微杜渐"能让人们及时堵塞漏洞，防止危机的发生。在家庭教育中，同样需要"防微杜渐"，把孩子的错误消灭在"萌芽"之中。

孩子在成长过程中，犯错是必然的，也是必不可少的，关键是孩子做错了以后，父母要及时指出错误，帮助孩子改正错误。父母千万不能在孩子犯错后姑息纵容，这样只会怂恿孩子继续出现类似的错误，甚至犯更大的错误。

一些父母总认为孩子还小，"树大自然直"，对孩子做事少闻少问，少导少管，正确的行为缺乏鼓励强化，错误的行为没有坚决刹住，久而久之，使问题变得愈为突出，好习惯没有形成，却养成了许多坏习惯。

孩子在哪里错了，就要在哪里改正过来；孩子在哪里跌倒了，就要在哪里爬起来。如果错了不改，只能是错上加错；如果跌倒了不爬起来，只能永远躺在那里。

（1）批评孩子要及时。批评孩子最好是在他做错了事情的第一时间里，因为事隔时间越短，孩子对错误严重性的认识越清楚。如果时间久了，孩子有可能淡忘了，这时再批评，孩子要么觉得事情没有那么严重而感到委屈，要么会以为父母啰嗦小题大做，批评起不到好的效果。

（2）批评要保持观念的一致性。父母批评孩子，不能以自己的主观情绪为中心，而应以教育孩子为中心，以孩子所犯错误的轻重与否，来决定批评的方式、环境与场合。

不要因为自己心情好，见孩子犯了错误也不批评，甚至夸奖孩子；而下次心情不好，见孩子犯了类似的错误，就严加责备、训斥。这样容易使孩子无法捉摸，无所适从，以致孩子性情暴躁，喜怒无常。

此外，父母双方的教育观念也必须保持一致。如果对一种行为表现，母亲说对，父亲说错；今天说错，明天又说对，这会使孩子无所适从，只有看父母的脸色行事。

（3）批评要考虑方式方法。孩子做错了事，能在家里进行教育的，不必拿到外面去。有的父母常吓唬孩子说："明天我到学校去告诉你的老师。"这样使孩子产生恐惧或不信任感，其结果并不理想。

对孩子的批评要把握分寸，如果批评过于严厉，会挫伤其自尊心，甚至引起反抗；而如果批评不力，平平淡淡又不能震撼其心灵，他就会觉得无所谓。因此，父母必须从爱护孩子出发，既严肃而又中肯地指出其错误所在，错误的性质和危害，彻底揭穿其借口抵赖的心理。这样做，才可以达到批评的目的。

（4）批评的目的是帮助孩子改正错误。批评之后，父母要给孩子下台阶的机会，帮助和启发孩子找到正确的解决办法。批评不是让孩子尴尬和无地自容，而是让孩子意识到他的错误，意识到错误给他带来的不利和危害，并下定决心改正错误。

家教故事

刘少奇同志虽然日理万机，但却十分重视对自己子女的教育和培养。

1959年10月1日是新中国成立10周年纪念日。当时已是中华人民共和国主席的刘少奇，在其女儿平平参加向国庆观礼的外宾献花活动结束后，顺便父女同车回家。

平平刚一上车，刘少奇就问："平平，你跟老师说过跟爸爸一块儿回家了吗？"

平平红了脸，赶紧下车跟老师回话。

上车后刘少奇又问平平："跟老师说'再见'了吗？"

平平又跳下车，向老师行队礼告别。可刘少奇还不让开车，又问平平："你跟同学们说'再见'了吗？"

平平只好第三次下车，向同学们一一道了别，这才上车与爸爸一起回家去。

一句话影响孩子的一生

父母是孩子最早的教育者。父母的一句话，可能对孩子一生产生巨大的影响。也许父母在说这句话时，并没有意识到它的重要性。

美国著名的成功学大师戴尔·卡耐基小时候是一个公认的非常淘气的坏男孩。在他9岁的时候，他父亲又娶了一位妻子。当时他们是维吉尼州乡下的贫苦人家，而继母则来自经济条件较好的家庭。

他的父亲是这样向新婚的妻子介绍卡耐基的："亲爱的，希望你注意这个全县最坏的男孩，他可让我头疼死了，说不定会在明天早晨以前就拿石头扔向你，或者做出别的什么坏事，总之让你防不胜防。"

出乎卡耐基意料的是，继母微笑着走到他面前，托起他的头看着他。接着又看着丈夫说："你错了，他不是全县最坏的男孩，而是最聪明、但还没有找到发泄热忱地方的男孩。"

继母说得卡耐基心里热乎乎的，眼泪几乎滚落下来。就是凭着她这一句话，他和继母开始建立友谊。也就是这一句话，而成为激励他的一种动力，使他成为 20 世纪最有影响力的人物之一。而在继母到来之前没有一个人称赞过卡耐基聪明，所有的人都认定他就是坏男孩，但是继母就只说了一句话，便改变了他的一生。

从卡耐基的例子可见，一句不经意的话常常在孩子幼小的心灵中留下深刻的印象，并有可能影响孩子的一生。

有时候，创造奇迹的不是巨人，也许是一句普通的话语。父母一句鼓励的话语，就是给孩子一个免费却珍贵的礼物，它在我们的生命里，微不足道，却往往重如千钧。为了使孩子有做事的积极性，与其否定还不如不断示意孩子能够做，这是很重要的。不管孩子的现状如何，父母只要利用暗示的效果，反复强调"你头脑本来就很聪明，只要努力就行"，孩子就会产生做事情的积极欲望。一位成功女性对此体会深刻，她说："当我还是孩子的时候，实际上是成绩不好的劣等生。但是，我母亲从不责怪我，而是经常反复说一句话：'你肯定会成为优秀的人'。然而，我却没有想到，当我走向社会后，当时有些不好意思听到的这句话，反而成为我受到挫折时莫大的鼓励。"

在孩子的心中，父母具有绝对的权威。肯定与激励的一句话，可能会成为他之努力与奋斗的全部；而指责和否定的一句话，会使孩子产生自己的人格全部被否定的心情。许多父母没有意识到这一点的重要性，遇到情绪不好的时候常常随口就说："你为什么这么蠢"，"你脑瓜真笨"之类的话，这会对孩子起到强烈的负面暗示作用。这种消极的、缺乏逻辑性、蔑视的口气，容易伤害孩子自尊心，甚至会令孩子产生破罐子破摔的想法而自暴自弃，甚至因此走上犯罪和自我毁灭的道路。

父母不要轻易贬低孩子，即使是在说笑话时，也要避免说具有负面影响的话。不仅不要说孩子"笨"、"蠢"一类的话，就连贬低孩子容貌（如"你个子矮"、"皮肤黑"等）的话都不要说。这些话只会让孩子丧失自信心，感到沮丧，并且不愿意再为完善自己做出努力。

对于孩子来说，父母的每一句话，好与坏都会在一生中具有重要意义。从这个意义上讲，即使说笑话时，也要避免说具有负面影响的话，而应说"现在就看你的努力了，你一定会学得很好"。用这样的话表示孩子将来会有发展前途，对孩子表示信任，才是父母所应做的。

一句鼓励的话塑造一个成功的人生，一句贬责的话则可能毁掉一个天才。然而，很多父母并没有意识到一句话的作用。孩子的表现稍不如意，父母就会骂出一些令孩子泄气的话来："你是一个十足的废物！""你不要丢人现眼了！"父母一时的气话，都足以构成对孩子终身的伤害，因为它折断了孩子对自己将来的希望和美好憧憬的翅膀。一个失去了信心的孩子，将来还会有好的前途吗？

父母在对孩子说话时，应该思考一下自己说出的每一句话，是否给孩子成长的力量？因为，父母的每一句话，都是对孩子的一种定义，都将会关乎孩子的一辈子。

小故事

罗杰·罗尔斯是纽约历史上第一位黑人州长。他出生在纽约声名狼藉的大沙头贫民窟，这里的孩子成年后很少有人获得较体面的职业，罗杰·罗尔斯是个例外。在他就任州长的记者招待会上，罗尔斯对自己的奋斗史只字不提，他提起了一个大家非常陌生的名字——皮尔·保罗。

皮尔·保罗是罗尔斯的小学老师，他在1961年被聘为诺必塔小学的董事兼校长。当时正值美国嬉皮士流行的时代，皮尔·保罗走进大沙头诺必塔小学的时候，发现这儿的穷孩子比"迷惘的一代"还要无所事事：旷课、斗殴，甚至砸烂教室的黑板。当罗尔斯从窗台上跳下，伸着小手走向讲台时，皮尔·保罗对他说："我一看你修长的小拇指就知道，将来你是纽约州的州长。"罗尔斯大吃一惊，长这么大只有奶奶让他振奋过一次，说他可以成为5吨重的小船的船长。这一次，皮尔·保罗先生竟说他可以成为纽约州的州长！他记住了这句话，并且相信了它。从那天起，"成为纽约州的州长"成了他人生道路上的一面旗帜。他的衣服不再沾满泥土，说话不再夹杂污言秽语，他成了班长。在以后的40多年里，他没有一天不按州长的身份要求自己，51岁那年，罗尔斯真的成了州长。

在罗尔斯的就职演说中有这样一段话：信念值多少钱？信念是不值钱的，它有时甚至是一个善意的欺骗！然而你一旦坚持下去，它就会迅速升值。在这个世界上，信念这种东西任何人都可以免费获得，所有成功者最初都是从一个小小的信念开始的。

5. 热炉法则：规则是教育孩子的良好手段

俗话说："国有国法，家有家规"，"没有规矩，不成方圆"。家庭生活中应有大家必须共同遵守的家庭规则。如按时起床、就寝，不随便翻动父母或别人的东西，人际交流中的礼貌准则，公共场所应遵守的社会公德等。

良好的家庭规则有助于解决子女教育中出现的困惑和矛盾，促使孩子身心的健康发展。在家庭规则执行中，父母是实行家庭规则的表率，而孩子则是考证家庭规则的结果。

认识"热炉法则"

"热炉法则"源自于西方管理学家提出的惩罚原则，说的是规章制度面前人人平等，如果有人在工作中违反了工作制度，就像碰触到了烧红的火炉，一定会受到惩罚。这个比喻生动而有趣，而且把惩罚的法则表示得十分明白。

这种处罚的特点在于：①即刻性：当人一碰到火炉时，立即就会被烫。②预先示警性：火炉是烧红摆在那里的，每个人都知道如果碰触就会被烫。③适用于任何人：火炉对人，不分贵贱亲疏，一律平等。④彻底贯彻性：火炉对人绝对"说到做到"，不是吓唬人的。

在企业管理中，"热炉法则"保证企业建立严明的规章制度，规范员工的行为，引导员工的思想，这是一个企业成功的保证。

父母教育孩子，同样需要"热炉法则"。

在家庭教育中，惩罚占有不可替代的作用。有教育学家认为："没有惩罚的教育是不完整的教育，没有惩罚的教育是一种虚弱的、脆弱的、不负责任的教育。"因为对于一些任性的孩子，光靠说服教育是很难奏效的，而如果对于他们的错误行为不闻不问，听之任之，无疑是对他们的放纵和怂恿，其结果是使其越来越任性而难以管束。所以，为了孩子的将来，在教育中，当孩子犯错误时，运用一定的手段加以惩罚是完全必要的。

惩罚作为一种教育手段，一个很大的好处是：有利于培养孩子从小树立对自己的行为负责的观念。生活在社会中的每个正常人都必须对自己的行为负责，孩子也不例外。如果你做错了事或说错了话，就必须承担由于自己的错误所带来的各种后果。

有些父母盲目迷信"好孩子都是夸出来的"的观点，大包大揽，替孩子承担了太多本来应由孩子来承担的责任。这是一种错误的教育方法。

儿童教育家玛莉琳·古特曼通过研究发现，那些小时候经常受到父母表扬，而很少得到过惩罚的孩子，在他们步入社会后很可能会遇到更多的失望。随着年龄的增长，孩子不再会很容易地接受父母那种表面上的夸奖。因此，父母应该根据不同的性格特点，抓住适当的教育时机，实施不同的教育方法，使孩子形成完整健康的人格。孩子犯了错误，在不伤害其自尊的前提下实施"惩罚"是必要的。

小故事

东汉时期，聪颖睿智的曹操20岁时即被任命为洛阳北都尉。当很多人知道自己城里的都尉才只是一个乳臭未干的毛头小子的时候，都纷纷摇头叹息。渐渐地，城里的治安状况开始出现恶化，抢劫、偷盗等各种刑事案件频繁发生，城里一度人心惶惶。

为了整顿全城治安，曹操叫人找了一套五色棒放置在城门口的显要位置，并公布治安告示，让所有的老百姓都知道，谁要是犯禁，必用五色棒责打不饶。而且，随后还抓了几个盗贼并拉到城门对其当众惩罚。很快，治安情况得到了控制；老百姓们也真正地认可了这位年轻有为的都尉。

在这里，五色棒的作用就相当于那只烧红的火炉，对人们起到了预先示禁的作用。

规范孩子的行为

孩子在刚出生时，并不知道什么该做什么不该做。要让孩子养成良好的行为习惯，就需要为他制订适当的规则，让孩子明白什么是该做的，什么是不该做的，从小在孩子心中树立这些原则和标准，决不能随意突破。一位年老的祖父曾经意味深长地说："孩子就像牛一样，长得越大，需要的牧场也越大。但是不管牧场大小如何，我们还是用栅栏将牧场围起来。"

父母对孩子采取一定的措施，制定相应的家庭规则，来规范孩子的行为是必要的。一方面，规则看上去是在限制人，实际上规则也在保护人。任何一个人，如果到了一个完全没有限制的环境里面，一定会不知所措。孩子的成长需要成人的提示，需要成人的限制和成人设定的界限。这是孩子建立安全感的需要。

另一方面，按规则办事是人与人之间能和谐共处的基本准则。如果每个人只从自身利益出发，不遵守规则，不考虑他人的意愿，这世界必定永无宁日，也必定危及每个人的利益。对于孩子来说，养成自觉遵守规则的习惯，对于未来的社会生存是必要的。

在给孩子制定家庭规则时，以下几点是需要提醒父母们注意的：

（1）制定规则要信号明确。给孩子制定规则，一定要简单易懂，让孩子容易遵守。例如，对孩子们进行遵守交通规则和保护环境的教育，应具体教他们怎么过马路，遇到紧急情况怎么处理，如何帮助家长进行垃圾分类，在公共场所如何保持文明举止，等等。孩子们容易学，也容易模仿。此外，在制定规则的时候要把孩子不遵守规则的后果明确告诉他。

（2）给孩子把制定规则的道理讲清楚。制定规则，要把道理讲清楚，而不是简单粗暴地命令孩子。虽然孩子年龄尚小，不一定能完全领会这些道理，但父母平和的语气和尊重他的态度，却会让他信任父母的判断，并顺从父母的要求。父母也可以尝试着与孩子通过讨论、交流等对话的方式，鼓励孩子发表自己的意见，与孩子共同制定一些规则，这样可以使孩子有一种责任感、义务感，并自觉自愿地遵守。

（3）遵守规则要有一贯性。立下的规则，无论时间地点场合，都要遵守，比如：在家不许随地吐痰，在外边也应不许。而不是今天这个样子，明天那个样子，在家一套，外边一套。这样只会让孩子糊涂，无所适从。

（4）父母要以身作则地遵守规则。所有的规则不仅仅是立给孩子的，也是父母要严格遵守、以身作则的。例如，父母规定：吃饭时不能说话，不能躺着看书。可是父母吃饭时经常说话，也经常躺着看书。这种只要求孩子做到而父母自己却做不到的规定，很容易产生不良后果：一是父母说了却没有做到，实际上是公然的"说谎"，孩子会在其他情况下效仿；二是使孩子产生父母不公平对待自己的想法；三是使父母在孩子面前失去威信。

（5）制定的规则必须合理。制定规则的目的是为了培养孩子良好的行为习惯，而不是为了控制。有些父母对孩子提出的要求近乎苛刻，制定的许多规则远远超出了孩子所能够接受的程度，有些规则甚至是成人都难以遵守的。这样做很容易产生不良后果：一是孩子某些合理的、正常的行为，由于父母不适当的规定而受到压制；二是由于不适当的规定，孩子因无法遵守而使那些规则形同虚设，会使孩子产生"有些规则可以不遵守"、"父母的话可以不听"的想法。

而更为可怕的是，有些父母制定了不合理的家庭规则，使孩子的正常行为因此而受到严重的束缚和压制。例如，有的父母规定孩子不能和陌生人说话，周末不能出去玩，即使学校组织春游也不能参加……而且，当孩子的行为与相应的规则不相符合或发生矛盾时，父母为了维护自己的尊严，往往不惜以牺牲孩子的合理行为为代价，甚至对孩子施以严厉的责罚。这种教育导致的直接后果是，要么使孩子成为没有了自主性、独立性的"小绵羊"，要么引发孩子的激烈对抗。

 家教故事

　　李大钊是中国最早的马克思主义者和共产主义者，中国共产党的主要创始人之一。

李大钊幼年就丧失父母，孤苦伶仃，靠爷爷李如珍抚养，祖孙俩相依为命。李如珍对孙子十分喜爱。虽然孙子出世时，他已60多岁了，但对孙子的管教却从不松懈。李如珍是读书人，从孙子3岁起，就教他识字读书，白天教、晚上问，直到学会了才睡觉。

李大钊七八岁时进入私塾读书，但他生性顽皮、淘气，时常逃出去玩耍。当时，他家对面有一座庙，那里经常聚集着一群不务正业之徒赌博耍钱。李如珍担心孙子染上这种坏习气，一再警告孙子不许去那里玩，但效果不是很明显。

一天中午，到了吃饭时间还不见孙子回家，爷爷在家里等得十分着急，猜想他又去看赌博了，只好亲自去寻找。果然不出所料，淘气的孙子正央在一群小孩中，看得入迷。爷爷气坏了，但并没有发作，而是扭头回去了。

没过多久，李大钊感觉有点饿了，就偷偷摸摸地回到家中，不声不响地坐到桌旁吃饭。吃完饭，爷爷把李大钊叫到身边，严厉地问道："你今天怎么回家这么晚啊？"

"我刚才看'扔玩儿'去了。"李大钊诚惶诚恐地回答。

"看'扔玩儿'是不是很热闹呀？"爷爷又问道。

"嗯，是很热闹。"李大钊小声回答。

爷爷点了点头，说："是呀，看'扔玩儿'比在家里坐着读书写字要热闹得多啦！可我平常嘱咐你的话，你全忘了吗？那些人空长着一双手而不劳动，满身铜臭味。我不让你去那里，你偏去，你说该罚吗？"

李大钊低下了头，表示认罚。于是，爷爷便叫李大钊到屋顶上去翻麻。

这时，正值七月伏天，屋顶上的麻又厚又密，李大钊吃力地翻着，很快就累得汗流浃背。李如珍虽然疼爱孙子，却决不姑息他的点滴过错。倒是李大钊的姑姑看到这种情景，心生恻隐，来向爷爷说情。爷爷才把孙子从屋顶叫下来，教导他道："以后再也不要去那里看热闹了啊。那里都是一些不务正业的人，他们迷上了赌博，把正经事都给荒废了。只见过他们中间有输得上吊的人，有倾家荡产的人，何曾见过有赌博发财的人？你要是迷上赌博，恐怕这辈子就不会有什么出息了。记住了？"

李大钊说："记住了，爷爷，我再也不去那种地方了。"

爷爷嗯了一声，看见孙子满脸是汗，又心疼地为孙子擦去汗水，倒水给他喝。

从此以后，李大钊牢记爷爷的教诲，以读书上进为乐事，努力消除不良习性，并以此要求自己和子女。

规则必须得到执行

著名的教育学家蒙台梭利曾经说过："父母的规矩应该尽量少立，但立了，就一定要遵守。"我们要让孩子自由成长，但自由的底线是规矩，没有规矩不成方圆。父母从小就应该让孩子懂得规则就是规则，一旦出现违规的行为，他们就必须承受后果。

孩子往往通过父母的行为反馈来认识或矫正自己的行为。如果父母不能坚持原则，孩子也会抗拒父母权威、破坏规则。例如，一个母亲常常抱怨她3岁的儿子不好好睡觉，儿子几乎每晚半夜起来，一定要妈妈陪他玩，有时要玩一个多小时才肯再去睡。这位母亲一遍一遍地告诫儿子，该睡觉的时候要好好睡觉。可每次只要孩子醒来，她就会陪孩子玩。母亲的行为无疑在告诉孩子，我想干什么就干什么，破坏规则也不会有什么不良后果。结果可想而知，孩子依然我行我素，这位母亲则被搞得精疲力竭。

规则一旦制定，就必须执行。规则是客观的条条框框，不是父母情绪的好与坏。鉴于孩子容易忘记预先的约定，也没有成熟到能很好地控制自己的情感和欲望，父母需要不时地提醒以帮助孩子记住。

但是，提醒只是提醒，一旦孩子破坏了规则就要接受相应的惩罚。一是一，二是二，行就是行，不行就是不行。必须让孩子懂得他的一举一动能产生不同的后果，随着时间的推移，他就会知道无论什么事都不能马虎，从而形成什么事都认真的习惯，也就不需要父母的催促和监督了。

美国有则公益广告，告诉父母如何防止孩子抽烟或接触毒品。

广告中，一位母亲告诫儿子：你现在该做作业了，不能看电视！同时她拿走了遥控器，你现在不能玩电子游戏!同时她关掉了游戏机，等等一连串的类似场景。每一次，母亲都严格地维护了规则，最后，当这个孩子和一群孩子在一起有人给他一根烟时，他坚决地摇头：不!我不喜欢抽烟。这时画外音响起：说一不二，孩子会听从。

这则广告告诉家长，制定规则，并严格执行规则，会起到事半功倍的效果。

提醒父母注意的是，要想让孩子遵守规则，你要用行动，而不是冲着孩子吼叫或斥骂，也不是空洞的威胁。靠按喇叭无法驾驶汽车，靠叫喊也无法"驾驶"孩子。你的愤怒只会让你精疲力竭，对孩子产生的作用很小，甚至一点作用也没有。

执行规则能使孩子吸取教训，为自己的行为负责，并能培养出讲究道德、成熟稳重的好孩子；而威胁和斥骂会破坏亲子关系，还有可能滋生怨恨。孩子被父母的愤怒渐渐引导到了对立面，每一次对立，都使父母的神经以及他们和孩子的关系变得紧张。

更严重的后果是，当父母和孩子之间关系变得更加紧张后，双方的情绪有可能会在某一天爆发，使冲突陡然升级。例如父母对孩子进行非常严厉的惩罚，或孩子对父母进行激烈的反抗，这样，有可能将亲子关系引入非常危险的境地，甚至导致某些悲剧的发生。

孩子的成长是离不开成人的督促的。父母要细心观察孩子，如果孩子的言行不符合规则，即使是一些小的违反规则的行为，也应该及时地提醒。从一开始，就要让孩子明白，如果违反规则，某些惩罚就一定会降临到他身上。这样，孩子的规则意识就会在日常生活中慢慢得到强化。

言必行，信必果，这句话对父母和孩子都将受益无穷。

家教故事

有个叫佛兰克的小男孩非常喜欢钓鱼。在11岁那年的一天，像往常一样，他随着父亲去湖边钓鱼。

那是鲈鱼捕捞开放日的前一个傍晚。佛兰克和父亲分别放好鱼饵，然后举起渔竿，把钓线抛了出去。晚霞辉映的湖面上溅起了一圈圈彩色的涟漪。不一会儿，月亮升起来了，湖面变得银光闪闪。

过了好长时间，佛兰克感觉到渔竿突然剧烈地抖动了一下，一定是个大家伙上钩了。他小心翼翼地收起鱼线。父亲则在一旁十分惬意地看着儿子熟练麻利的动作。

终于，一条竭力挣扎的大鱼被拉出水面。好大的一条鲈鱼，佛兰克还从来没有见过这么大的鲈鱼呢。父亲也很得意地欣赏着这条漂亮的大鲈鱼，看着鱼鳃在银色的月光下轻轻翕动着。

父亲划着了一根火柴，看了看手表，这时是晚上10点，距离开放捕捞鲈鱼的时间还有两个小时。父亲盯着鲈鱼看了好一会儿，然后把目光转向了佛兰克："孩子，你得把它放回湖里去。"

"爸爸！为什么？"佛兰克急得哭了。

"你还会钓到鱼的。"父亲平静地说。

"可是，不会再钓到这么大的鱼了。"佛兰克大声争辩着，竟然哭出了声。他又抬头看了一下四周，到处都是静悄悄的，皎洁的月光下看不见其他人和船的影子，也没有别的钓客。佛兰克再次把乞求的目光投向了父亲。

尽管没有人看到他们，更无人知道他是在什么时候钓到这条鲈鱼的，但是，从父亲那不容争辩的声音中，他清楚地知道，父亲的话是没有商量的余地的。他只好不情愿地把鱼放回到湖里去。

转眼间34年过去了，佛兰克已是纽约一位著名的建筑设计师了。他再没有钓到过像34年前那个夜晚钓到的那样大的鱼，但他却为此终身感谢他的父亲。因为是父亲让他懂得了即使在无人知晓的情况下，也要自觉地遵守规则。在以后的成长过程中，佛兰克在任何时候都没有放松自律，也没有做出过有损公德的事情。经过自己的诚实、勤奋、努力奋斗，佛兰克终于钓到了生活中的大鱼——让人仰慕的成功事业。

第七章　随时纠正孩子的错误

孩子的身上存在缺点并不可怕，可怕的是作为孩子人生领路人的父母缺乏正确的家教观念和教子方法。

——[美国]珍妮·艾里姆

1、南风效应：赞美的力量

每个孩子都有一颗向上、向善的心，父母要尊重、关心、激励自己的孩子。在处理与孩子的关系时，一味地要求或者命令孩子，有时效果反而不好；如果父母站在孩子的角度上考虑问题，体谅孩子，就能很容易达到好的教育效果。

"南风效应"的启示

法国作家拉封丹曾写过一则寓言，讲的是南风和北风打赌，看谁的力量更强大。他们决定比试谁能把行人身上的大衣脱掉。

北风先来，它鼓起劲，呼呼地吹着，直吹得冷风凛凛、寒冷刺骨，哪知道，风越刮，天越冷，行人把大衣裹得越紧。

接下来是南风，南风徐徐吹动，轻柔温暖，顿时风和日丽，行人春暖身热，于是解开纽扣，继而脱下了大衣。结果是逞强好胜的北风输给了温文尔雅的南风。

人们把这种以启发自我反省、满足自我需要而达到目的的做法称"南风效应"。南风之所以能达到目的，就是因为它顺应了人的内在需要，使人的行为变为自觉。

"南风效应"给父母的启示是：在处理家长与孩子之间的关系时，宽容比惩戒更有效。每个孩子都可能犯错误，父母要容忍孩子的缺点，客观、理智、科学地处理日常生活中出现的各种问题比简单粗暴的呵斥更有效。

当孩子犯了错误后，很多父母都在扮演着"北风"的角色，却忽视了教育有时也有负面作用，那就是当家长一味吹北风的时候，你的"不经意的严厉批评"和"恨铁不成钢似的指责"会让孩子向你裹紧身上的大衣，引发一些心理问题，诸如自卑、孤僻自闭等，甚至产生报复心理，专门和父母作对。

有一位教育家曾说：当孩子犯错误时，我们应该先避开错误的实质，把孩子从错误的阴影中带出来，带他们走向温暖的"阳光"，打开他们的心锁。这就是说父母要给孩子用温暖的"南风"逐步吹掉他们自我保护的厚厚的紧紧裹着心灵的大衣。

可见，作为父母，我们要尊重和关心孩子，多一些关怀，注重"南风"的巨大作用，心平气和地对待孩子的错误，以恰当的方法去引导他们、激励他们，发挥他们的主观能动性。要知道——爱永远是打开孩子心灵的钥匙。

小寓言

庙里的小沙弥聪明伶俐，深得方丈宠爱。方丈见其颇有慧根，决定将自己毕生所学倾囊相授，希望他日后学有所成，继承自己的衣钵。

一次下山，小沙弥被五光十色的红尘迷住了心窍，从此沉浸在花街柳巷中，拒绝再回到寺庙专心向佛。

20年后，当年的小沙弥已近中年，多年的红尘俗世经历使他开始明白事理，并深深忏悔自己这些年来的荒唐生活。他决定回到寺里，恳求方丈的原谅，希望能挽回自己的过错，重新做人。

庙门前：昔日的小沙弥长跪不起。

方丈很是厌恶他昔日的行径，拒绝了他的要求，说："你罪过深重，要想佛祖饶恕，除非桌子也能开花。"方丈顺手指着供桌。

桌子开花是不可能的，也就是说，方丈连悔过的机会都不给他。伤心失望的昔日小沙弥心灰意冷地离开了寺庙。

第二天早上，踏进佛堂的方丈惊呆了：一夜间，供桌上开满了大簇大簇的花朵，每一朵都芳香逼人，佛堂里一丝风也没有，那些盛开的花朵却簌簌急摇，仿佛是焦灼的召唤。

方丈在瞬间大彻大悟。他连忙下山寻找浪子，但已经找不到了。

到了深夜，方丈发现：佛桌上开出的那些花朵也凋零了，从头到尾它们只开放了短短的一天。

当夜方丈圆寂时，临终遗言：这世上，没有什么歧途不可以回头，没有什么错误不可以改正，一个真心向善的念，是最罕有的奇迹，就像供桌上开出的花朵。让奇迹陨灭的，不是错误，是一颗冰冷的、不可原谅、不肯相信的心。

拯救还是制裁？

纽约地铁站治安混乱，最严重的问题是地铁里的小偷和抢劫现象。历届政府都采取很强硬的措施，但是无论惩罚措施多么严厉，犯罪率仍居高不下。

安东尼奥就任纽约市长后，他力主采取新的治理措施。他采取的办法不是暴力，而是在地铁站里不间断地播放贝多芬、莫扎特的古典音乐。其中《圣母颂》是播放次数最多的音乐。

结果，地铁站内多发的抢劫、偷盗行为大为减少，发案率也创下历届政府中的最低，纽约市的地铁秩序较之以前有了很大的改善。

"拯救还是制裁？"对于执行者来说，这只是选择的方法不同而已。但对于被执行者来说，两种不同做法给他们的感觉是不同的。安东尼奥是智慧的。他选择了拯救，因为拯救一个人的灵魂，比任何手段都要高明有效。制裁的终极目标也应该是拯救一个人的灵魂。灵魂得救了，才是制裁的最终目的。

当孩子犯了错误时，父母教育孩子，最终的目的应该是帮助孩子改正错误，而不是单纯的为惩罚而惩罚，更不是只为发泄父母的愤怒。

如果有一个6岁的小孩，他想要喝牛奶，却不小心把牛奶打翻在地。父母这时应该怎么做呢？

妈妈可以有三种选择。

第一种：怒气冲冲，大声呵斥孩子："你那么笨呀，连牛奶都不会拿？"

第二种：妈妈赶紧自己收拾残局，告诉孩子："没关系，没关系，你不要过来，不要踩到牛奶，让妈妈来收拾。"

第三种：叫孩子一起来收拾，等收拾干净后，教孩子怎么拿牛奶杯才不会把牛奶打翻。

显然，一个优秀的父母应该选择第三种做法。因为对于小孩来说，他并不是故意要这样做，而是因为对自己的控制能力不了解，才会给父母带来麻烦。但是，孩子毕竟是做错了事情，所以应该来收拾残局，承担不小心做错事的后果。

父母这样做产生的积极后果是，孩子以后做事就"不怕做错事"，也有信心和勇气不断尝试，即使有时会出错，但孩子会"心平气和"地对待，并且勇敢地自我承担所做的一切。

当孩子犯错误时要学会宽容、善待，以心平气和的心境来对待。孩子的一个错误发生后，父母发再大的脾气，也于事无补。大声责骂小孩，只会使小孩更害怕，更恐惧而已。而且，愤怒有可能造成更多、更严重的错误。因此，当孩子的错误发生后，父母应该避免歇斯底里的发脾气，而应该教会孩子勇敢面对、勇敢承担。

家长不应该把孩子所犯的错误看得好像"天要塌下来"一样大，非要狠狠教训一顿不可。这样做只能招来孩子委屈的眼泪。在教育过程中要注意保护孩子的自尊心，不要说伤害孩子自尊心的话，也不要当别人的面大声训斥孩子，重要的是让孩子为自己犯的错误而悔悟。当孩子悔悟的时候，就不要再去责罚他了。

小故事

陶行知先生曾担任一所小学的校长。一日，他看到一名叫王友的男生正在用泥块砸班上的学生，当即制止了他，并要他放学后到校长室去。

放学后王友已经等在校长室准备挨训了，陶行知却掏出一块糖果送给他，并说："这是奖给你的，因为你按时来到这里，而我却迟到了。"王友惊异地接过糖果。

随后陶行知又掏出一块糖果放在他手上，说："这块糖果也是奖给你的，因为当我不让你再打人时，你立即就住手了，这说明你很尊重我。"王友更惊异了，眼睛睁得大大的。

陶行知又掏出第三块糖果塞到王友手里，说："我调查过了，你用泥块砸那些男生，是因为他们不守游戏规则，欺负女生。你砸他们，说明你很正直善良，有跟坏人作斗争的勇气。"

王友感动极了，他流着泪后悔地说："陶……校长，你打我两下吧！我错了，我砸的不是坏人，而是自己的同学呀！"

陶行知满意地笑了，说："你能正确认识自己的错误，我再奖给你一块糖果，可惜我只有这一块糖果了，我的糖奖完了，我看我们的谈话也该完了吧。"

怀揣着糖果离开校长室的王友，此后学习认真，再也没有在学校发生过打架的事情。

213

驱散早恋的迷雾

对于家庭教育来说，早恋是个十分敏感的问题，也是孩子成长中不可避免的一个过程。在很多家长眼里，早恋是大逆不道，不仅会影响学习成绩，传出去还会让人笑话。所以很多家长采取了"严防死守"的方法，私看孩子日记，偷听电话，甚至偷偷"跟踪"，但结果往往收效甚微，有些甚至会使问题更加严重，甚至酿成悲剧。曾在媒体上看到过这样的一则报道：16岁的小李和15岁的小王是吉林省舒兰市一所中学的学生，两人产生了感情，但遭到家长们的一致反对，两人为了捍卫年轻的"爱情"，选择了在拉滨铁路线"长眠"。

当问题出现时，父母不如先冷静下来，把握孩子内心的动向和需求，以平等的姿态与之交流，因势利导，采取适当的方式对其进行感情和心理上的疏导，有效解决孩子的早恋问题。

要提醒父母反思的是，孩子的"早恋"在一定程度上是由于家长的失职造成的。孩子在成长过程中有很多正常的情感需求，父母只有及时满足子女的这些需求，才能使其人格得到健康发展。但一些家长无法全面认知，甚至否定孩子的心理成长，不能正视孩子的情感需要，更没有采取必要的满足措施，导致了彼此之间无话可说。很多专家也指出，目前独生子女在未成年人中占的比重越来越大，他们在没有兄弟姐妹作为交流对象的时候，把目光转移到父母身上，但很多家长由于工作关系，与孩子的交流越来越少。这些独生子女在缺乏情感支撑的情况下，便渴望在异性同学身上找到情感寄托，发生"早恋"的几率自然就大大增加。

与其采取"北风"的态度来杜绝孩子的"早恋"，不如在平时就用"南风"的方式来加大对孩子成长中的情感投资，让孩子学会正确地处理情感问题，科学地与异性交往。情感投资不是一朝一夕就能完成的，需要家长们在孩子小的时候就有意识地培养与孩子之间的情感，深入到孩子的内心，与他们一起成长。切不可总以"忙"为借口，忽视了孩子在不同阶段的心理需求。

家教故事

土耳其作家奥罕·帕慕克是2006年诺贝尔文学奖得主，他曾经向人们讲起过自己年少时的一段经历。

奥罕·帕慕克年少时，长相俊秀、气质儒雅，在一所私立学校上学，与一位叫依丝米忒的女孩陷入了情网。依丝米忒是伊斯坦布尔赫赫有名的皮草大王的女儿，貌若天仙，伶俐可爱。

奥罕·帕慕克的异常举止，使父亲察觉到儿子一定有了心上人。

他并未急于"棒打鸳鸯"，而是挑选了一个晚上单独与帕慕克进行了交流。父亲直言不讳地问道："告诉爸爸，你喜欢的那个女孩子叫什么？"帕慕克很意外，怔了片刻，随即轻声地交代了整件事。

父亲听了，说："还是到此为止吧，听爸爸的话。"

"爸爸，是她主动……"帕慕克辩解。

"奥罕，你还太小。"

"太小？爸爸，我已经是19岁的男子汉了，而你当年只有17岁不就和妈妈相爱了？"帕慕克反抓住了父亲当年只有17岁就和妈妈恋爱的把柄，并得意地等着父亲妥协。

"你说的没错。可是你知道吗？我17岁的时候已经在葡萄酒作坊当酿酒师了，每月能拿二万里拉。我是说，我当时已经能够为爱情埋单。你呢，一个里拉都挣不到，凭什么心安理得地钟爱自己心仪的女孩？"

帕慕克被说动了，一声不吭。父亲继续心平气和、语重心长地说："奥罕，你想想看，一个男人，如果没有经济基础，不能为他的爱人提供必要的物质保障，如果你是女孩，你会怎么看待这样的男人？儿子，我告诉你，我一直认为，一个男人，如果不能自食其力，哪怕他40岁甚至50岁，都不配谈恋爱，谈了，就是早恋……相反，只要他立业了，有了挣钱养家的本事，哪怕15岁恋爱也不算早恋。"

父亲的话使帕慕克受到了很大触动，经过激烈的思想斗争，他决定从这段虚幻缥缈的爱情中抽身而退。尽管他为此经历了长时间的痛苦，但他牢记着父亲的话，知道自己涉足爱情还太早，于是在学业上集中精力，最后一举考上土耳其最好的国立大学——伊斯坦布尔科技大学。

成名后的他多次提起当年这件事，并坦言感谢父亲当年"温柔地扼杀了一种愚蠢而羞赧的情绪"，让自己没有虚度青春年华。

215

2、自然惩罚法则：给孩子失败的机会

当孩子犯了错误时，父母不应对孩子进行过多的指责，而应该让孩子自己承担错误直接造成的后果，给孩子以心理惩罚，使孩子在承受后果的同时感受心情的不愉快甚至是痛苦，从而让孩子能够正确认识自己的错误，进而自觉改正错误。

 自然惩罚法则

18世纪法国著名教育家卢梭在他的教育论著《爱弥儿》一书中，提出了一个著名的教育法则——"自然惩罚"。所谓"自然惩罚"，按照卢梭的说法就是："应该使他们（孩子）从经验中去取得教训"。具体来说，就是当孩子在行为上发生过失或者犯了错误时，父母不给予过多的批评，而是让孩子自己承受行为过失或者错误直接造成的后果，使孩子在承受后果的同时感受到不愉快甚至是痛苦的心理惩罚，从而引起孩子的自我悔恨，自觉弥补过失，纠正错误。

"自然惩罚法"的关键是要让孩子感到受惩罚是自作自受，是应该的。简单地说，自然惩罚法就是让孩子在自作自受中体验到痛苦的责罚，强化痛苦体验，从而吸取教训，改正错误。

如何运用自然惩罚法，专家有以下建议：

（1）让孩子对自己的行为负责。学会对自己的行为负责，是每个孩子成长过程中重要的一步。父母要减少对孩子行为的干涉，让孩子自己选择，他会在实践中尝到自己选择的后果。如果父母总是不停地唠叨、埋怨，孩子们就会转移注意力，他们觉得保护自己不受谴责和维护自尊心才是最重要的，因而有时候甚至反其道而行之。

（2）父母可以提醒孩子，但不要教训孩子。父母可以和孩子讲清道理，让孩子懂得某种行为可能带来的后果。当孩子出现某种不良行为的时候，父

母可以提醒他，但不要教训他，因为过失所造成的后果将会给孩子适当的教训。

（3）父母要态度坚决，同时又要充满爱心。有的父母在运用这种方法的时候，只记得要惩罚孩子，因此常常放弃了父母应该具备的爱心。当孩子没有按照事先说好的去做时，父母不是让自然后果去惩罚孩子，而是过于严厉，对孩子大声斥骂。这样的教育，不再是自然惩罚法，而变成了父母对孩子的惩罚行为。

家教故事

　　1920年，有个11岁的美国男孩在踢足球时，不小心打碎了邻居家的玻璃。邻居向他索赔12.5美元，这在当时可是一笔不小的数目，足足可以买125只下蛋的母鸡！闯了大祸的男孩向父亲承认了错误，父亲让他对自己的过失负责。

　　男孩为难地说："我哪有那么多钱赔人家？"父亲拿出12.5美元说："这钱可以借给你，但一年后要还我。"

　　从此，这个男孩在学习之余开始了艰难的打工生活，他送过报纸，替人擦皮鞋。经过半年的努力，终于挣够了12.5美元，还给了父亲。

　　这个孩子就是罗纳德·威尔逊·里根，美国第40任总统。他在回忆录中这样写道："正是通过这样一件事让我懂得了什么是责任，那就是为自己的过失负责。"

让孩子感受错误

有时候，父母的强迫、命令态度会给孩子带来反感，从而无法达到自然惩罚的目的。正确的方法是让孩子自己去感受错误。例如，一个孩子不爱惜家里的东西，今天又把椅子弄坏了。爸爸毫不留情地让他连续几天站着吃饭，让他体验体验自己的行为所带来的劳累之苦。

一个孩子打破了他所用的东西，莫要急于添补，让他自己感受到需要它。例如，当他打破了自己房间的玻璃窗，便让风日夜吹向他，让他体验打破玻璃的后果。

许多父母在教育孩子的时候，经常会不由自主地运用自己的"权力"，强迫孩子做事。这种单纯的命令，是在利用父母的权力，而这种权力无非是身份、年龄或体力的差别，孩子当然无法在这些方面去与大人抗争。强迫孩子做事会导致他们用其他的方法来抗争。在一个充满权力之争的环境里，很难想象会有好的教育效果。

运用"权力"教育孩子是一种很武断的教育方法，孩子不听你的话，并不是挑战你的权力地位，他们只是希望自己能有更多的自主权。

要提醒家长们的是，千万不能为了惩罚孩子而惩罚孩子，应当使他们觉得这些惩罚正是他们不良行为的自然后果。例如，有些父母在看到孩子犯了错误以后，不是打就是骂，好像只有这样才能出口气，才算是对孩子进行了教育；还有些父母则对孩子的惩罚没完没了，罚站动辄就是一上午，打孩子会把孩子的屁股打成青一块紫一块；还有一些父母则常会把自己犯下的错误推卸到孩子的身上。这种从身体和心理上无度地折磨孩子，不仅不利于孩子的健康成长，也不容易达到教育的目的。

所以，在孩子犯了错误后，家长可以施加不是太过分的惩罚，而且这种惩罚也不是感情用事。只有在孩子必须为自己的错误行为负责时，惩罚才有意义。例如，当孩子打伤了别的孩子，他就要为打伤孩子赔礼道歉；如果孩子故意毁坏了东西，就得从他的零花钱中扣除损失，或者罚他额外干活，以补偿损失。父母这样做的目的，并不是为了泄父母心中的恶气，而是为了加深孩子的印象，使孩子认识到自己的错误，而且要努力去改正这些错误，否则就会受到惩罚。

家教故事

　　7岁的埃迪坐在靠近门边的书桌前写作业，外面风浪大，作业本被风吹得"啪啪"直响。埃迪不得不一次次跑去关门，每次关上没多久，一阵猛烈的风就又把门吹开了。

　　这时，邻居山姆叔叔来找埃迪爸爸，他没有进门，和埃迪爸爸俩人就站在大门外闲聊起来。

　　没多久，风又把门吹开了，埃迪又跑去关门。他猛地把门合上，然而大门却因为碰到障碍物反弹了回来，与此同时，埃迪爸爸压抑的叫喊声响起。

埃迪惊恐地看到，门外的爸爸五官痛苦地扭曲在一起，头发一根一根地竖着。而他的五根手指则怪异地缠来拧去……看到埃迪出来，爸爸暴怒地冲他扬起了手。原来，刚才爸爸的手放在门框上，埃迪突如其来的关门，差点把爸爸的手指夹断。

埃迪吓坏了，以为这次一定免不了一顿暴打。但是爸爸的巴掌一直没有落下来，埃迪的脸颊，感受到的也仅仅是一阵掌风而已。

事后，爸爸对埃迪说："当时我实在痛得厉害，原想狠狠地打你一个耳光。但是，转念一想，我是自己把手放在门缝处的，错误在我，凭什么打你。"

父亲的这句极为普通的话，却给了埃迪一个毕生受用无穷的启示：犯了错误必须自己承担后果，不可迁怒于他人，不可推卸责任，无论你是一个父亲、老板，还是领袖，即使你受到了伤害。

让孩子在体验中成长

"自然惩罚法"的另一层含义是：给机会去试试，例如孩子在天冷时一定要穿那件好看但太单薄的衣裙，或在上体育课时一定要穿适合宴会穿的硬底皮鞋时，就让他穿，结果必然是"太冷了"、"鞋太滑太硬不能在操场上跑，追不上同学"。这样，孩子就会知道冬天要穿多一些衣服才不会冷，上体育课必须穿运动鞋。

很多年轻妈妈都有过这种经历，妈妈想要制止小孩的某些行为，可小孩却偏偏不听，反而是"越制止越要去做"，让妈妈很是苦恼。例如，有一杯开水放在桌子上，父母担心它烫伤宝宝，会跟宝宝说："别碰它，会烫伤的。"家里有火炉、暖壶、尖利的东西，父母也是格外小心，反复跟宝宝讲："别摸这个，会碰伤。"宝宝置之不理，依然故我。这时，可以试试自然惩罚的方法。

如果宝宝执意要拿盛开水的杯子，他根本不理解"烫伤"的含义，所以也不会理会父母的警告。那么，索性就让宝宝拿一下，他感觉到疼痛，会很快缩回手去，这时再跟他说："烫着了吧？烫伤是很疼的，下一次要小心。"这样，宝宝会把"烫"和疼的感觉联系起来，类似的盛着开水的杯子不会再去拿。当你再一次向他发出"会烫着"的警告时，他会想到"是很疼的"感觉。趋利避害是生物的本能，当宝宝真正感受到某些东西对他的害处时，他会自行回避。

儿童有时不一定能听明白大人讲的道理，当犯了错误后，家长首先的教育方法应是"自然惩罚"，当然，这种惩罚要控制在适度的范围内，必须保证孩子不会受到大的伤害。

"自然惩罚"让孩子在真实的感受中学习如何保护自己。这种方法可能比父母反复的警告更有效。在孩子自主的探索中，虽然也会有磕碰撞伤，但他能从中学到很多保护自己的经验。因此，父母不要过度保护、限制他的活动，否则，只会剥夺了他发挥本能的机会，或压抑了自我保护的欲望，时间长了，宝宝就更加不能分辨危险情况，完全依赖大人的保护。

孩子有时会受伤，父母不必大惊小怪，提醒、警告、指导、帮助孩子处理伤口是必要的。只要不是十分严重，千万不要因此限制孩子的活动，也不要给孩子一种受伤很可怕的印象。

孩子是在体验中长大的，不是在说教中长大的。教育家陈鹤琴曾经说过，教育有一个原则，孩子进一步，大人就退一步，凡是孩子自己能做的，大人就不要替他去做。孩子进一步，大人退一步，孩子就长大了，这就叫成长，这就叫教育。自然惩罚法就是让孩子去体验，自己在体验中进步。

家教故事

有个马虎的小男孩，经常丢三落四。有一天，他回到家高兴地对妈妈说："妈妈，我们明天要去夏令营！"

妈妈说："哦，是吗？那你要把东西带好呀！"

男孩说："放心吧，我自己来准备，一定能准备好的。"

妈妈看到儿子开始把衣服、鞋子、水壶等东西收拾起来，当他收拾好了，他让妈妈来看，以表示自己很能干。妈妈过来一看，发现儿子没有准备手电，而且衣服带的也不够。但是妈妈很有智慧，她只是提醒了孩子："儿子，夏令营可是有晚上的活动，而且可能出去会凉一点。你自己再考虑考虑带的东西够不够。"儿子信心满满地说："你放心吧，我全都准备好啦！"妈妈不说话了。

儿子走了，过了几天从夏令营回来了。妈妈问儿子："玩得怎么样？夏令营过的开心吗？"

儿子说："挺开心的，可就是衣服带得不够，冻得够呛。真没想到山里面这么冷！我还忘了带手电，想跟别人借可是别人都得用，我就只好跌跌撞撞的差一点出麻烦。"

妈妈说："是吗？这可以说是个教训呀，以后如果再有这样的活动你应该知道怎么办了吧？"

儿子说："以后我再出去活动就要像爸爸一样先列一个清单，好好想想，再问问别人，到底需要什么东西，要准备充分一些才对。"

3、超限效应：唠叨容易使孩子腻烦

一个人的话无论如何动听和感人，但如果他一而再、再而三地唠叨个不停，一下子要把人的耳朵灌满似的，再耐心的人也会心生厌烦。

 认识"超限效应"

生活中经常有这样的现象：一个妈妈三番五次地对孩子说"你要将你的屋子收拾干净"，可孩子将妈妈的话当做耳旁风，屋子杂乱依旧；一个妻子不知疲倦地提醒丈夫"你该戒烟了"，可丈夫依然"恶习"不改，照样"吞云吐雾"；一个销售人员一遍又一遍地宣传自己的产品，强迫式的导购，会让顾客感到不愉快和反感，最后反而不会购买产品……

为什么会出现这样的现象呢？

心理学家经过研究后发现：人的机体在接受某种刺激过多的时候，会出现自然的逃避倾向。这是人类出于本能的一种自我保护性的心理反应。由于人的这个特征，在受到外界刺激过多、过强或作用时间过久的情况下，超过了合理的限度，就会引起人们心理极不耐烦或产生逆反情绪。心理学上将这一现象称作"超限效应"。

超限效应在家庭教育中时常发生，例如，有的父母对孩子的健康过分担心，如天气冷了怕感冒，天气热了怕出汗。孩子要上学，外面刮风了，父母就反复劝诫孩子要多穿衣服，早起时说，吃早饭时又说，孩子出门时还说。这让孩子觉得很啰嗦。实际上父母过分的叮咛，并不能起到预期的效果，反而因为过于"唠叨"而容易使孩子产生"超限效应"，感到腻烦而听不进去，或者听得太多而感到麻木。

还有一些父母，喜欢对孩子进行过多的大而空的说教。孩子即使认为父母的话在理，也由于在短时间内遭遇"集中轰炸"，而感到难以承受。这也是许多青少年爱"顶牛"的原因。

为避免这种超限效应的出现，父母在对孩子进行家庭教育时应注意"度"。如果"过度"，会产生"越限效应"，如果"不及"，又达不到既定的目的。掌握好"火候"、"分寸"，做到"恰到好处"，才能达到理想的教育效果。

小故事

一次，美国著名作家马克·吐温在教堂听牧师的募捐演讲。

最初，他觉得牧师讲得很好，使人感动，就准备捐出自己身上所有的钱。过了10分钟，牧师还没讲完，他有些不耐烦了，决定只捐一些零钱。又过了10分钟，牧师还没有讲完，于是他决定1分钱也不捐。

等牧师终于结束了冗长的演讲开始募捐时，马克·吐温出于气愤，不仅未捐钱，还从盘子里偷了2元钱。

批评应该适度

父母批评孩子一定要注意度。一旦受到批评，孩子总需要一段时间来恢复心理平衡。受到重复批评时，他心里会嘀咕："怎么老这样对我？"如果父母一次、两次、三次，甚至四次、五次，重复对一件事作同样的批评，会使孩子从内疚不安转变为不耐烦，最后反感至极，甚至出现"我偏要这样做"的反抗心理。

为避免这种超限效应的出现，家长对孩子的批评不能超过限度，应对孩子"犯一次错，只批评一次"。如果非要再次批评，不应简单地重复，要换个角度、换种说法，这样才不会让孩子觉得同样的错误被"穷追不舍"，也才不会感到厌烦。

对于孩子来说，更需要的是父母指点迷津的人生忠告，而不是重复批评的啰嗦。尤其在当孩子遇到考验、困难，或心情沮丧、情绪很坏时，如果父母唠唠叨叨、翻来覆去的用同样的话来批评教育，只会让孩子听得不耐烦，父母也因此生一肚子气。

重复批评不但起不到教育的效果，有时甚至还会适得其反。有这样一个心理学上的游戏：

让一个人快速重复"老鼠"这个词十遍。在他刚刚说完第十遍"老鼠"后，如果有人马上提问："猫怕什么？"要求他立即回答，绝大多数情况下他会回答"老鼠"！

这个游戏表明，当一个人在无度地重复某一件事或某一个概念的时候，他的智力就在重复的过程中不断下降，判断力也在下降，从而造成错误的判断。

事实上，父母对孩子没有必要有错必究。孩子身心发展水平较低，认知能力、思维水平、自我控制能力等比较差，犯一些小错误是难免的，也情有可原。如果对其要求过于苛刻，以为不管多大的孩子干了错事都是非常糟糕的，是品行或道德问题，凡事上纲上线，搞"阶级斗争"，甚至不惜用谩骂体罚来纠错，势必造成负面影响，使孩子受到重大的心理创伤。

要提醒家长们的是，批评的目的是指出错在哪里，帮助孩子纠正不良行为，而不是对孩子进行人身攻击，也不是为发泄父母的愤怒。因此，父母应该采取正确的方法，在批评的同时照顾到孩子的自尊，使孩子真正提高认识，主动改正错误。

在教育犯错的孩子时，如果父母能放弃简单粗暴的批评，换成用温和的方式表达，或者让孩子在平和轻松的氛围中认识到自己的错误，可能会带来事半功倍的效果。例如，父母可以试着用下面的方法批评孩子，可能会起到比直接批评更好的效果：

223

（1）用赞扬代替批评。"数子十过，不如赞子一长"，孩子大多爱听表扬话，不爱听批评话，甚至一听批评就逆反。父母在批评其不足之前，可以真诚地赞扬他的进步或者巧妙地用赞扬进步代替批评不足。例如，在批评孩子的淘气时，妈妈可以先表扬他聪明、点子多、有能力等长处后，然后告诫孩子，如果能把聪明才智用在学习和团结同学上，一定会成为全班最受欢迎的学生。

（2）巧妙地指出"美中不足"。有些父母在批评孩子时也先用了赞扬的原则，但在赞扬后，却使用"但是"来了一个明显的转折。这让孩子产生反感，认为父母的表扬不真诚。对此，父母可以换"但是"为"如果"。比如："你的学习成绩很不错，如果你能多团结同学，多关心别人，相信你会更受同学欢迎的。"这样的间接提醒，比"但是"后面的直接批评，效果更好，孩子也更乐于接受。

当然，采用温和的批评方式，不是说要父母放纵自己的孩子，而是要求父母在提出批评时，一定要讲究策略，当孩子犯错时，既要指出其错误，又不致挫伤其自尊心。当孩子犯了严重的错误，并且屡教不改时，父母就有必要采取一些强制性的惩罚性措施，帮助孩子改正错误，而不是唠唠叨叨，更不能马马虎虎。

总之，父母对孩子的教育需要严格，又必须对孩子表示关心，做到恰到好处。

小故事

梁启超自幼聪颖，4岁开始学习四书五经，9岁即能写出上千言的八股文章，12岁中秀才，16岁中举人。在他10岁时，有一次随父亲到朋友家做客，见院里的一棵杏树花开得太漂亮了，就偷偷地折下了一枝，藏在宽大的袖筒内。这一举动被父亲发现了，父亲很生气，可当着众人的面，又不好骂他，那样不仅搅乱了做客的气氛，也让小启超的脸面不好看。

到了吃饭的时候，客人们都安排坐下了，梁启超最小，最后一个被安排。这时，父亲忽然心生一计，当众对儿子说："你自小爱卖弄文才，各位先生也想看看你的墨水有多深。我先出一上联，你若对得好，得到在座的先生认可了，才可以坐下吃饭；如果不尽如人意，就站着吃。"各位客人也齐声附和。梁启超对自己的才华充满信心，满口答应下来。父亲略加思考，说道："上联是：袖里笼花，小子暗藏春色。"小启超一听，脸刷地红了，方知父亲已发现了自己偷折杏花的行为，不好当众揭穿，而是用上联来批评他，让他知错改错。于是，他答道："我的下联是：堂前悬镜，大人明察秋毫。"对联一出，众人齐声喝彩。

父亲见儿子明白了自己的意思，知道自己错了，又对出这么好的下联，赢得大家的赞赏，就原谅了他的这种不体面的行为。小启超既得到了教诲，又留住了面子，从此更加自律了。

用心理制裁代替直接的批评

当孩子犯了错误以后，父母可以使用心理制裁代替直接的批评，比如对孩子不予注意、态度冷淡，或让他们自己承担错误的后果，等等。这样会比严厉的批评取得更好的效果。

孩子在知道自己做错了事或闯了祸，常会产生一种内疚感或恐慌感。这两种心态纠合在一起，会形成孩子做错事后强大的心理压力，促使他反思和改正自己的错误。如果父母加以严厉责备甚至痛打一顿，这会让孩子原有的内疚感消失，孩子可能会想："我犯了错误，但他们打了我一顿，互相抵消了，事情也就过去了。"

有人对小学生做过一个关于"犯错后最怕什么"的调查。调查结果发现，小学生最怕的并不是"父母的责备和惩罚"，而是"犯错后父母竟然不责备我一句"，这个结果令人深思。

与体罚、物质刺激等不良教育手段相比较，心理制裁的教育方式更加有效。因为体罚是以高压手段强制孩子服从，这种封建主义的棍棒教育是以孩子长期心理创伤换得暂时的教育效果，却会在孩子的个性全面发展上造成缺陷；而物质刺激会误导孩子，是以价值观念为代价取得的短期行为，会在孩子的思想意识上投下可怕的阴影。

相比之下，心理制裁的教育方式是父母暂时取消对犯错误的孩子的注意、关爱、赞扬、鼓励，使孩子处于暂时被孤立的境地，失去心理上的满足并且产生不安感，激发他们反思自己的错误，主动认识并改正错误。这种教育方式没有体罚、物质刺激等方法的弊端，而且不容易引起逆反，是一种比较理智的教育手段。

"心理制裁"的方式很多，以下两种是比较常见的：

（1）不予注意。对孩子的某些错误行为采取"不予注意"的态度，视若不见，听而不闻，取消对其赞扬、鼓励，使其情感上"被疏远"，行为上"被轻视"。这会使孩子心理上由焦虑发展为对自己的动机、态度和行为的反省，进而醒悟自己的过错。当然，"不予注意"不是放任自流，而是等孩子开始反省到自己的错误后，再顺势加以教育疏导。

（2）"冷冻"处理。当孩子犯了错误却任性娇气时，父母有意识地"冷冻"气氛：表现出冷淡的神情，冷眼盯视，甚至连冷淡的话也不说。这种教育方式能使孩子的哭闹变得无效，发脾气受到冷遇，促使其心理紧张并开始"收敛"，为父母下一步施教创造条件。例如，当有孩子哭闹不停时，如果妈妈回身去爱怜他，他只会越闹越凶。如果父母对他不予理睬，孩子见哭闹无效，反而会停止哭闹。

🧑 小故事

有个小男孩从小充满好奇心，凡事总爱寻根究底，不找到答案决不肯罢休。有一天，他突发奇想，想看看狗的内脏到底是什么样的，于是便和几个小伙伴偷偷地套住一只狗，将其宰杀后，把内脏一个一个割离，仔细观察。没想到，这只狗不是别人家的狗，而是校长家的爱犬。校长十分恼火，感到太不像话，如不严加惩罚，以后还不知会干出一些什么出格的事。但是，到底该如何处罚，经过反复考虑，权衡利弊得失，校长采取了一个十分巧妙的方法：罚这个小男孩画出一幅人体骨骼图和一幅人体血液循环图。

小男孩知道自己惹下大祸，决心改正错误。于是他按照校长的要求，认真仔细地画好两幅图。校长看后浪满意，认为图画得好，杀狗之事就这样了结了。

这个小男孩名叫麦克劳德，英国科学家，曾与班廷医生一道研究发现了医治糖尿病的胰岛素治疗方法，两人于1923年荣获诺贝尔医学奖。

4、当头棒喝：使迷途的孩子猛醒

夸美纽斯曾经在他的《大教学论》中专章论述过纪律问题，他明确指出："我们可以从一个无可争辩的命题开始，就是犯了过错的人应该受到惩罚。他们之所以应受惩罚，不是由于他们犯了过错（因为做了的事情不能变成没有做），而是要使他们日后不再犯。"

要提醒父母的是，教育拒绝欺骗，在惩戒孩子的错误时，你可以大声斥责，当头棒喝，但必须是心底的真情涌动，真情流露。只有这样，才能让孩子终身不忘。

响鼓要用重锤敲

俗话说"响鼓要用重锤敲"，它具有振聋发聩的作用。"当头棒喝"的教育方式以其"突然性"和"强烈性"，给孩子比较大的心理震慑，可以促使孩子醒悟，并留下深刻的印象。这是在某些情况下不可替代的有效的教育方法。"棒喝"的方式有很多种，可以通过惊人的事实、严肃的批评等，对沉溺于错误的孩子以一种突然的提醒或处罚、惩戒。

例如，有一个小孩在马路上行走经常不遵守交通规则，父母屡次教导，但孩子依然我行我素。父母很焦急，也很担心。于是有一次，父母在电视上看到一个行人因闯红灯而被汽车撞死的事故，就指给孩子看，结果使孩子产生了极大的心理震慑，从此牢记在心，再也不敢违反交通规则了。这种血的事实会给孩子极大的刺激和深刻的教训，也许比父母的各种说教都有效。

"当头棒喝"效应之所以有效，是有其心理学依据的。心理学研究表明，人的感受性与刺激的阈限有关。如果作用于人的刺激阈限始终维持在中等水平，那么感受性会因此而麻木。刺激阈限大大超过中等水平，感受性十分强烈，由此而产生的心理效应谓之"强刺激"；刺激阈限大大低于中等水平，十分微弱，如一只小虫在皮肤上爬行，其感受性也会因此而强烈，由此而产生的心理效应称为"弱刺激"。这两种刺激都可能产生"当头棒喝"的效应。

感觉的强刺激和弱刺激在生活中随处都有。例如，父母讲话，突然提高音量，或者声音低沉，都能引起孩子的特别注意。

一些家长常抱怨，现在的孩子难教，别说打，就是一句重话也说不得。其实，只要你真正疼爱孩子，对孩子能有真正深入的了解，能抓住问题的症结，适当的重话是能够起到警醒作用的。但是"当头棒喝"不能与简单粗暴画上等号。父母热烈、丰富的表情，激情满怀、生动传情的眼神，富有逻辑的挚诚挚爱的语言等，都是感受性很强的刺激，通过它们来表达父母对真善美的颂扬，对假恶丑的愤怒，从而产生有力的教育效果。倘若把"当头棒喝"演变为对孩子讽刺、谩骂、声嘶力竭的呵斥，简单粗暴的体罚或变相体罚，这只会伤害孩子的自尊心，其负面效应是不言而喻的。

小故事

古代，有一个叫黄檗的禅师，身边有许多弟子。他接纳新弟子时，有一套规矩，即不问情由地给对方当头一棒，或者大喝一声，而后提出问题，要对方不假思索地回答。而且每提出一个问题时，都要当头棒喝。

黄檗禅师的目的，是考验对方对佛教的虔诚和领悟程度，告诫对方一定要自己悉心去苦读深究，弄清佛法的奥妙。

黄檗禅师的这种古怪的传教方法，后来便被佛门采用流传。

当头棒喝纠正错误

教育家认为，没有表扬的教育是失败的教育，没有"棒喝"的教育同样不会成功。前苏联著名的教育家马卡连柯曾指出："合理的惩罚制度不仅是合法的，而且是必要的。这种合理的惩罚制度有助于形成学生的坚强性格，能培养学生的责任感，锻炼学生的意志和人的尊严感，培养学生抵抗引诱和战胜引诱的能力。"有些孩子，对父母的正面劝导总是无动于衷，执迷不悟。而如果采用"当头棒喝"，有时可以收到良好的教育效果。例如，父母对待孩子的一些痼疾，可以使用严厉批评、发怒，甚至包括处罚在内的"重锤敲打"手段，加大刺激的强度，以矫治痼疾。因为"当头棒喝"带有一定威胁性的震慑，它能阻断孩子产生一定的态度和行为，或警戒可能出现的某种严重后果，从而使孩子确立应有的态度，不产生某种行为。

为了培养孩子的自信心，父母有必要对孩子进行正面教育，发掘他的闪光点，使用赞美式的教育方法。但这种方法并不是在任何情况下都有效，而且过分表扬和夸奖，也容易使一个普通的孩子变得目空一切、以自我为中心，甚至认为老师、父母都不如自己，不把他们放在眼里。这样的孩子踏入社会，就会发现自己并非天才，在工作和人际关系方面都可能面临重重困难。

而"当头棒喝"式的教育方式，正是克服"骄、娇"二气的良药。当发现对孩子多次劝导仍然没有效果时，父母可以作一番严厉的批评、斥责甚至惩罚，也许能使他们从迷途中猛然惊出一身冷汗，从而接受教育。

有的时候，孩子的行为危害到他们自身或别人的安全，父母就不能不"当头棒喝"，及时制止，甚至不惜使用惩罚手段。例如，当看到自己的孩子做出违法的事情时，父母就有必要突然对其进行呵斥，以及严厉的批评。

强刺激效应并非都是正向、积极的，也有其负面、消极的方面，问题在于怎样使用，以便对症下药，恰到好处。当然，教育孩子时，负面刺激要注意适度，应当合情合理、公平、准确，要避免主观、武断和随意。

在对孩子采取"当头棒喝"的教育方式时，要注意以下几点：

（1）发挥刺激效应的可信性。父母在对孩子批评、警策时，需要实事求是，不能夸大其词。否则，孩子可能产生逆反心理，失去应有的效用。

（2）父母在运用"当头棒喝"的教育方式时，只能是偶尔为之。试想，如果父母经常嗓音大、脖子粗、脾气暴，孩子也就对此感到麻木，不当一回事。父母的"当头棒喝"就起不到相应的教育效果了。

（3）把握"棒喝"的"度"。由于每个孩子对刺激的反应不一样，能承受的刺激程度也不一样。因此，父母在对孩子进行"棒喝"时，一定要从孩子实际出发，把握分寸，避免对孩子造成伤害。

小故事

王一新患了强迫症，洗一件衣服要一小时，还喜欢反复关门……

一天，父母把心理医生请到家里。晚上7点，大家坐在一起看电视，王一新又借口衣服脏了得赶紧洗，便认真地洗起上衣来，连搓带冲洗，翻过来、倒过去，折腾起来没完没了。

心理医生突然在茶几上用力一拍，大声说："王一新，够了！"王一新大吃一惊，惊恐地停下来，看着心理医生。

心理医生夺过他的上衣，高声对其父母说："你们看，这件上衣我是看他前天才穿在身上的，根本不脏。"并迅速地把衣服清洗、拧干、抖开，递给王一新，"看看，跟你花20分钟洗的效果一样。"

把衣服挂出去以后，心理医生对其父母悄悄说："以后你们一发现王一新有这种症状，就这样提醒他，多做几次，慢慢就会有效果。"

果然，父母多次这样做。6个月后，王一新的症状就消失了。

低声教育效果佳

《圣经》上有这样一句话："沉稳的回答能够平抑疯狂的愤怒。"美国耶鲁大学的心理学家霍布兰德先生曾经研究过与谈话者讲述某一事项时的最佳谈话方式。他的调查结果表明：与雄辩型、演说型的谈话方式相比，沉稳型的谈话方式更能让对方达到更大程度的理解。这似乎说明：低声的谈话方式，能比高声的谈话方式达到更好的说服效果。

在生活中，我们经常可以见到这样的情景：面对高声哭闹的孩子，母亲会不由自主地提高嗓音，心里是多么想让孩子安静下来，可往往事与愿违，孩子仍然以高嗓门哭闹，无止无休。最终，母亲累得筋疲力尽，仍然是无可奈何。

人们常说"有理不在声高"，这一点在家庭教育中同样奏效。当我们批评孩子时，用比较低的声音，有时比用较高的声音效果更好，而且越是批评、呵斥的话题，就越应该用低于平日的声调来讲。

3岁的小嘉嘉在别人家的床上又蹦又跳，这时妈妈走近他，用轻得几乎让人听不见的声音在小男孩耳边说："你觉得不经允许就随便在人家床上乱蹦，可以吗？"

母亲的声音十分轻柔，脸上带着和蔼的微笑，但小嘉嘉却像听到了严厉的批评，马上停止了乱蹦。因为母亲的批评声音低而轻柔，达到了很好的教育效果。

"当头棒喝"式的高声斥责，偶尔使用能起到立竿见影的效果，但如果在家庭教育中经常使用，不仅收不到效果，反而对孩子的性格成长、心理健康有不利影响。而如果适当地采用低声调批评孩子，孩子更容易接受。

在教育孩子中用低声调，至少有以下几个好处：

（1）低声调可以使人理智一些、情绪平和一些，也可使孩子抵触、逆反的心理防线有所松弛，有利于沟通。

（2）低声调可以集中对方的听力。从物理学的角度上讲，父母用低声讲话，孩子就必须集中精神才能听清，即使他在主观上并没有打算认真听，但由于条件反射的听觉动作，还是会不自觉地捕捉你谈话的内容。

（3）父母低声批评，孩子也不会使用高声调。生活中常看到大人高声责骂孩子，孩子反抗的声音也不低，双方情绪越来越激动，最后惹得大人一肚子气，孩子也不服气。如果父母低声批评，效果则会不一样。心理学认为，人和人对话中还有这样的现象，就是一个人的低声容易导致对方说话低声，一个人的高声也容易导致对方说话高声。美国的凯尼让大学语言研究班曾与美国海军合作，研究在军事行动中一项指令的下达应该以多大声音发出最合适。实验者们通过电话、舰船上的传声管，向接收者发出各种分贝的声音，结果表明：发送者的声音越高，接收者回答的声音越高；发送者的声音越低，接收者回答的声音越低。这个规律提醒我们，当交谈双方情绪处于紧张和敌对时，一方的低声也有助于降低对方的音量，从而缓解双方的对立状态。

（4）低声调可以赶走愤怒。父母是孩子人生中任教时间最长的老师，大人的言行对孩子的影响最大，遇事暴躁，不冷静，开口大声责骂的父母，肯定对孩子的性格有潜移默化的作用。

除了低声批评外，父母还可以采取沉默的方法。当孩子做错了事后，总担心父母会责备他。如果父母责备他，孩子反而会有一种"如释重负"的感觉，对批评和自己所犯过错也就不以为然了。相反，如果父母保持沉默，孩子的心理反而会紧张，会感到"不自在"，进而反省自己的错误。

小故事

战国时期，韩国有一位名叫黄喜的相国，微服出访。路过一片农田，坐下来休息时，瞧见农夫驾着两头牛正在耕地。便问农夫，你这两头牛，哪一头更棒呢？

农夫看着他，一言不发。等耕到了地头，牛到一旁吃草，农夫才附在黄喜的耳朵边，低声细气地说："告诉你吧，边上那头牛更好一些。"

黄喜很奇怪地问："你干吗用这么小的声音说话？"

农夫答道："牛虽是畜类，心和人是一样的。我要是大声地说这头牛好那头牛不好，它们能从我的眼神、手势、声音里分辨出来我的评论，那头虽然尽了力，但仍不够优秀的牛，心里会很难过……"